辛酸なめ子の独断！流行大全

辛酸なめ子
漫画家・コラムニスト

747
中公新書ラクレ

まえがき

毎日新しいニュースが生まれては、情報の海の彼方に消えていく……。海の引き波によって、つかんだ手の隙間から砂が逃げていってしまうように、情報が消費され明滅していく世の中では、話題の出来事も気付いたら見失ってしまいます。

この本に収録させていただいた言葉の数々は、毎週、情報の海に揉まれながらも心に引っかかって手放せなかった項目です。読売新聞の「ポップスタイル」で「じわじわ時事ワード」というコラムを連載させていただき、毎週、候補をいくつか出す中で、もっと調べてみたいと思わせられた話題になります。もしかしたら、動物や宇宙、セレブやSNS、ITの話題が若干多めかもしれませんが……このコラムのおかげで、時代になんとかついていくことができた気がします。

最初は2014年の「レジェンド」というオリンピック関係のポジティブな言葉で始まり、

本の終わりの方に収録したのは２０２０年の東京オリンピックの話題なのが奇遇でしたが、この間、地球規模で価値観の変わるようなパンデミックが発生。２０２０年以降は、マスクやウイルス対策やステイホーム関係の話題も増えました。その間も淡々と情報を集めることで、少し平静を保つことができました。現代人にとって情報欲は食欲や性欲、睡眠欲に次ぐくらいの、重要な位置を占めているのかもしれません。これからも、できるだけポジティブになれる情報を探していきたいです。

この場を借りて、読売新聞でご担当くださった市原様、田中様、小間井様、清川様、山田様、森田様、田上様、新書のご担当の兼桝様に、心から御礼申し上げます。ありがとうございました。そして読者の皆様におかれましても、この本を手に取ってくださり、本当にありがとうございます。重量感があって恐れ入りますが、同時代に生きる同士として共感を抱いていただけましたら光栄です。

目次

まえがき……3

2014……15

001 レジェンド
002 グソクたん
003 すなば珈琲
004 伊達マスク
005 スメハラ
006 新宇宙服
007 KENDAMA
008 ソーセージパン男子
009 虎ノ門ヒルズ
010 虫歯ポーズ
011 輪ゴムアクセサリー
012 ノームコア
013 きのこたけのこ判別機
014 アイス・バケツ・チャレンジ
015 クロックノール
016 ブラック女子会
017 ウーパールーパー
018 双子コーデ
019 自撮り棒
020 ランドセルブーム
021 チュリュモフ・ゲラシメンコ彗星
022 YouTuber

2015……39

023 肩ズン
024 世界で最も美しい顔ベスト100
025 二日酔いメイク
026 マンホール女子
027 イケメン猿
028 コールドプレスジュース
029 ガガ婚約
030 DQN
031 新ハチ公像
032 エンセラダス
033 売れすぎて販売休止
034 寝起き写真

035 クヤクション
036 犬にアップルウォッチ
037 日本刀ブーム
038 大規模カンニング
039 月刊住職
040 堀川くん
041 おもてなし制服
042 プラチナ惑星
043 無
044 脂味
045 ニウエ
046 火星にスプーン
047 イケメンすぎる首相
048 オークラのオークション
049 2016年の福袋
050 小掃除

2016……91

051 遺跡から携帯
052 スカンツ
053 アマランサス
054 超いいね！
055 イースター
056 塩系インテリア
057 ルクテープ人形
058 結婚相手の可視化
059 自動で戻る椅子
060 ハイヒールもう無理
061 座り二宮金次郎
062 マドンナの転落
063 人工知能の小説
064 NHK
065 UMAJO
066 バスタ新宿
067 ゆめかわいい
068 日本語ロゴブーム
069 アモーレ
070 デカTシャツ
071 シュールな車内放送

072 おなら投げ選手
073 ポケモンGO
074 妻夫木夫妻
075 撮影OK
076 最後のリッツパーティー
077 簡略化する若者言葉
078 馬に引きずられた人
079 新幹線清掃
080 股のぞき
081 ペンパイナッポーアッポーペン
082 マーメイドスイム
083 ヒョウ柄
084 バロン・トランプ
085 iPhone7に改名
086 ヌーハラ
★なめ子のふりかえり①

●2017……167
087 店員ロボット化
088 埼玉政財界人チャリティ歌謡祭
089 チョコ味焼きそば
090 キッセンジャー
091 現金版ポケモンGO
092 プレミアムフライデー
093 ピースサインの危険
094 家電ふろく
095 オリーブオイルの量
096 Googleリアルタイム翻訳
097 猿の恋愛
098 メルカリの闇
099 25歳年上妻
100 うんこ漢字ドリル
101 イノウエ空港
102 ブリトニー・スピアーズ
103 パンダ誕生
104 ハンドスピナー
105 体内ICチップ
106 ウィンナードローン
107 痛バッグ

108 年齢が「凍結」した女神
109 海ピク
110 バースデーケーキは菌まみれ
111 聖母の対面
112 アムロス
113 住みたい街ランキング
114 粘菌ブーム
115 AIスピーカー
116 大人のシルバニア
117 鼻毛エクステ
118 ヘンリー王子婚約
119 オウムアムア
120 ダサいセーター世界選手権
121 ストーリーってる

2018……239

122 ざんねんないきもの
123 先進航空宇宙脅威識別計画
124 すっぴんブーム
125 aibo
126 日比谷線BGM
127 ユーチューバーチップス
128 転送寿司
129 羽生結弦展
130 女の価値を決めるバッグ
131 天王星のにおい
132 天狗にさらわれた少年ブーム
133 歌姫の和解
134 透明化するドリンク
135 大迫半端ないって
136 目からレーザー光
137 あげみざわ
138 全裸の日
139 サイコパスAI
140 やばい日本史
141 まぶた監視装置
142 ティファニーのストロー
143 「月旅行」
144 キッチュな聖母子像

145 芝麻信用
146 ストレス臭
147 炎上供養
148 筋肉体操
149 インスタ流行語大賞
150 ナムい
151 高輪ゲートウェイ
152 バッドアート
153 来訪神

● 2019 …… 305

154 僧衣でできるもん
155 エスカレーターでは歩かないで
156 税金かるた
157 ノー・バイ運動
158 法王のアプリ
159 ラガーフェルド氏の愛猫
160 皇居のタヌキ
161 ギルティフリー
162 ノーメイクOKのCA
163 令和ビジネス
164 水を吐くフグ
165 KONMARI
166 テレパシーでEU離脱阻止
167 東京五輪チケット
168 嫁グラフィー
169 ハッキングされやすいパスワード
170 かぶる傘
171 イエティの足跡
172 YOSHIKIのスカーフ
173 ドッジボール廃止論
174 1年以内に消える俳優
175 ハンディーファン
176 タピオカ漬け丼
177 王女とシャーマン
178 睡眠芸術家
179 クマムシ
180 ハリー・ポッターの呪文
181 ココアシガレット

182 イートイン脱税
183 イケメンすぎる王子
184 ネッシーの正体
185 ペンギン相関図
186 量子コンピューター
187 サブスクリプション
188 ぴえん
189 セルフパートナー
★なめ子のふりかえり②

●2020……381
190 モーニングルーティン
191 銀座線渋谷駅
192 お尻日光浴
193 昆虫食ブーム
194 クイーン来日
195 マスク不足
196 地球外生命体
197 覚え違いタイトル集
198 コロナスル
199 在宅ディズニー
200 手洗い動画
201 アマビエ
202 Zoom演劇
203 ピローチャレンジ
204 バンクシーの新作
205 地雷女メイク
206 着席クラブ
207 リモートマッチ
208 最も近いブラックホール
209 CIAのリクルート動画
210 レジ袋有料化
211 クオッカ
212 きのたけ戦争（抹茶編）
213 「116歳の誕生パーティー」
214 新種のハゼ
215 おじキュン
216 高級マスク
217 縄跳びダンス

218 昆虫シリーズ復活
219 ワーケーション
220 ヨウムの罵倒
221 QRコードでお賽銭
222 スパダリ
223 習志野隕石
224 クルードラゴン

● 2021 ……… 453
225 魔法のランプ
226 愛の不時着カップル
227 Clubhouse
228 半モヒカン公妃
229 チベットのイケメン
230 高級ホテルの定額プラン
231 セレブのシャワーの水圧
232 猫語翻訳アプリ
233 パンダの返還延期
234 自販機ブーム
235 NFT
236 バーチャル・ジャパン
237 チーフ・インパクト・オフィサー
238 給与デジタル払い
239 ガッキーロス
240 マッチョ音声素材
241 マガワ引退
242 カコジョ
243 クジラにのみ込まれた男
244 UFOレポート
245 ゴン攻め
246 ピクトグラム
247 大江戸温泉物語の閉館
248 新宿の3D巨大猫
249 パンデミオ
250 黒子ドレス
★なめ子のふりかえり③
★なめ子の2022 大予想

本書は読売新聞夕刊「popstyle」に連載されたコラム「辛酸なめ子のじわじわ時事ワード」（２０１４年４月２日～２０２１年10月13日掲載分）の中から２５０編を選んで加筆修正し、１冊にまとめたものです。「なめ子のふりかえり」「なめ子の２０２２　大予想」は書き下ろしです。情報は原則、掲載当時のものですが、一部〔追記〕という形で補足しています。

装幀／中央公論新社デザイン室
本文ＤＴＰ／今井明子

辛酸なめ子の独断！　流行大全

2014

RYUKO★TAIZEN

YouTuber

001

レジェンド

ソチ五輪のニュースで連呼され、たぶん２０１４年の流行語になりそうな単語「レジェンド」。苦節22年、出場7回目にしてようやく悲願の個人での銀メダルを手にした、スキージャンプ男子ラージヒルの葛西紀明選手をたたえる言葉です。

「生きる伝説」という意味合いで、７大会連続で代表になったことから海外でも「レジェンド」と高評価だった葛西選手。今までの人生が苦難の連続だったこともレジェンド感を高めています。

いつの間にか「レジェンド葛西」の呼び名が定着し、スポーツ新聞などで「レジェンド葛西が始球式」「レジェンド葛西が飛行機に乗り遅れる」と、芸名みたいになっています。

スポーツ界では葛西選手以外にもレジェンドと呼ばれる人が出現しています。最年長プロサッカー選手三浦知良、最年長プロ野球投手山本昌など。レジェンドと呼ばれる条件は、40代以上という年齢と、不屈の精神を感じさせ、苦労人っぽい雰囲気でしょうか。20代、30代の若輩者には出せない貫禄。人生の歴史を感じさせる顔のシワの間から、加齢臭とは違うレジェンド分子を放っています。「先輩、さすがレジェンドですね！」と、今後、中年以降の男性向けに社交辞令としても使えそうな便利なワードです。

００２

グソクたん

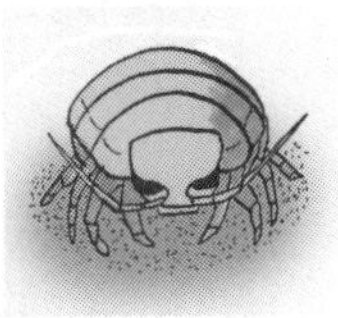

ダイオウイカに続いてブレイクしているダイオウグソクムシ。近未来のロボみたいな甲殻がかっこいいダンゴムシの仲間です。

２０１４年２月、５年以上絶食していた末、天に召された鳥羽水族館のダイオウグソクムシが話題になりました。死後解剖したら、胃の中が謎の液体で満たされていたとか……。

約３５００個の個眼（こがん）（複眼を構成する個々の目）から形成された真っ黒の四角い瞳は何を考えているかわからず、ミステリアス。そのダイオウグソクムシは、小さいサイズのオオグソクムシとともに「グソクたん」という愛称で呼ばれています。

水族館の深海生物の展示に登場したり、オオグソクムシを食べてみるイベントが開催されたり、とみに注目が高まっているグソクたん（味は野趣にあふれたエビのようでした）。

リアルなぬいぐるみやｉＰｈｏｎｅケースなどグッズも売れているようですが、突然の深海生物ブームの理由は何なのでしょう。まさか大人の利権が絡んでいるとかではないですよね……（ちなみに次来るとされているのは、ゴエモンコシオリエビだそうです）。

きっとここ数年のゆるキャラブームのファンシーでふわふわした世界観への反動から、人々は生臭くてグロい生き物を求めたい周期なのかもしれません。

003

すなば珈琲

おしゃれコーヒーショップの先駆けスターバックスはあらゆる所に進出していますが、なぜか鳥取県だけが空白地帯となっています。

「スタバはなくても、スナバがある」と開き直った平井伸治知事。その発言がきっかけとなり、鳥取市に「すなば珈琲」が満を持してオープンしました。

「スナバーっとおいしさが広がる」「スナーバックス社を作っては?」と知事のダジャレもノンストップです。

写真を見るとおしゃれすぎずダサすぎず、近所の老若男女が気軽に利用できそうな店構え。ブレンドコーヒー、アメリカンコーヒー、カフェオレなど素朴なメニューに目頭が熱くなります。

「ヘーゼルナッツアーモンドキャラメルモカチョコレートソース……」なんて難易度の高い注文はしなくて良いので安心。雄大な砂丘を眺めていたら余計なトッピングはいりません。

しかしついに本物のスタバが2014年中の出店を検討しているそうで〔追記・その後2015年4月に1号店開店〕、いきなりピンチのすなば珈琲。鳥取の「日本で唯一スタバがない県」という自虐的な売り文句も使えなくなってしまいます。下手に刺激してスタバの全国制覇欲に火を付けてしまったようです。また、知事のダジャレの啓示で乗り越えられるのでしょうか……。

004

伊達マスク

日本人のマスク率は高く、海外から来た人が驚くレベルです。昨今は花粉だけでなく、黄砂、微小粒子状物質ＰＭ２・５など有害物質が飛散。マスクで顔が鎖国状態になってしまうのも仕方ない状況です。マスクをする主な理由は、病気をうつさない気遣いと、多少の風邪でも休まない勤勉性、という日本人の美徳からだと推察します。しかし、体調に問題なくてもマスクで出歩く「伊達マスク」の人も増えているそうです。

伊達マスクといえば、まずヤンキーが思い浮かびます。シンナーでボロボロになった歯を隠すためという説がありますが、大きなマスクで目だけ出ていると眼光も強まり、威圧感が漂います。

さらに芸能人が外出時、顔バレを防ぐためつけているのもあって、マスク＝ＣＯＯＬ、というイメージに。顎にひっかけるとさらに世慣れた雰囲気を醸し出せます。ＡＫＢ48の高橋みなみリーダーがメンバーに檄を飛ばす時、顎マスクで貫禄を出していたのが印象強いです。

先日、さらなるマスクの利点を発見。見るからにＵＶ意識が高い日傘にサングラスのマダムがマスクで顔をガードしていたのです。マスクをつければ日焼け止め代を節約できます。ノーメイクで外出する時も便利です。体だけでなく財布にも優しい、増税時代の必須アイテムです。

2014

005

スメハラ

モラハラ、パワハラ、セクハラなど、数々のハラスメントに包囲される世の中で、「スメハラ（スメルハラスメント）」という単語も一般的になりつつあります。他人のキツい体臭に不快感を与えられるという意味です。繊維メーカー、セーレン株式会社が500人の社会人の男女にアンケートを取ったところ「職場で異性の体臭や汗のニオイに不満を持ったこと」が「ある」＆「少しある」と答えた人の割合が77・6％にものぼりました。

しかし人の匂いを指摘することは難しく、「臭いですよ」と言ったらそれもハラスメントになってしまいそうです。匂い対策に、男性と女性、喫煙者と非喫煙者のコート置き場を区切っている会社もありますが、そこまでの気遣いは珍しいです。さりげなく消臭剤を噴霧するか、口呼吸で乗り切るしかありません。過度の香水、ポマードのスメハラもありますが、汗臭の場合はもっと本能的な部分に関わってきます。異性の汗に含まれる「HLA（ヒト白血球抗原）」という成分が、自分に近いパターンであるほど、匂いに不快感を持つそうです。

丈夫な子孫を残すため、自分の持っていない免疫情報がある異性を求める本能があるのです。つまり匂いが不快＝恋愛対象にならない、ということに。職場のスメハラは、変な間違いが起きない健全な会社であることを表しているのかもしれません。

006

新宇宙服

過酷な宇宙環境で生き延びるために開発された宇宙服。1930年代にアメリカの冒険家ウィリー・ポストが長期飛行時に着ていた与圧服がベースとなっています。宇宙空間での船外活動が増えるにつれ、気密性と運動性を兼ね備えた宇宙服へと改良されていきました。

アポロ月面宇宙服は、宇宙船から離れても生命維持できるように、背中にPLSS（携帯型生命維持システム）を背負い、重量が80キロにもなったそうです（でも、重力マジックで月面では14キロ）。

さらに全身に備品が装着されていて、ハンマーやスコップといった原始的なアイテムから、腕時計、カメラ、ペンライト、マーカーまでがすぐ出せるようになっていました。そのため見かけはかなりかさばり、スタイリッシュさからは遠くなっていました。

しかし、この度、NASA（米航空宇宙局）が一般投票を募り、23万票あまりを獲得した新型デザインの宇宙服を発表。グレーに蛍光アクアブルーがアクセントで、映画「トロン」のようなサイバー感が漂います。

おしゃれですが、以前の宇宙服にたくさん付いていたポケットがなくて不便そうです。それでも未来感を出したかったのは地球人のプライドでしょうか。地球人の発展ぶりを宇宙に見せつけるためのデザインのようです。

007

KENDAMA

にわかには信じがたいことですが、古き良き昭和の玩具、けん玉がおしゃれなカルチャー「KENDAMA」としてアメリカでブームになり、日本に逆輸入されているそうです。

裏原宿のストリート系ファッションの店ではPOPなカラーリングのKENDAMAを販売していて、首にかけるファッションアイテムとしてもお薦めしているとか。とはいえ街で首にかけた人など見たことがないし、シュールすぎるので半信半疑だったのですが……。

「KENDAMA　USA」という団体に所属するアメリカ人の若者たちの動画を見たら、本当のようでした。キャップを後ろ前にかぶり腕にタトゥーを入れた若者が、KENDAMAをさりげなく首にかけたり、「けん玉を作ってくれてありがとうございます。僕たちアメリカ人はとても感謝しています」とおしゃれな若者が語ったりしています。

さらに「KENDAMAはエクササイズにもなってクリエイティビティーと忍耐力が養われる」「人間の根源的な衝動がKENDAMAに備わっている」と、ホメすぎな若者も登場。

プレイは日本人よりもワイルドな印象でした。「COOL　JAPAN」とかわざわざキャンペーンしなくても、いいものは勝手に広まるのです。けん玉が遠い存在になって少し寂しいですが……。

008

ソーセージパン男子

自分から動かず、何を考えているかわからない「草食男子」に泣かされた女性は少なくないと推察します。草食男子を凌駕（りょうが）する存在を発掘しようとする風潮が起こり、様々な「～男子」が出現しては通り過ぎてゆきました。

見た目は草食だけれど中身は肉食な「ロールキャベツ男子」、肉食に見えて実は淡泊な「アスパラベーコン男子」、ロールキャベツを装えずギラギラした下心がバレている「ピーマン肉詰め系男子」、恋愛自体に興味がない「絶食系男子」など男子のカオス状態です。カテゴライズすることで少しでも男性の気持ちを理解したい、けなげな女心でしょうか。

そんな中、朝の情報番組の「最新モテ男ランキング」で人気No．1となり、話題になっているのが「ソーセージパン男子」。デブにならない程度の恰幅（かっぷく）の良い体形で、筋肉や脂肪に包まれているけれど中身は肉食、話しかけやすい愛されキャラで、いざという時頼りがいがある男子だそうです。

ふわふわのパンのように優しそうだけれど、ソーセージという男気を秘めているソーセージパン男子。ラーメン屋に並んでいたり、アイドルイベントに集っている男子は、ほとんどソーセージパン男子のような気がしますが……。でも、流行の「～男子」のレッテルが貼られると、男の価値が上がった感が。そして、ありふれているけれど普通の男子が一番だと世の女性は初心に帰ったようです。

009

虎ノ門ヒルズ

　華々しくオープンした虎ノ門ヒルズ 森タワー。大々的にテレビで紹介され、観光地っぽく盛り上げられていたけれど、実際はどうなのでしょう。

　初日に訪れると、多くのお客さんでにぎわっていました。虎ノ門ヒルズには、イタリアンやベーカリーカフェ、和食バル、寿司（すし）など魅惑的なレストランの数々が。ほとんどの店が満席でお客が店の外に並んでいました。

　ネームタグを下げたオフィスフロアの社員も多いです。コンビニでお弁当を買うのに並んでいるビジネスウォーカーたちは、ここがもうテリトリーであるかのような慣れた感じを漂わせています。この虎ノ門ヒルズは6〜35階がオフィス用で37〜46階はレジデンス。観光客は一抹のアウェー感が……。

　ひとりのご婦人がフロアガイドを見て「要するに食べ物だけよね」とつぶやいていましたが、虎ノ門ヒルズには、六本木ヒルズや表参道ヒルズのような、物欲を刺激するショップがないのです。ファミマ!!に少し雑貨が売られているくらい……。

　森ビルの中で最もストイックな虎ノ門ヒルズ。せめてもの記念に、入り口付近に鎮座する「トラのもん」を撮影。森ビルと藤子プロによって制作された、ドラえもん激似のキャラクターが心を浄化します。庭に出ると、さらさらと流れる人工の川のせせらぎが、行き場のない物欲を水に流してくれました。

010

虫歯ポーズ

女性誌でよく見られる、片手を頬に添えたポーズが最近「虫歯ポーズ」と呼ばれて話題になっています。「Seventeen」「NYLON JAPAN」「CLASSY.」「VoCE」「non-no」など、名だたる女性誌の表紙が虫歯ポーズでかぶりまくっていたことが話題になりました。

女性誌を開くと、見開きページのモデルが3人頬に片手を添えていたり、流行が早い女子中学生の雑誌でもピースではなく虫歯ポーズが主流になっていたり、たしかにブームのようです。アイドルグループのPVにまで取り入れられ、片手を頬に添えて踊るシーンを目撃。手を頬に添えると可憐（かれん）なイメージで、ピースより育ちが良さそうです。時代はコンサバ傾向に……？　また、虫歯ポーズはフェースラインがすっきりと小顔に見える効果も。両手で頬を押さえたら、顔のむくみも一切わからなくなります。

指先を添える、片手をぴったり付ける、両手で両頬を押さえる、と段階がある虫歯ポーズ。これを名の通り虫歯にあてはめると、C1→C2→C3と、虫歯のレベルが進行してしまっているようです。アンニュイな表情が虫歯っぽいです。手を頬に添えたくなるくらい痛い虫歯は象牙質まで菌が侵入していて、神経を取らないとならないくらいの状態だと推察。虫歯ポーズの裏には、「歯医者に行く時間がないほど売れっ子なモデル」という、自己顕示メッセージが隠されているのかもしれません。

011

輪ゴムアクセサリー

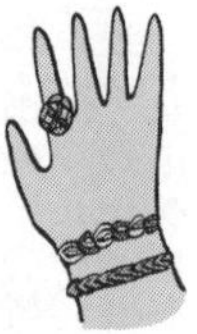

アメリカで大ヒットした、輪ゴム編みキットが日本に上陸。「レインボールーム」という商品が本家で、アメリカの小学生の間で大ブレイクし、輪ゴムいじりで授業に集中できなくなって禁止令が出た学校もあるという代物。この輪ゴム旋風が、日本にも波及しつつあります。既に、輪ゴムアクセサリー作りの教室も開催されているようです。

スターターキットは２０００円前後。別売りで輪ゴムを追加することで何本でもブレスレットや指輪が作れて、ビーズよりも安上がりです。

実際購入して作ってみると、フックに輪ゴムをかけて編み込んでいく20分ほどの単純作業でブレスレットが完成。日本のなつかしいおもちゃ、リリヤンと似ていますが、輪ゴムという工業的な素材で作るので情緒が感じられません。ただ、汗で劣化することもなく耐久性は高そうです。

見た感じはやっぱり輪ゴムなのでチープですが、これを逆手に取ったセレブがいます。キャサリン妃、ウィリアム王子、カミラ夫人など英王室の方々が輪ゴムアクセサリーを付けて大衆にアピール、好感度をアップさせる作戦でしょうか。どんな高価なアクセサリーでも買える立場なのにあえて輪ゴム、というのがスノッブです。セレブ効果で価値が高まり、しばらく輪ゴムアクセサリーの人気は続きそうです。もしブームが終息しても、あまった輪ゴムはふつうに輪ゴムとして使えば良い、というのも利点です。

012

ノームコア

NY発、2014年のファッショントレンドは「ノームコア」らしいです。「ノーマル」と「ハードコア」を組み合わせた言葉で「普通すぎて超クール」という意味。ファッションアイコンは10年間同じ黒のタートルにデニム姿だった故スティーブ・ジョブス。白いシャツや、グレーのニット、スニーカーなど、気張っていない普通のファッションが最旬おしゃれということに。

　もしかしたら世界の歌姫、レディー・ガガとかケイティ・ペリーの奇抜なファッションに世の人々は食傷気味なのかもしれません。個性を競い合い、モードを極めていくと逆に孤独なオーラが漂います。

　そういえば最近ファッションショーに行ったら前列で大物感を放っていたのは、ラフなパーカ姿でガムを嚙(か)んでいる若者でした。街を歩いてあたりを見回すと、グレーのTシャツにベージュのパンツの男子、紺のワンピ姿の女子、ポロシャツにデニムのおじさんと、ノームコアだらけです。

　ちょいダサくらいがおしゃれなら、秋葉原にいる男子も全員ノームコアということになってしまいますが……この定義はどうやらその人本来の醸し出す雰囲気が重要みたいです。

　おしゃれ業種だったり目鼻立ちがCOOLだったり……普通の格好でおしゃれに見える付加価値はお金で買えません。やはりモード系ファッションの方がラクでした。

013

きのこたけのこ判別機

ロングセラーのお菓子、「きのこの山」「たけのこの里」は永遠のライバル。「きのこの山」の方が先輩で、「たけのこの里」の方が売れている説がありますが、世間は「きのこ派」「たけのこ派」に好みが二分化されています。

周囲の人に聞くと、男性はきのこ好き、女性はたけのこを好む傾向が。きのこ派の意見としては「チョコとクッキー部分がわかれているのが良い」「クッキーの柄を持つと手が汚れない」、たけのこ派は「しっとりした食感が好き」「チョコとクッキーが一体化している」など意見が対立しています。以前、駅で理系風男子が大量の「きのこの山」「たけのこの里」が入ったコンビニ袋を持って、これから兵士に見立てて両者を戦わせる計画について楽しそうに話す姿を見たことがあります。「大人のたけのこを投入して反撃！」と、盛り上がっていました。

ネットでも、「きのこたけのこ戦争」は注目のトピック。しかし「きのこの山たけのこの里パフェ」と2つが混然一体となったパフェが発表され停戦したと思われていたのですが、やはり両者は混ぜてはいけない緊張関係なのかもしれません。「きのこたけのこ判別機」なる機械が、『ニコニコ超会議』で発表されてから話題になっています。画像認識ソフトで両者を判別しロボットアームで分別するシュールな機械です。きのこたけのこの間に平和が訪れる日はまだ遠い……というか日本、平和すぎます。

014

アイス・バケツ・チャレンジ

2014年7月にアメリカではじまり、日本にも波及した「アイス・バケツ・チャレンジ」。指名されたら24時間以内に100ドルの寄付か氷水をかぶるかを選び、さらに次の3人を指名するというチャリティーです。筋萎縮性側索硬化症（ALS）の存在を広め、寄付を募るという大義名分があります。

初期は海外のセレブ界ではやっていて、ジャスティン・ティンバーレイクが仲間と氷水を浴びて雄たけびを上げ、レディー・ガガがセクシーポーズで無表情のまま氷水をかぶり、ビル・ゲイツが水をかぶる機械を発明するなど、それぞれ趣向を凝らした動画をアップ。F1選手のルイス・ハミルトンがナオミ・キャンベルを指名したり、意外な交友関係が明らかになるのも興味深いです。

日本ではトヨタ社長が日産の副社長を、フジテレビ社長がホリプロ社長を指名するなど、体育会系の断りにくい空気も漂います。

氷水をかぶる動画が飽和状態になると、水を無駄遣いしている、体に悪いといった批判の声も出始めました。売名行為呼ばわりされ炎上してしまうケースも。たしかにセレブは動画が話題になることで寄付金100ドル以上の宣伝効果を得ています。

批判されるかどうかは本人の人望にもよりますが、日本では、氷水を拒否して自発的に他の募金をした人が評価される流れに。炎上しても氷水でも消せない、ネット社会の怖さを感じさせた流行です。

015

クロックノール

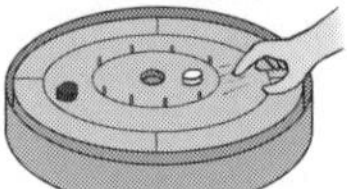

昭和天皇の生涯の記録「昭和天皇実録」が期間限定で公開。その中で「クロックノール」という謎のゲームが何度も出てきたのが話題になりました。学習院初等学科時代、昭和天皇と秩父宮様がハマられていたようです。例えば1910年、8歳の時の記録に「御用邸内においてジャーマン・ビリヤード、人取り、玉鬼、相撲、クロックノールなど種々のお遊び」と書かれています。

人取り、玉鬼も気になりますが、クロックノールに関しては宮内庁もわからず、公開することで謎が解明されることを期待。言葉の響きから、クリケット的なやんごとなき優雅なお遊びだと拝察しました。

しばらくしてネット民が力を合わせて検索した結果、「クロキノール」というカナダ発祥のボードゲームでは？　という有力説が浮上。円形のボード上で自分のコマをはじいて穴に入れたり、相手のコマをはじき飛ばして点を得るゲームのようです。さっそく動画を見てみたら、渋い……。動くのは基本指のみの省エネゲームで大会参加者の年齢層も高いです。静けさの中、たまにコマが落ちるカコッという音が響きます。もし昭和天皇が少年時代にこのゲームにハマられたとすれば、早熟でいらっしゃいます。ちなみにボードは200ドル以上して、今回話題になったからといって再ブームにはならなさそうです。でも、ネットで謎を解明するという現代の新しい遊びにリンク。次は「人取り」検索でしょうか……。

016

ブラック女子会

「女子会」という言葉は女子トイレと同じくらい定着した感があります。しかし底なし沼のごとく奥が深いのが女子会の世界。最近巷(ちまた)で話題になっているのが「ブラック女子会」です。黒魔女が集っていそうな響きですが、その名の通り、ダークでネガティブな宴(うたげ)で、トークの内容はグチや悪口、男性への毒舌トーク、ドロドロとした噂(うわさ)話など……。

思い返せば、実際に「ブラック女子会」、遭遇したことがありました。同僚の不倫の噂話とか、成功した人へのやっかみとか、結婚式を手伝わされたのに感謝がないとか、負の念が増幅していく女子会、たまにあります。なんとなく店が地下だったり、窓が密閉されていたり、換気の悪さも一因な気がしています。

いっぽうでブラックじゃない華やかで素敵(すてき)な女子会はというと、雑誌で見る限りは、コスメの情報交換や軽い近況報告をしたり、ちょっとしたプレゼントを交換して、お互いに撮り合った写真をSNSにアップ、という流れが多いようです。

このうわべだけの、やたら気疲れする女子会の反動で、女性たちはブラック女子会で毒を吐き出してしまうのかもしれません。本音が言えず、水面下でお互いを牽制し合う女子会はフラストレーションが溜(た)まります。いっそ女子会という名称を掲げるのをやめて、ただの「飲み会」にすれば、自由に話せて、ブラック女子会の発生も防げることでしょう。

017

ウーパールーパー

1985年に日清焼そばのCMに登場したことで、日本で大ブレイクしたウーパールーパー。

今も脈々と国内で繁殖され、ペットショップで売られたり、時には食べられたり（味は淡泊だそう）していますが、知らないうちに故郷のメキシコでは絶滅の危機に陥っていたようです。

現地ではメキシコサラマンダーという名前で、野生の生態は薄茶色。日本で有名になったピンクの個体と比べるとややかわいさ減。だからといって絶滅していいわけありません。メキシコ市の人口増加に伴う排水増で生息場所のソチミルコ湖が汚染されてしまい、個体数は減少の一途に……。このままだとあと数年で絶滅すると危惧され、メキシコ市では保護活動が行われているそうです。

ブームがすぐ消費される日本では、ウーパールーパーの他にもエリマキトカゲ、人面魚、ラッコ、クリオネ、アルパカ、カピバラ、オオグソクムシ、メンダコ、ｅｔｃ……様々な動物がブレイクと沈静化を繰り返してきました。

80年代ブームが再来しようとしている今、初心に戻ってウーパールーパーに注目しても良いかもしれません。いつも笑っているみたいなウーパールーパーは、がんに対する抵抗力や脳細胞の再生力を持っていて、はかり知れないポジティブ性を秘めています。

018

双子コーデ

女子同士が全身同じ格好をして街に出る「双子コーデ」がはやっています。仲の良さをアピールでき、テンションが上がるなどの利点が。

ちょっと前までは、誰かと服がかぶるのはどちらかというとテンションが下がる事態で、洋服屋でも「このアイテムは限定なのでかぶりにくいですよ」という売り文句が聞かれたくらいなのですが……。

近年AKB48などグループアイドルが活躍していることも影響しているのでしょうか。同じ服を着た時のかわいさ相乗効果に女子は気付いたようです。

双子コーデの流行にはさっそくファッションブランドが食い付いて、通販サイトで双子コーデにおすすめアイテムを提案したり、原宿には同じ服を2枚買うと安くなる店まで登場。2倍売れるチャンスは逃せません。

実際双子コーデの女子が生息している場所は、原宿や東京ディズニーランド、そしてジャニーズコンサートが多いそうです。そういえば先日行ったHey! Say! JUMPのコンサート会場も、双子コーデ率が高かったです。

しかしよく考えたらファッションがかぶっているのみならず、好きな男性アイドルも一緒で、女の友情的には問題ないのかという疑問が浮上。

相手がアイドルでどうせ叶わぬ恋なので、会場で少しでも目立つことが優先なのかもしれません。双子コーデは現実的です。

019

自撮り棒

街で自分の顔を撮影しまくっている人も変な目で見られないほど市民権を得た「自撮り」ですが、さらに自撮り文化を促進させるアイテムが登場。「自撮り棒」、ドラえもんの声で紹介されそうなネーミングですが、その名の通りデジカメや携帯に付けて1メートル前後の距離から自分を撮影できる便利グッズです。

シャッター機能が付いているタイプもあり、カメラのボタンを押さなくても撮影できます。韓国でも「セルカ棒」と呼ばれ大流行しているとか。

大きなメリットは、撮影の時に通りすがりの人に頼まなくていいこと。最近はデジカメやスマホの種類も増えて、撮り方を説明するのもひと苦労です。

先日、知らない人にスマホのシャッターを押してほしいと頼まれましたが、「画面のここを押してください」「あれっボタン消えちゃいましたけど」みたいなやりとりで数分経過してしまいました。自撮り棒があればそんなロスはありません。

東京で実際に使っている人は、一度パーティー会場で見かけたことがあります。素敵な女性グループが自撮り棒を伸ばし、決め顔で集合写真を撮影していて、思わず注目していたら「ほら、周りに見られてるよ!」と言われてしまいました。

大掛かりで目立つぶん、人に見られる自撮り棒。注目を浴びることで高揚し、美しく撮れる効果もありそうです。

０２０

ランドセルブーム

世界でランドセルの人気が高まっているようです。それも大人のおしゃれピープルが次々と導入。羽田空港国際線旅客ターミナルの免税店にコーナーができたり、日本の主力輸出品となる勢いです。

大人気の理由は、日本のアニメに出てきて注目されたことと、アメリカの女優ズーイー・デシャネルがＣＯＯＬに背負う姿（ワンショルダーで）が世界に発信されたのが大きいです。ランドセルといえば脇に差した縦笛ですが、さすがにそこまで再現していませんでしたが……。

５万円前後という適度な高級感も大人のニーズに合っていたのでしょう。耐久性の高さやデザイン性も評価されています。ここ数年、サッチェルバッグという通学バッグがはやっていたので、ランドセルもその延長線上という位置づけかもしれません。

海外では大人のファッションアイテムとして受け入れられていますが、日本人から見れば、ランドセルはランドセル。欧米人の男性が赤いランドセルを背負う写真を見るとどうしてもＨＥＮＴＡＩ感が……。そして郷愁とともにそこはかとなく胸が痛みます。頑丈で６年使っても壊れなかったランドセル。しかし大人になったいま、同じバッグを６年使い続けることなんてあるでしょうか。

めまぐるしい消費活動について反省しつつ、一時のブームに終わらず海外の人が少しでも長く愛用してくれることを願わずにはいられません。

021

チュリュモフ・ゲラシメンコ彗星

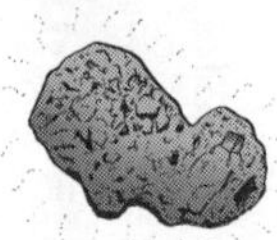

地球から5億キロ離れたチュリュモフ・ゲラシメンコ彗星に、史上初めて探査機が到達。欧州宇宙機関が打ち上げた探査機「ロゼッタ」から切り離された小型着陸機「フィラエ」がバウンドしながらも最高時速10万キロの彗星への着陸に成功しました。

しかし運悪く岩陰で太陽光が当たらず、太陽電池が切れて休眠状態に。でも、スリープ状態になる前に重要なデータは地球に送信されていたようです。

興味深いのは「彗星の歌」。2014年8月に彗星に接近した時に、彗星の磁場の振幅を調べたらまるで歌っているような不思議な旋律が表れたのです。

人間の可聴範囲に加工した音源を聞くと、コロコロキュルルルヒュルルルと、反復音が上下していて、スペイシーで不思議なメロディーでした。不格好で2つの岩石が合体したような形の彗星がひとり虚空を漂いながら歌っているなんて、けなげです。

さらにショックなデータは、チュリュモフ・ゲラシメンコ彗星がひどい悪臭らしいということ。

データによるとアンモニアやメタン、硫化水素、ホルムアルデヒドなどが含まれていて、例えるなら腐った卵と馬ふんが混じったような刺激臭だそうです。フィラエが動かなくなったのはあまりの臭さに失神したのではと擬人化して考えたくなります。

あまり明るくなく不細工で臭すぎるうえ尾もショボい彗星……でも楽しそうに歌っているというデータには妙に勇気付けられるものがあります。

０２２
ＹｏｕＴｕｂｅｒ

国内で視聴者数が増えているＹｏｕＴｕｂｅ。その広告収入で生活できるくらい成功している動画クリエイター「ＹｏｕＴｕｂｅｒ」も出てきています。

仮に１クリック０・１円だとすると、１００万回再生で10万円にも。グッズを買ったり旅行に行ってレビューしているＹｏｕＴｕｂｅｒが多いですが、その経費は充分に回収できそうです。

最も有名なＹｏｕＴｕｂｅｒはＨＩＫＡＫＩＮ氏。口でリズムマシンやベース音を再現するヒューマンビートボックスで有名になっただけあって、リアクションの表現力が豊かです。生わさびで歯を磨いて「グケケッ辛い〜！　ゲホゲホ！」とむせたり、収録中にゴキブリが出て「勘弁してよ〜！」と絶叫したり。イケメンではないけれど微妙な表情がクセになります。

また、はじめしゃちょーは、世界一臭い食べ物を部屋で開封し、白目になって吐きそうになったり、コーラ風呂に体中メントスを付けて入って泡まみれになったりと果敢な実験に挑み、リアクション芸を披露。

どの方もルックスが普通だからか、ＹｏｕＴｕｂｅの画面が小さいからか、広告収入でお金持ちになっても勝ち組に見えないのがＹｏｕＴｕｂｅｒが人気を保てる秘策かもしれません。

２０１４

2015

RYUKO★TAIZEN

日本刀ブーム

023

肩ズン

壁ドン、床ドン、顎クイ……恋愛のロマンチックなシチュエーションが次々と記号化され、笑いのネタになりつつありますが、新しいトレンドワードがまた登場。「肩ズン」です。

「週刊SPA!」で「壁ドンより効く「男のモテ仕草」」として取り上げられ話題になったのですが、語感の通り、男性が女性の肩にもたれかかる行動を表しています。弱音を吐きつつ、疲れた感じでもたれることで、女性の母性本能を刺激できるのだとか。

男性に肩にもたれられる経験は、通勤や通学の電車の中で多くの女性が体験したことがあるのではないでしょうか。筆者も何度か、見知らぬサラリーマンにもたれられたことがありますが、その場合は速やかに席を移動。お疲れだということはわかりますが、支え続ける博愛精神は持ち合わせていませんでした。相手が美青年なら数分間はそのままでいたかもしれませんが……。

「肩ズン」は、もたれる男性がイケメンとか、普段は甲斐（かい）性があってギャップがあるといったときに効力を発揮するアクションです。

多くの場合は、もたれられた側に困惑をもたらす「肩ズン」。そもそも「ズン」という響きが重々しく、精神的負担を表す擬音のようです。この男性、経済的にも頼ってきそう、とか、生活力ないんだろうな、とか、様々な困難を予想させ、もはや警告音です。

024

世界で最も美しい顔ベスト100

毎年話題になる「世界で最も美しい顔ベスト100」。年末にも2014年版が発表され、日本からは桐谷美玲（8位）、石原さとみ（25位）、佐々木希（43位）、島崎遥香（50位）がランクイン。

アメリカの映画専門サイト「TC Candler.com」がユーザー投票により選出したランキングで、世界の女優、歌手、モデルなどを対象としています。「顔の美学的な完成度」を基準に評価しているそうですが、得票数やリストアップの方法など謎に包まれています。

サイトで100位から発表している動画を見ると、顔写真の横に名前と国籍、これまでのランキング歴が淡々と表示。年齢が出ないのは嬉しい配慮ですが、皆さんシワとかないので若そうです。調べたら20代後半がコア層でした。

また、100人のうち、笑顔を見せているのは1割ほどで、真顔か挑発的な表情がほとんど。美女は、愛嬌（あいきょう）を振りまく必要がないのだと実感させられます。そして唇を半開きにしているパターンが多いです。エロチックでどこか物欲しげな美女たち。「顔の美学的な完成度」というより、どんな表情が男性の心をつかむのか勉強になります。

ちなみに同じサイトで発表している「世界で最もハンサムな顔ベスト100」にはシワだらけのおじさん俳優も多数ランクイン。一抹の不公平さを感じずにはいられません。

025

二日酔いメイク

２０１５年のトレンドは「二日酔いメイク」だそうです。ネーミングの通り、酔っぱらって寝た次の日の状態を表現したメイク。アイメイクがにじんだスモーキーな目元にピンクや赤みがほのかに残り、唇はリップが取れて薄めだけれど濡れてる感じ、と色っぽさが漂います。アイラインでしっかり囲まないでアイシャドーでぼかすのがポイントです。

この「二日酔いメイク」に挑戦した日、会った人に健康状態を心配されたりしましたが、アンニュイなメイクをしているだけで気持ち的にけだるくなってくるので、メイクの精神的作用を実感。

他に「二日酔いメイク」にはどのような効果があるのでしょう。二日酔い状態でもがんばっているけなげさをアピールしたり、夜型生活の都会人を装ったり、目の周りの赤みでほろ酔いの色香を演出することができます。

もしかしたら「二日酔いメイク」の出現はSNS社会の余波かもしれません。フェイスブックやインスタグラムには日々、楽しげにパーティーする人々の写真がアップされています。リア充度を競い合うメディアの出現で、現代人は常に幸せな人生を演出しなければならないプレッシャーに……。「二日酔いメイク」も、前の日遅くまで宴会やパーティーで充実した時間を過ごしたことをほのめかしているようです。単に具合が悪いように見えたら、まだまだ充実感が足りないということです。

026

マンホール女子

マンホールの蓋を鑑賞するのが好きな「マンホール女子」が水面下で増殖しているようです。マンホールの蓋についての本が発行されたり、マンホールナイトやマンホールサミットなどのイベントが開催されたりしています。

以前、特殊な趣味を持ったフェチの集まる掲示板で、マンホールマニアの男性の書き込みを目にしたことがあります。冷たいマンホールの蓋を抱きしめていたら体温が奪われ風邪をひいたとか、ガチ度が高い内容でした。マンホール女子は極めて健全で、ステキなデザインに着目し、蓋の写真を撮ってウェブに上げたりするのが主な活動です。

写真を見ると地方ごとに、動植物、名所旧跡、ゆるキャラなどがマンホールのデザインに組み込まれ、さりげなくおしゃれです。マンホールを近所で探してみたら、5〜6メートルごとにあり、かなりのマンホール密度でした。

東京都は桜のデザインが多いようです。絵ではなくただ「ガス」「撒水栓（さんすい）」「仕切弁」と書かれた業務用の蓋も渋くて心引かれます。数字やアルファベットが書かれている蓋は暗号のようで想像力を刺激。「汚」と書かれた蓋は、下を流れる汚水から身をもってガードしてくれているようです。

人や車に踏まれるがままで、けなげにがんばっているマンホールの蓋。マンホール女子を自称すると、優しい人と思われるメリットもあります。

027

イケメン猿

野生の猿が生息する大分県の高崎山。かねて、猿のゴシップに事欠かないこの山にある「高崎山自然動物園」（TNZ）で、毎年恒例のコンテストがあります。ルックスが良い猿を厳正に審査する「TNZイケメン選抜総選挙」が、昨年末から約1か月間、公式サイト上と園内の投票箱で集計され、このたび発表となりました。

「今回はガチで勝負!!（顔だけで選んで）」というキャッチフレーズ通り、上位入賞者を見ると精悍（せいかん）で鼻筋の通ったかなりの美猿ぞろい。それぞれB群、C群と所属する群れの名前が表記されてAKBのチームのようです。

エントリーされた16匹の中から1位に選ばれたシックスは2位を457票もリードしただけあって、彫りが深いイケメンで毛並みも良いです。人間に例えるとタッキーのような王子様系。とはいえ投票は人間の美醜の価値観で、実際メス猿にはあまり人気がないそうです。弱肉強食の野生の世界では強い猿がメスをはべらせます。動物園の猿山にいる、古傷だらけで貫禄漂うボス猿のような……。

今後、山を訪れた人間の女性ファンがシックスに餌を貢いであげたりするのでしょうか。すると今、C群内で序列が6位のシックスが、多くの餌を手に入れたことで昇進するかもしれません。高崎山の猿選挙が、にわかにホストクラブのランキングの様相を呈してきました。

028

コールドプレスジュース

ジュース界の流行はめまぐるしいです。一昨年頃はモデルや美容関係者などこぞってグリーンスムージーを飲んでいたのが、去年はアサイージュースが台頭。最近はコールドプレスジュースが人気です。

コールドプレス、その名の通り、果物や野菜に熱を加えずに低速回転でじわじわ押し潰して圧搾する製法。加熱したり高速で混ぜたらビタミンや酵素が壊れてしまうそうで、そんなこと言ったら今までのミキサーで搾ったジュースや野菜スープの立場は……。もはやコールドプレスしかない、そんな焦燥感にかられお店に行ってみました。

新宿にできたばかりのジュース店に夕方行くと、既にコールドプレスジュースは売り切れ。「スムージーならありますよ」と言われましたが、スムージーのブーム終わった感が切ないです。そして六本木のカレーがおいしかったカフェは改装されコールドプレスジュース専門店に変身。もはや固形物を噛むなんてダサいという風潮でしょうか？

恵比寿にある人気の専門店は、わかりにくい場所なのに若い女性が途切れず来店。圧搾のマシンは静かで、スムージー店に響く「ガーッ」というミキサー音がしないのがちょっと寂しいです。

ジュースは1杯1000円前後しました。大量の野菜や果物が使われているのできっと妥当な価格なのでしょう。コールドプレスは財布も静かに圧迫します。

029

ガガ婚約

世界の歌姫、レディー・ガガがめでたく婚約。お相手はアメリカでテレビドラマなどに出演している俳優テイラー・キニーです。マッチョ系で甘いマスクのイケメンで、日本でいう照英みたいな存在なのかと推察します。

出会いは２０１１年に撮影されたガガのミュージックビデオ「Ｙｏｕ　ａｎｄ　Ｉ」。歌姫が共演者を選ぶときは、職権を生かして好みのタイプをキャスティングしがちです。

恋人候補としても視野に入れているケースが多いですが、テイラーもガガの策略にはまり、ＰＶで結婚シーンを演じ、「あなたってやることすべてがクリエイティブ！」などと口説かれるうちにその気になってしまったようです。当時彼女がいたので、ガガは略奪愛。「私は男が苦手」と言っていたわりにはやり手です。

交際をはじめた当初は格差カップルと言われ、資産の差は150億円相当という説も。ガガ様は不動産も複数所有していて、彼の実家の近くに別荘を買い、NYにも豪華なマンションを持ち、さらにマリブに23億円の豪邸もあります。マリブの館にはボウリング場や厩舎（きゅうしゃ）まで備えられているとか。

テイラーもがんばってダイヤ（8カラット）の約6000万円の婚約指輪をプレゼントしましたが……。ガガの資産と比べるとエビで鯛（たい）を釣ったようなもの。ガガ様とテイラーのツーショットを見ると、テイラーが大きな契約を勝ち取ったビジネスマンみたいな表情をしているのが気になります〔追記・その後2人は破局してしまったようですが、ガガにはもっとポテンシャルが高そうなハーバード大出身の起業家の新恋人がいるようで良かったです〕。

なめ子のもう一言

レディー・ガガといえば奇抜なファッションで前人未到のモード道を独走しているイメージがあります。話題になった生肉ドレスや、スケスケの全身タイツ、ウニのような刺（とげ）に覆われたドレスなど。

しかし婚約前後のガガ様は、ファッションが妙におとなしくなってしまいました。セクシーなドレス姿で、普通にしていたら結構美人です。婚約が彼女を変えたのでしょうか……。

そもそもガガ様は富裕層の家に生まれ、カトリックのお嬢様学校出身でした。実は本性はコンサバ志向だったのかもしれません。良妻モードがいつまで続くのかしばらく見守りたいです。

030

DQN

米国グーグル社が人工知能を開発。アカデミックな科学雑誌「ネイチャー」電子版に発表されたその名前は「DQN」。人工知能システム「ディープQネットワーク」の略称だそうですが、よりによって、なぜ……という思いが笑いとともにこみ上げます。「DQN」とは、有名なネットスラングで「低俗」「不良」「知識水準が低い」といった意味で使われる言葉でもあります。もとは、迷える庶民の人生相談的テレビ番組「目撃！ドキュン」にちなんでます。人工知能DQNに、世界中のビッグデータを分析する能力があれば、日本での意味を知って改名したかもしれませんが……。

今のところ人工知能DQNができるのはゲームです。ゲーセンに入り浸るDQN……似合いすぎです。遊びながら学習して攻略する能力があり、ゲームによっては人間のプロゲーマーを超える高得点を叩き出したとか。

得意なゲームはシューティング系、ボクシング、カーレースなど。反射神経、瞬発力が必要なゲームです。そして攻撃力も高いのはさすがＤＱＮ。

逆に苦手なのはパックマン。先を読んでモンスターの動きを予測しなければならないのですが、刹那的なＤＱＮにはなかなか難しいようです。

人工知能というと難しい数式や宇宙の原理について計算し続けているイメージがありました。今が楽しければ良いという意識でゲームに明け暮れる人工知能が存在しているとは驚きでした。名は体を表すＤＱＮ。人間を油断させるために綿密に計算したキャラなのかもしれませんが……。

なめ子のもう一言

ハリウッド映画では、人工知能が暴走し、人間を脅かすという設定が結構見られます。「シンギュラリティ」といってある特異点を超えると急激に進化し、人間を超えてしまう可能性については、実際に科学者も警告しています。

中でも強い危惧を表明しているのがスティーブン・ホーキング博士。「完全なるＡＩ（人工知能）の開発は、人類の終焉（しゅうえん）をもたらすかもしれない」とのことです。世界一の頭脳が言うことなので説得力が（追記・博士は２０１８年３月に亡くなってしまいました）。ＤＱＮの名前を見て笑っていた日のことを、あの頃は平和だったと思い出すようになるのでしょうか……。

031

新ハチ公像

東京大学農学部のキャンパス内に「忠犬ハチ公」の新しい像が設置されました。その名も「上野英三郎博士とハチ公像」。

上野英三郎氏が東大農学部の教授だったことにちなみ、有志によって資金が集められ、「忠犬ハチ公」80年目の命日である3月8日に除幕式が行われました。新しい銅像は、天国で上野博士とハチ公が再会したような感動的な場面を再現しています。

除幕式の数日後、東大に新ハチ公像を見に行ってみました。キャンパス内には他にも東大工学部に関連した古市公威（こうい）とか、造船学科教授だった三好晋六郎など、多くの博士の銅像が鎮座していて、リスペクトの気持ちが高まると銅像化する、というのが東大に脈々と流れる風習なのかもしれません。

上野博士の像は、農学部の門の近くに設置されていました。犬の散歩がてら立ち寄ったマダム同士が、お互いの犬の健康について立ち話しています。渋谷のハチ公が待ち合わせスポットなら、こちらは愛犬家の社交場となるのでしょうか。

平日昼過ぎですが、十数人の人がとりまいて写真を撮影。近寄って見ていたおばさんが「あの人写真に写り込んで邪魔」と言われていて、遠巻きに撮影しないとならない暗黙のルールが。

それでも渋谷のハチ公よりも随分立派なハーネス（胴輪）や、細部まで表現された犬の表情が見て取れました。忠犬そのもののハチ公の表情を見ると、実は焼き鳥屋を目当てに毎日渋谷に通っていたという説はガセだと思いたくなります。全てを美談にする銅像のパワーを実感しました。

なめ子のもう一言

アメリカには、もしかしたらハチ公よりも忠犬かもしれない犬が存在しています。アイオワ州の家庭で飼われていたミニチュアシュナウザーのシシーは、飼い主のナンシーさんががんで入院した2週間後、帰ってこない女主人を探しに家を出て行ってしまいました。

そして嗅覚を頼りにしたのか、数キロ離れた病院に辿（たど）り着き、自動ドアをくぐり抜けて病棟内へ。エレベーター前で、さすがにボタンを押せずにうろうろしていたところ病院職員に保護され、ナンシーさんと感動の対面を果たしたそうです。

アニマルヒーリング効果でナンシーさんのがんが快方に向かったら銅像ものですが、ミニチュアシュナウザーの像を作るのは難易度が高そうです。

032

エンセラダス

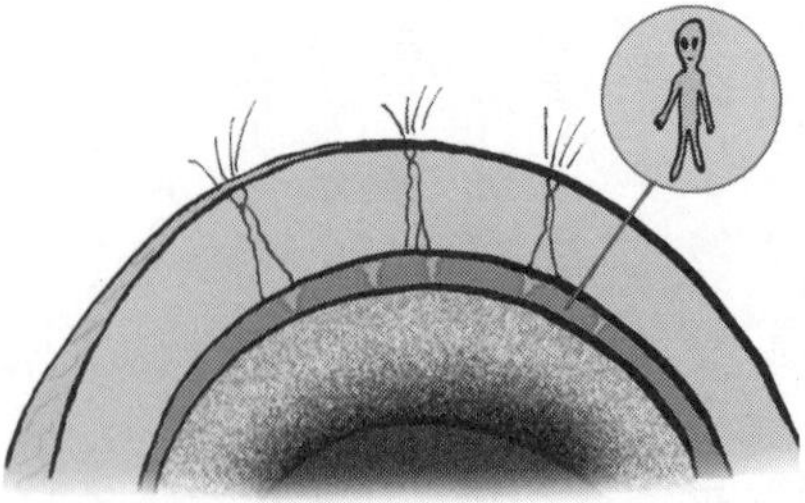

地球外生命体は存在しているのか……人類の大きなテーマの一つです。オカルト的な方向からは、エササニ星人やウンモ星人、ゼータ・レチクル星人など、様々な宇宙人の存在が噂されてきましたが、信ぴょう性が不足していました。

しかし先日、アカデミックな研究機関から、地球外生命体が存在できる環境が他の星にもあることが発表されました。

その星の名は、エンセラダス。エンケラドス、エンセラドスと複数表記があり、統一されていないことからも、今までこの星が軽視されていたことがわかります。

土星の65個ある衛星のうちの一つで、直径約500キロの小さい星。水蒸気を噴き出し、表面が氷に覆われているので水は存在しています。

さらに東京大学や海洋研究開発機構などの研究に

よると、90度以上の熱水環境があることがわかりました。海底の熱水噴出孔は地球においても生命誕生の場。氷の下の地下の海に生命体が生息している可能性が濃厚です。

　それにしても、今まで火星人、金星人はよく言われてきて、クラゲやイカ的なキャラクターも世の中に定着していたのですが、土星の衛星人とは意表をつかれ、どんな姿形なのか全くイメージが浮かびません。

　想像が膨らみますが、科学誌「ネイチャー」に発表された論文によると「微生物などの生命を育む環境」だそうで、最初のワクワクしたテンションがダウン。はじめから微生物と決めつけなくても、と思いますが……。

　やはり地球人は、太陽系周辺で高等な生命体は自分たちだけ、と思いたいプライドがあるのでしょうか〔追記・その後新たに衛星が発見され、現在知られている限り土星の衛星は82個あります〕。

なめ子のもう一言

　世間がエンセラダスで盛り上がっている中、一部の人の間では火星と木星近くの小惑星の話題が沸騰していました。NASAが打ち上げた探査機が、準惑星ケレスの軌道から送ってきた画像に、不思議なものが写っていたのです。

　データは半分黒くなって見えないのですが、ケレスにはオバマ元大統領に酷似した巨大な顔が浮かび上がっていました。不吉な暗い表情で、何かの前兆でないことを祈ります……。宇宙にはまだまだ解明できない謎がいっぱいです。

033

売れすぎて販売休止

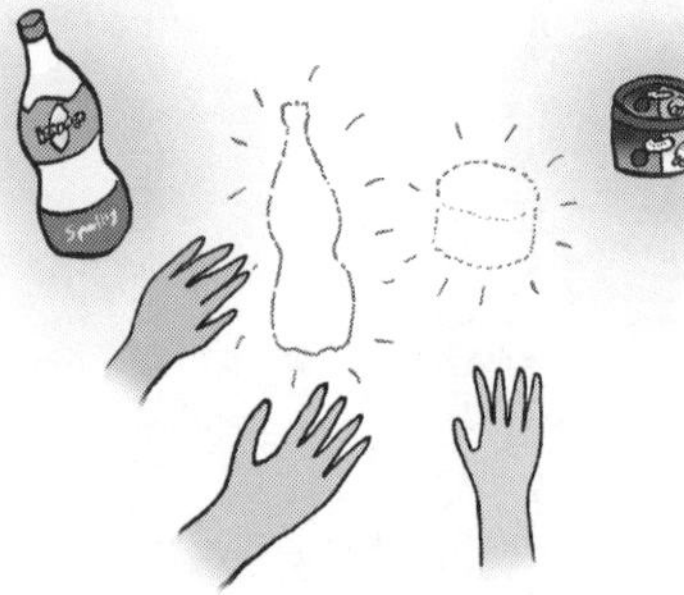

コンビニを何軒回っても見つからない、探せば探すほど価値が高まっていく気がする、話題の新商品。「売れすぎて販売を一時休止」というワードを最近よく目にします。

2015年2月末に新発売したら、売れすぎて品薄になり2日後に販売休止になったのは、ハーゲンダッツのもち入り和テイスト「きなこ黒みつ」と「みたらし胡桃（くるみ）」。「できる限りの増産体制をとってまいりましたが、この状況が続くとお客様に一層のご迷惑をおかけすることになると判断」と発表されています。

謝りながらもどこか得意気な文面。小売店に対しての気遣いと同時に販売戦略でもあるのでしょう。2011年にも「継続的な供給が難しい」としてクレープ商品の販売を休止した前歴が。とはいえ「販売休止」の称号のブランド力は絶大で、安定供給されるようになっても、あるうちに買っておかなければと手が伸びてしまいます。

3月末には、サントリー「オランジーナ」の新フレーバー「レモンジーナ」が販売後2日で出荷125万ケースを記録。安定供給ができないので生産体制が整うまで販売休止ということに。そのニュースが出てすぐにスーパーに行ったら大量に（しかも定価より安く）売られていましたが……。

ツイッターなどで「土の味」と話題になっていて、飲んでみるとレモンの皮の苦味が大人向けなテイスト。販売休止ニュースと、味の話題性、二方向から攻めています。これだけやって実は売れ残っていたら、それはそれで新たな伝説を作ることになるでしょう。

なめ子のもう一言

品薄商法と逆のパターンですが、商品を発注しすぎたミスをカミングアウトし、助けを求める事例も最近多いです。例えば、京都教育大購買部でプリンを4000個も誤発注した例や、福岡県のセブンイレブンで温そうめんを間違えて414個発注してしまった件、長崎県のファミリーマートでシュークリームを発注しすぎてこのままだと100個廃棄、など店員が困ってツイッターなどでSOSを発し、ネットで拡散。親切な人がわざわざ買いに行って無事に完売する、という心温まる展開になっています。買う人は善行をしたという良い気分に浸れ、人情に訴える「誤発注商法」、なかなか巧妙です。

034

寝起き写真

自撮り文化が定着した日本で、SNS上級者の女子がチャレンジするのが、すっぴん写真。芸能人やモデルたちが披露すると「肌キレイ!」「かわいすぎる」と絶賛の嵐です。

彼女たちは美しいすっぴんを披露することで一般人に違いを見せつけようとしているのでしょうか。SNSで芸能人との距離が縮まったと錯覚されるのを正そうとするかのような動きです。

すっぴんだけでは物足りなくなったのか、最近さらにその上を行く自撮りブームが発生。「寝起き写真」です。

海外では2014年の夏、寝起きのセルフィー(自撮り)をアップしてユニセフに寄付し(内戦地域の子どもたちのために使われる)、次の挑戦者を指名、というムーブメントがアイス・バケツ・チャレンジの水面下ではやっていたそうです。海外のセレブの間で寝起きを撮影する流れが起こり、それが日本にも上陸。

まず話題になったのはローラの美しすぎる寝起き。「天使」「女神」と激賞されたその写真は、髪が枕に広がるさまさえ計算されたようで、目もパッチリ。よだれや目やになどの自然現象も皆無です。

板野友美（起きた瞬間からあひる口）、藤原紀香（片目をつぶってウィンク風）、藤井リナ（光の効果でテカりではなく艶に見える）など、さすがセルフプロデュースがうまいです。ファンにとっては隣に寝ているような嬉しい疑似感が……？

しかしサービス精神よりも強く伝わってくるのは、自分大好きオーラ。自己愛がよほど強くないと寝顔なんて撮ろうと思いません。やはり一般人とは精神構造が違うのだと驚異の念を抱かされます。

なめ子のもう一言

寝起き写真と同じくらいにひそかにブームなのは体重公開。芸能人が体重計に乗って写真を撮影したり、その数値を世界に発信しています。板野友美が36・8キロ、高橋みなみが37キロ、菜々緒が46キロ、と驚異的な軽さです。決して155センチ52キロとかリアルな数値は出てきません。結局は自慢……なのでしょうか。承認欲求が強く、称賛の声がどんどん欲しくなってしまうのが有名人の性（さが）。体重公開の次は、血液検査の結果やレントゲン写真？　何を公開してくれるのか楽しみです。

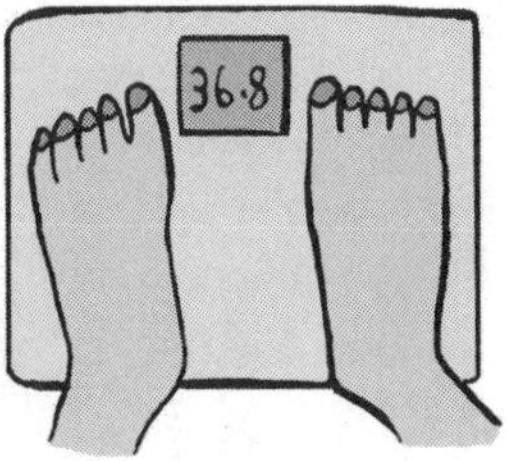

035

クヤクション

現代の錬金術と言えるでしょうか、財政的に厳しい東京都豊島区が国の補助金や住戸販売の収入などを得て財政支出ゼロで立派な区役所を建設。49階建ての1～10階は商業施設と豊島区本庁舎、11階から上はマンションという合体方式で「クヤクション」と呼ばれています。

そのクヤクションに行ってみました。東京メトロ有楽町線「東池袋駅」の1番出口から直結し、地下2階にはタワーマンションの入り口が。1階に上がると薬局やコンビニ、区役所フロアにはATMやカフェもあって便利すぎです。8階には議場があり、マンション住民は自宅の下で重要な会議が行われていることになります。

そして区役所内の回廊には豊島区ゆかりの偉人の写真（手塚治虫や菊池寛、柳原白蓮など）が貼られ、区民意識が高まりそうです。10階には緑あふれる屋上庭園でありました。

ただ若干気になったのは、庭園や外壁の植物壁デザインなどラグジュアリーなのは区役所部分までで、11階から上は飾り気がなくマンションの方が区役所っぽいデザインだということ。払ったお金や税金のことを考えると逆の方が順当な気がしますが……。

でも住民にもそれなりの恩恵が。池袋のモニュメント「いけふくろう」にちなんで、区役所随所に大量の世界各国のふくろうグッズが展示されているのです。

ふくろうは知恵を象徴する縁起物。ふくろうパワー（&公務員たちのまじめオーラ）でクヤクションに住む子どもたちは勤勉でまっとうに育つことでしょう。それを含めての資産価値なのかもしれません。

なめ子のもう一言

豊島区といえば「いけふくろう」の影響か、ふくろうが集まる宿命にあり、区公認のゆるキャラもふくろうだらけです。

豊島区制施行70周年を記念した「としまななまる」、公益財団法人としま未来文化財団の「としまくん」、豊島区まちかどサロンの「えんちゃん」、そしてルミネ池袋のキャラも「ルミネ・フク郎」というふくろうモチーフでした。さらに区制施行70周年を記念し新たにふくろう像が48体作られていくとのこと。

ふくろうと言えばかわいさと不気味さが半々で好き嫌いがわかれる生き物。もしふくろうが苦手だったら豊島区には住めなさそうです。

0 3 6

犬にアップルウォッチ

「猫に小判」「ブタに真珠」……貴重なものを価値のわからない人に与える、という意味のことわざの系譜に新たなワードが加わりました。

「犬にアップルウォッチ」。中国で、不動産、ホテル、百貨店業などを大々的に営む資産約4兆7000億円の大富豪、王健林氏の御曹司が、愛犬にアップルウォッチを買い与えたのです。それも、一本150万円もするタイプの商品を2本も！

庶民の嫉妬と羨望の念を一身に集めているのは、アラスカン・マラミュートのメス犬、ココちゃん。両腕にアップルウォッチをはめて、お行儀よくおすわりしている写真が中国の投稿サイト、微博（ウェイボー）にアップロードされています。

犬にとってかなり違和感がありそうですが、アップルウォッチのバイブレーション機能で、犬のいたずらやムダ吠（ぼ）えを抑止する、しつけとしても使えるかもしれません。

また、別の日にはアップルウォッチで脈拍を計測している写真が投稿されました。毎分59回とのことで、犬の平均値と比べるとややゆっくりめ。超高価なアップルウォッチをはめられても平常より落ち着いているのはさすがセレブ犬です。

このサイトの写真を見ると、前にもなぜかモデルガンを買い与えたり、よく働いたご褒美とか言って高そうなバッグをプレゼントしたり、溺愛しています。大富豪の息子にもなると、金目当てで寄ってくる人間の女よりもメス犬の方が信じられるのでしょうか。

「犬にアップルウォッチ」には、セレブの孤独感も表れています。

なめ子のもう一言

そして「犬にデジカメ」というニュースもありました。犬の心拍数などをセンサーで計測し、犬のテンションが高まった時にカメラのシャッターが自動で切れる、犬用カメラデバイス「Heartography」が今開発されているそうです。サイトには犬の撮った写真が掲載されていました。人間のサンダル、窓際の猫、草むらに生えていたキノコ、エサなど、犬が大好きなものを自動的に撮影。ピュアな犬の視点に心が洗われます。商品化したら確実に売れそうです。大富豪の息子は一体何台買うのでしょう……。

037

日本刀ブーム

このところ世間は日本刀ブームです。刀剣を展示している博物館や日本刀制作実演に女性客が集まったり、居合道場に入門する人が増えたり、書店に日本刀コーナーができたり、日本刀を愛する「刀女子」まで出現。

刃物好きの女性が増殖とは物騒な世の中ですが、その理由とされるのが、オンラインゲーム「刀剣乱舞」の大ヒットです。日本刀がイケメンの姿に擬人化され、プレーヤーと一心同体で戦うというゲーム。

堂々たるラインナップは、沖田総司の愛刀「加州清光」、龍馬が愛用していた「陸奥守吉行」、国宝「三日月宗近」など……。刀というのが男性の象徴のようでもあり官能的です。芸術性と攻撃性を兼ね備えた完璧な刀剣に心奪われてしまったら、現実の男性に幻滅してしまう危険性が……。

実際にゲームをしてみると、一緒に戦う刀剣を選択するところからはじまり、「さあゆこう、俺たちの戦場へ」とイケメンの刀剣にささやきかけられ合戦場へ。「シャキーン!」という効果音で高揚します。

激戦中、なぜか半裸になっているイケメン。戦いで傷を負った刀剣を、屋敷に帰ってから、木炭や砥石を使い念入りに手入れします。使われる用語や資材も本格的でいつの間にか刀知識がアップ。刀剣への愛着心が養われていきます。

ゲームがきっかけで興味が芽生え、刀剣の歴史を調べると、古墳時代に登場し、鎌倉時代には実戦用と神社奉納用にわかれ、江戸時代には大刀と小刀を併用するようになったとのこと。ここに、「平成に刀が擬人化される」と新たな歴史の1ページが加わり、後世の人は混乱しそうです。

なめ子のもう一言

日本の伝統美が凝縮された刀剣ですが、武器として血塗られた側面があることも無視できません。「刀剣乱舞」でもキャラ化されている「歌仙兼定」は細川忠興の日本刀で、刀で手打ちした人数が36人にものぼったことから「三十六歌仙」にちなんで名付けられました。ガラシャ夫人を見つめていた庭師を成敗したり、自分の昼ご飯の魚を間違えて食べてしまった家臣を斬ったり……ここまでくると自分の意志だけでなく、日本刀が血を欲していたのかと考えてしまいます。妖しく輝く日本刀には魔力があり、ハマりすぎに要注意です。

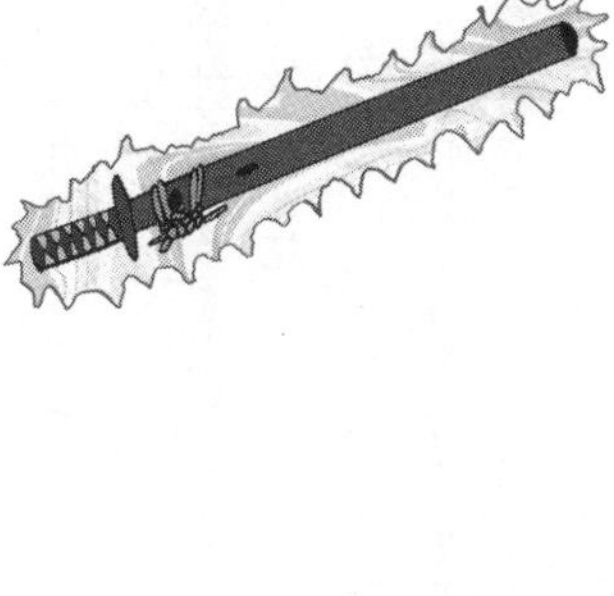

大規模カンニング

カンニング……一度は手を染めたことがあるかもと思い当たっても、せいぜい消しゴムに公式を書くとか、前の人の答案をのぞきこむとか、セコい手段にとどまっていたと思われます。でも、インドにおいてはそんな生易しい問題ではありません。

学歴が一生を左右するインドでは、時おりなりふり構わないカンニングや不正行為が行われているのですが、先日インドのマディヤ・プラデーシュ州の医療関係の学校の入試で大規模カンニング事件が発生。

インド政府が特別調査グループを立ち上げて拘束した容疑者はなんと1800人超。逮捕者の中には大臣や博士などセレブもいました。殺し屋まで暗躍しそのうち40人が不審な形で亡くなったそうです。人の命を助ける医療の学校なのに、カンニングで死人が出るとは……。

いっぽう、庶民的な中学や高校では、教師黙認のもと大胆なカンニング行為に及ぶ生徒&親の姿が。試験を受ける生徒の親が校舎の窓の外に待機し、答えを紙に書いて壁をよじ登り、窓の外から渡したり紙飛行機で飛ばす、という原始的な手段です。父母にはSASUKE出場者ばりの運動能力が求められます。その姿を見て生徒は親への尊敬の気持ちが高まったりするのでしょうか。

それ以前に、難易度が増している中高の試験の問題を、卒業後年月がたった親世代が解けるのか疑問です。でも、子どもは親を信頼し、渡された紙の解答をそのまま書き写す……不正行為の中にも、親子の愛と絆が感じられます。

なめ子のもう一言

インドでも、カンニングを抑止するための対策を立てている厳格な学校が存在します。ある学校では、頭の両側にA4判くらいの紙をたらして、左右の視線をさえぎるという方法を採用。紙が両脇でひらひらしている状態で試験を解かないとならないとは、かなりの集中力を要します。タイや中国でも、紙や段ボールをかぶることで視線を遮断する防止策が行われている学校が。逆に紙の陰に隠れて、いろいろできそうな気もしますが……。

039

月刊住職

ひそかに話題になっている「月刊住職」。1974年創刊の寺院住職実務情報誌です。とくに攻めている内容だと評判の2015年7月号を出版社の公式サイトから購入してみました。後払いという性善説的システムに感銘を受けつつ、振り込み用紙に「合掌」と記されていたので、敬虔（けいけん）な気持ちで即入金。

「月刊住職」の目次には興味を引かれる見出しの数々が並んでいます。「全国多数の月収10万円以下極貧寺院の住職はいかに生きているか」「寺域襲うデング熱の蚊の対処法」「お迎え現象と漢文読経の是非」「寺の上空はドローン禁止にしてもらおう」など、時事的なトピックもあり、世の中の動きが見えてきます。

お迎え現象の記事には夏らしく怪談テイストのエピソードが（故人がお寺に来たり、亡くなる時に物音がしたり、仏具類が倒れたり……）。極貧寺院の記事には、寺院の経済格差が広がり、年間収入１００万円未満の寺では住職が近隣の旅館でバイトをするという世知辛い現状が記されていました。

　お寺の内情といえば、付録の別冊「法話特集」にはお葬式での遺族との会話用例（故人を見て「いい男ですね」「美人さんですね」とまずホメる、など）を紹介。見てはいけないものを見てしまったような……。

　さらにディープなのが特集記事「慚愧（ざんき）に堪えない！　僧侶の女性関連凶悪事件続発の事実と宗派対応力」。「僧侶が交際相手にＤＶと恐喝」「住職が妻を木刀で殴り逮捕」「住職が女子大生をストーキングで逮捕」といった僧侶の事件を包み隠さず掲載していて、自浄作用が働いているのを感じます。「僧侶も聖の部分と俗の部分があります」とのことですが、寺院の裏事情満載の「月刊住職」を読むと、確実にお坊さんを見る目が変わります。お坊さんも諸行無常です。

なめ子のもう一言

　同誌で紹介されていて気になったのが、東京・高円寺に開店した「尼僧バー」でした。

　本物の尼僧と尼僧コスプレのスタッフが入り交じり接客してくれるそうで、メニューには永平寺から仕入れたごま豆腐など、お寺の霊験あらたかな品もあるようです。「時代は『あまちゃん』から『尼さん』へ！」と公式サイトには書かれていました。巫女（みこ）さんコスプレはある一定層に受け入れられていますが、今後は尼さんも萌（も）えの対象になるのでしょうか〔追記・残念ながら2018年に閉店してしまったようです〕。

040

堀川くん

国民的アニメ「サザエさん」で注目を集めている登場人物がいます。アニメ放映中に登場するとツイッターの急上昇ワードにランクインし、ネットのニュースに取り上げられることもあるキャラの名は、堀川くん。一見、大人しそうな普通の少年ですが、実はサイコパス的な気質を秘めていると話題です。

ワカメのクラスメイトの堀川くんは、磯野家にやたら執着しています。犬に追いかけられて磯野家に逃げ込んだり、波平の言葉に感動し勉強机の前に波平の写真を貼ったり、カツオに「僕の赤い糸はお兄さんと結ばれているのかもしれません」と告白したり、切手コレクションをカツオに差し出し「なめてみてください」と迫ったり……。

そこまではほほえましい範疇(はんちゅう)ですが、ある時は磯野家の庭に侵入し茂みに隠れ、床下で勝手にオタマジャクシを飼育し、不気味がられます。その時の

「ごめん。今度は見つからないようにするよ」という堀川くんのセリフにゾクッとします……。堀川くんがヒヨコを飼育し「わかめ」と名付けた上、「わかめが卵を産んだら、真っ先に人間のワカメちゃんに食べてもらいます」と宣言する回もヤバいと話題になりました。さらに怖かったのは塀のシミを弟だと思い込んでヘイキチと名付けキャッチボールをしていたエピソードです。

など、堀川くんが気になって、毎週「サザエさん」をチェック。最近は出そうで出なかったり、3話中の最後に一瞬だけ出たり（「猿山を1時間眺めたことがある」というちょっとしたセリフにも異常性が）、視聴者をじらしています。数字を持っている堀川くん。人気が出て勘違いして天然キャラの良さが損なわれないと良いのですが……。

なめ子のもう一言

子どものころ「サザエさん」は庶民の生活のアニメだと認識していましたが、大人になるにつれサザエさんファミリーは現代では富裕層の家庭なのだと実感しています。東京・世田谷区に庭付きの邸宅を持ち、波平はパリッとした和服で由緒ありそうです。サザエさんは基本専業主婦で、エプロンを大量に所有していたり、服もおしゃれで余裕が感じられます。日曜の夜にサザエさんを見ると月曜が憂鬱（ゆううつ）になる「サザエさん症候群」がひところ話題になりましたが、今は手が届かない一家の暮らしぶりを見て、別の意味で「サザエさん症候群」になりそうです。

041

おもてなし制服

東京五輪で外国人観光客を案内するボランティアの制服が発表されました。が……「ダサい」とネットで酷評されてしまいました。

青いベストとストライプのネクタイがトリックアート風にプリントされていて、ボトムスは黒いパンツ。麻製の帽子のリボンは赤い日の丸をにおわせる水玉模様です。

コンペを経て起用されたのは、イギリスの美大で学びアレキサンダー・マックイーンのもとで修業した気鋭のデザイナー藤江珠希氏。コンペの審査というと、新国立競技場の騒動を思い出し不吉な予感が……。

しかし、SFチックな近未来デザインに固執し続けているザハ・ハディド氏のセンスに比べて、このユニホームのちょいダサ感は一周回っておしゃれなのでは？　と思います。イギリスで最先端のファッションを学んだ藤江氏はトレンドを熟知しているはず。

ここ数年主流の、ゆったりと肩の力が抜けたエフォートレスなシルエットや、普通っぽいノームコア・ファッションの流れを汲んでいるのだと推察します。

そして重要なのはどの年代の男女にも似合うこと。ご本人もネットのインタビューで「色々な方が着用することを踏まえるとどんな体形にも合うシルエットに仕上げることが必要です」と語っています。発表の時、中高年世代が着用していても違和感なく似合っていました。

例えば東京スカイツリーの制服はかわいすぎて時々あれっ？　と思うくらい浮いている人がいますが、このおもてなし制服は皆平等にちょいダサ感に包まれるので安心です。おもてなしする側なので、おしゃれすぎない服の方がお客さまに対して謙虚に奉仕できることでしょう〔追記・その後イラストの制服デザインは変更になってしまいました……〕。

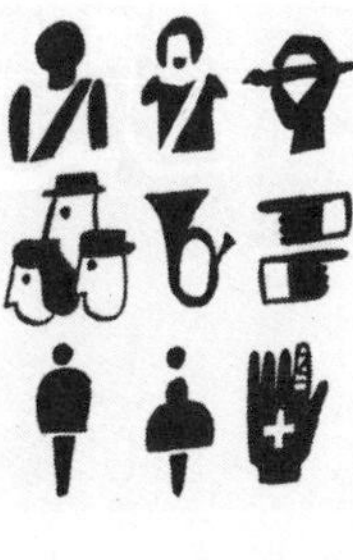

なめ子のもう一言

１９６４年の東京五輪ではどんなおもてなしをしていたのでしょう。今も外国人にとって秘境のように英語が通じない国と思われている日本ですが、50年前はもっと英語ができる人が少なかったはず。そのかわり、東京五輪に向けて「ピクトグラム」と呼ばれる記号の表示を作り出し、絵で案内していたようです。救急センターやインフォメーション、クロークなどの設備から各競技まで一目でわかります。世界中で使われているトイレマークはこの時に生まれたとか。日本人はデザインセンスにもっと自信を持っていいはずです。

0 4 2

プラチナ惑星

小惑星「2011 UW-158」が2015年7月19日、地球に接近。その距離240万キロメートルで、金星や火星など隣接する惑星よりはるかに近いです。ただの小惑星ではなく、質量1億トンものプラチナが含まれているという説が浮上し、世界的なニュースになりました。

地球に近づいた時の写真を見ると、地味でいびつなイトカワ似の小惑星でとてもそんな財宝が眠っているように見えません。とはいえせっかく近くを貴金属のかたまりが通るのにみすみす逃してしまっても良いのか、という気もします。このニュースを積極的に宣伝していたのは、小惑星鉱業に関わる北米企業プラネタリー・リソーシズ。ついに小惑星から資源を採掘する時代が近づいているのでしょうか。

海外のニュースサイトでも「5兆ドルの価値の小惑星が接近」と、値段をセンセーショナルに報道していました。宇宙のロマンが一気に現実的に……。

ただ実際に採掘するのは莫大な経費がかかる上、もし成功してもそんなに大量のプラチナ資源が採れたら、市場のプラチナ価格が下がってしまいます。金に比べても埋蔵量が少なく希少性で高値が付いていた面もあります。ふと気になって小惑星が接近した頃の世界のプラチナ価格の変動を調べてみたら、前の週まで1トロイ・オンス1000ドル以上だったのに、接近の前後から980ドルに下がっていました。今後のプラチナの希少性について考えた投資家がいたのかもしれません。遠くから地球の貴金属のレートを操る小惑星がかっこよく見えてきました。

なめ子のもう一言

宇宙にはプラチナ惑星だけでなくダイヤモンドでできている星も存在します。そのうちの一つが地球から40光年の「かに座55番星e」という惑星。グラファイトとダイヤモンドで覆われ地表は摂氏2148度、恒星との距離も近いので漆黒の宇宙に燦然と輝く姿をイメージします。手を伸ばしても届かない上、誰のものにもならない夜空に浮かぶ宝石のことを思うと、人間の欲を諌められているように感じます。宝石や貴金属を手に入れても惑星に比べたらチリ以下の存在です。宇宙のダイヤモンドやプラチナについて思いをはせるだけで満足できるようになりたいです。

043

無

通販サイト、アマゾンで「無」が出品されていて、売れているらしいです。「無」を販売……。哲学的ともいえる状況に心惹かれてアメリカのアマゾン・ドット・コムのサイトを検索すると、ありました。「Gift of Nothing」という商品で、何も入っていない球体のプラスチックがパッケージに入れられています。

説明文には、「全てを持っている誰かのための贈り物にいかがでしょう?」と書かれていました。消費社会の最終形態がこの「無」ギフトなのです。ただ、おしゃれなパッケージとして存在しているので既に「無」ではないような気がしますが、着眼点が鋭いアイデア商品です。

発売している会社では、他にフラスコの食器やレコードの形のコースター、ギターの形のキーキャップなど、おしゃれでエッジのきいたグッズを展開していました。

購入者の評価は星4・7（2015年9月9日現在）と意外に高く、何でも持っている父にプレゼントしたら喜ばれたとか、誕生日に欲しいものはないという彼にあげて2人で笑ったとか、幸せなエピソードの数々が。何もいらない境地の人は基本的に幸せです。

警察官に職務質問された時にこれを出したら笑って放免された、という話もあり、警察対策グッズとしての使い道もありそうです。中には、物理系の知識を持つ購入者の、真空でないと正確には「無」と言えない、など言いがかりのようなコメントも。

「無」とは何かと考えさせられる深遠な商品で、だんだん欲しくなってきましたが、「無」はそこらじゅうにあることに気付き、購入は思いとどまりました。

なめ子のもう一言

「無」といえば空気の缶詰が元祖かもしれません。一見何も入っていない空気の缶詰が各地で商品化されています。例えば富士山頂の空気の缶詰。3776メートルの高みにわざわざ登って採取したと思うと1080円（中サイズ、2015年時点）という値段も妥当な気がしてきます。大気汚染が問題の中国で、きれいなチベットの空気を封入した缶を販売したら結構売れたという例もありました。ジョークグッズの「無」が売れているうちはまだ平和、空気の缶詰の需要が高まってきたら地球の危険信号です。

044

脂味

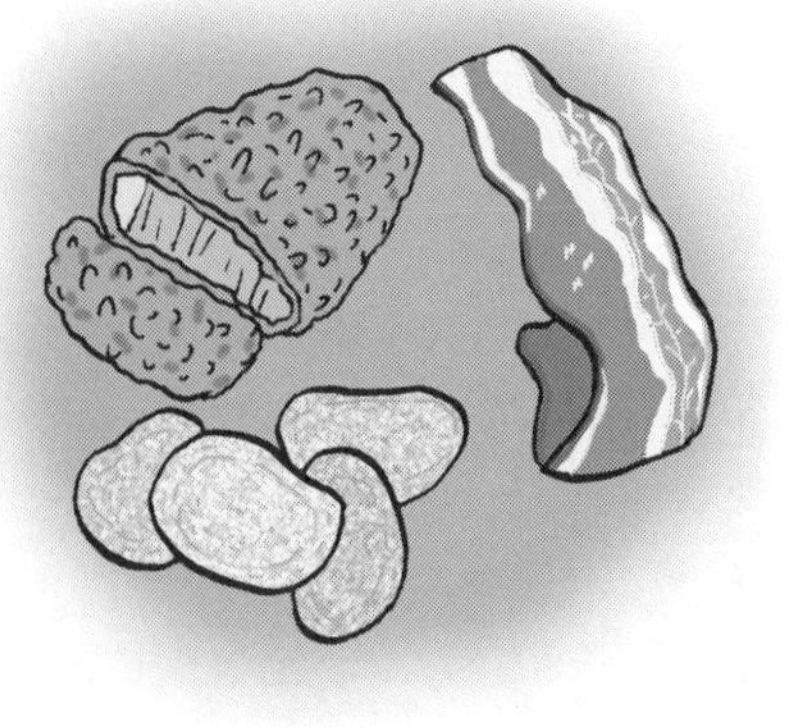

なぜポテトチップスの袋を開けると、半ば無意識のうちに、立て続けに10枚くらい食べてしまうのでしょう……。それは、第6の味覚を感じる脳の部位が刺激されたからかもしれません。

米国パデュー大学栄養学科の研究者が、甘味、塩味、酸味、苦味、うま味に続く味覚を、実験によって確認したと論文誌に発表しました。その名は「脂味(あぶらみ)」。英語表記では「オレオガスタス（oleogustus）」です。

こってりしたラーメン好きの人いわく、脂味には中毒性があるそうです。トロ、天ぷら、とんかつ、霜降り肉、バター、ドーナツ、フライドポテト……。思い浮かべてみると、どれも無性に食べたくなって、一時的な多幸感が得られるものばかり。ただ、脂肪を摂取しすぎると、脳に変化が起き、さらに大量の脂肪がないと満足できない体になってしまうそうですが。

この実験が米国で行われたことも意義深いように思います。以前ニューヨーク在住の知人から「米国人はベーコンさえ入っていれば満足する」と聞いたことがありますが、日本人が繊細なうま味を求めるのに対し、米国人の好きな食事といえば、脂味全開な印象が。

米国人は脂味を味覚の一つとして確立することで、摂取することへの罪悪感を軽減し、さらにビジネスを展開しようとしているのかもしれません。「オレオガスタス」という響きもおしゃれだし、「今話題の『第6の味覚』が大量に含まれたハンバーガー」とか、話題性で売れそうです。脂味は、いろいろな意味でおいしいです。

なめ子のもう一言

脂味のとりすぎは控えたいですが、とらなさすぎるのも問題です。脂肪不足は肌や髪が乾燥してしまうだけでなく、脳の回転を悪くしてしまうそうです。脳の60%は脂質でできていて、情報伝達のスピードにも重要な役割を担っているとか。魚に含まれる、DHA（ドコサヘキサエン酸）などの脂肪酸を摂取することで頭が良くなる、という説は有名です。デブキャラの芸人だけでなく、周囲のぽっちゃり系の友人も、リアクションが早くてトークが結構おもしろいのは脂肪の効果かもしれないと思いました。

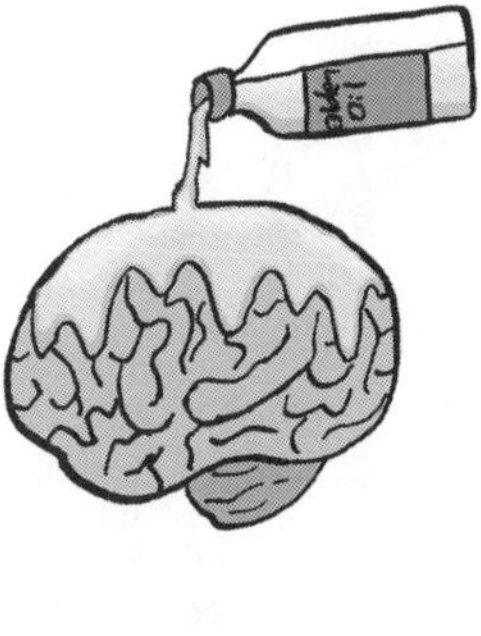

045

ニウエ

日本政府が国家として新たに承認した195か国目の「ニウエ」が注目を集めています。南太平洋のニュージーランドの北東に位置し、隣国トンガとは約480キロメートルも離れている約260平方キロメートルの小さな島国。独自の政府が存在していますが、ニュージーランドと自由連合を組んでいて、独自の政府が存在しています。

サンゴ礁が隆起した島で、主な観光スポットは鍾乳洞やビーチなど。テレビでリポーターがニウエに行った時の映像を見たら、住民は穏やかでのんびりしていて、犯罪もほとんど起こらず家に鍵をかけないのが普通だそうで、まさに南の島の楽園です。首相がインタビューに答え「この国の魅力は静けさ」と語っていました。それにしても静かすぎて、首都アロフィにもほとんど人が歩いていない風景が映し出されていました。週に2便しか飛行機が飛んでいないので、かなりの穴場リゾートです。

美しい自然に恵まれながらも、生かしきれていなくて観光客誘致に悩むニウエは、精力的に打開策を打ち出しています。ディズニーのキャラクターや「スター・ウォーズ」の硬貨を法定通貨として発行し、収益を確保。輸出メインの記念切手も発行しています。さらに世界に普及しているのが、インターネットのドメイン（住所）。政府がある財団にニウエに割り当てられたドメインの管理を委任したところ、そのうちかなりの数がアダルトサイトに使用されてしまっているようです。物理的には遠くてなかなか行けないニウエですが、実はネットの世界で訪れている方もいるかもしれません。

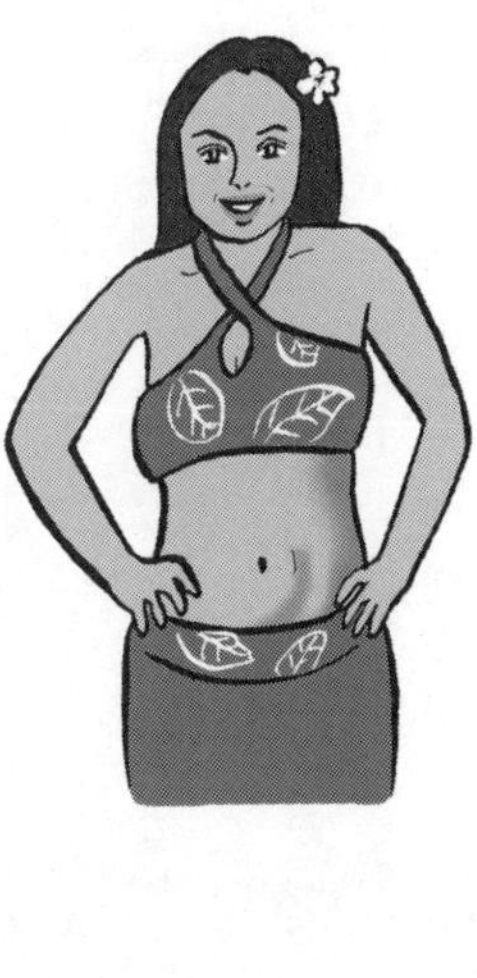

なめ子のもう一言

タロイモやヤムイモ、サツマイモなどの野菜や海の幸も豊富なニウエ。食生活が充実しているからか、もしくは仕事がのんびりしているからか、写真で見る限りポッチャリ体形の住民が多いです。ニウエの美女を選ぶミスコンの候補者の集合写真を見たら、皆さんふくよかで幸せそうでした。2015年度のミス・ニウエ・アオテアロアの美女は、堂々とポッコリおなかを出してアピール。積極的に見せているということは、多分美の基準がふくよかさにあるからでしょう。いろいろな意味で生きやすそうな、羨ましい楽園です。

火星にスプーン

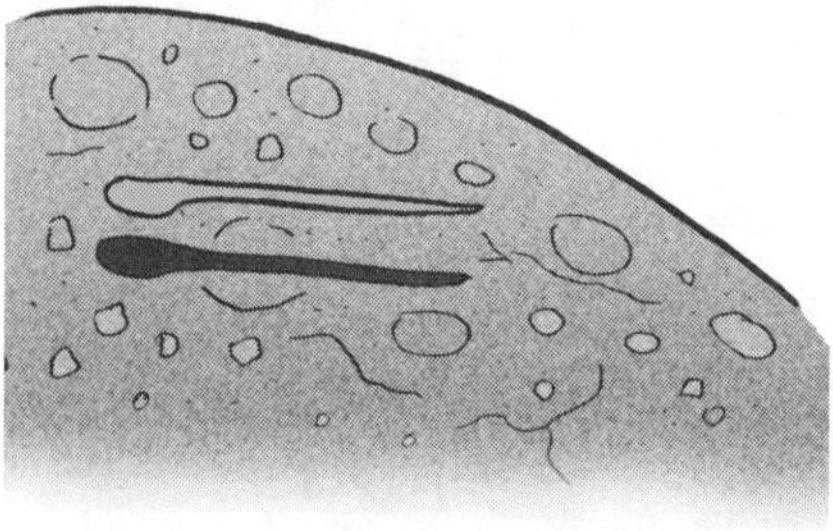

先日、アメリカ航空宇宙局（NASA）などにより、火星に水が存在する証拠があるという発表がありましたが、他にも不思議な物が潜んでいるようです。火星探査機「キュリオシティ」から届けられる火星の画像。最近、そこにあるはずのない物が写っていたとして話題になっています。

それは、スプーン。マウントシャープという地点の、岩が隆起した所に細長い物体が写っているのが確認できます。スプーン状の物体の下には同じ形の影ができていて、浮いているように見えます。NASAは「風によって削られた岩」という夢のないコメントを出していましたが……。

火星には生命体の痕跡があるのをNASAが隠している、というのはオカルトファンの間で語り継がれる定説です。これまでも様々な物が、火星探査機の画像の中から発見されてきました。無造作に転がるヘルメットや角材が地面に転がっていた時は、火星人は気性が荒い輩(やから)なのかもしれないと戦慄を覚えました。他にも、ピラミッドや乗り物らしき物体、信号機、女性の彫像、人面岩など、脈絡ない感じで点在。生き物系では、エビやカニらしき物も見られました。火星にはスプーンがあり、エビやカニもいるとしたら食生活は不自由しなさそうです。

画像には時々、生命体も写り込んでいます。走っている小さい人、岩場にしゃがむ人や発光する人など。中にはやっぱり岩かも……と思う物も。火星の写真を拡大し、岩や砂の中に宇宙人の証拠を探し続けるマニアは、もはやわびさびの境地です。この地球人の熱い思いは火星人には伝わっているのでしょうか。常に一方通行で片思いなのが火星への探究心をかき立てます。

なめ子のもう一言

火星といえば、オランダの民間非営利団体が立ち上げ、世界中から20万人も応募者があったという火星移住計画「マーズワン」の行く末も気になります（計画では2025年から）。基本的に「片道切符」で、ゼロからの開拓となる過酷なミッション。平均気温は約マイナス63度、薄い大気は真空同然という、極限の環境ですが、砂漠のシミュレーションに参加した応募者の男女の写真を見たら、リアリティードラマの出演者のように楽しそうでした。現地では映画やドラマ以上の波乱が待ち受けていることは間違いなさそうですが［追記・その後2019年に破産宣告してしまったようです……］。

047

イケメンすぎる首相

ジャスティン・トルドー……イケメンすぎる首相として、この名前は歴史に刻まれるかもしれません。ジャスティンという名前からしてアイドルのようですが、れっきとしたカナダの首相です。総選挙では野党・自由党党首として過半数を獲得し、2015年、43歳の若さで第29代カナダ首相に就任。

父親はピエール・トルドー元カナダ首相で、ジャスティンは首相官邸で育ったというご令息。日本人に例えると、小泉進次郎が今のままのルックスを保ち、10年後首相になるみたいなことでしょうか。身長は188センチで、トム・クルーズとオーランド・ブルームを足して2で割ったような正統派ハンサム。大学では教育学を学び、スノーボードやボクシング、イカダ下りのガイドからバンジージャンプのコーチまで何でもこなします。

一見節操がないラインナップですが、政治家に必要な闘争心や度胸を兼ね備えていそうです。ボクシングの計量のため上半身裸になった、筋肉美写真も話題に。完璧すぎます。

しかし最近は保守党から「ステキな髪」と小馬鹿にされた髪を短くして、おじさん風のヘアスタイルに。顔もむくみ気味の写真をツイッターに載せて、政治家っぽい貫禄を出そうとしているかのようです。過度のイケメンぶりは男の嫉妬を買って、足を引っ張られかねない危険性を、同じくイケメン政治家だった父親を見て学んだのでしょう。ルックスが急速に残念な感じにならないことを祈ります。

なめ子のもう一言

イケメンすぎる首相は、なんと左肩にタトゥーまで入っています。20代の頃に地球のタトゥーを入れ、40歳の時、民族調のワタリガラスのタトゥーを加筆。ワタリガラスはカナダの先住民族、ハイダ族の守り神だそうです。まさに地球規模の存在になっていく縁起かつぎのようなタトゥー。しかし、マリファナ合法化を掲げる首相にタトゥーまで入っていたら、妙な説得力があり、感化されて若者がまねしそうです。今後のカナダの若者文化の動向が気になります。

０４８

オークラのオークション

２０１５年８月末に惜しまれつつ閉館したホテルオークラ東京の旧本館。最終日に行ったら、オークラ・ランタンが下がるロビーでクラシックコンサートが開催され、思い出のホテルに別れを告げるため訪れた紳士淑女がひしめきあっていました。

ロビーに入りきらない人は別室のモニター中継を見ることができ、飲料水まで用意されるというおもてなし。特にゆかりがないのに来てしまって申し訳なかったです。

旧本館のシックでモダンなインテリアは世界的にも評価が高かったようですが、閉館後、別館に収まりきらないだろうし、処分されてしまうのか気がかりでした。すると、この度、家具や備品がチャリティー販売されるというニュースが。売り上げは音楽活動の発展のために使われるそうです。

通常販売サイトを見ると、ルームナンバープレートや時計、シャンデリアのパーツで作ったアクセサリーなど、閉館後スピーディーに加工された品が販売されていました。これらの小物は良いとして、オークション形式の販売サイトには、客室のソファや椅子、バススツールやテーブルなどが。

保存状態は良いですが、客室に置かれていて何万人座ったかわからない椅子を買うのはちょっと勇気がいります。でも、見ていたらだんだん欲しくなり、いわくが少なそうなベッドサイドテーブルに入札したら、1秒ごとに1000円ずつ値段がつり上がっていき断念。オークラブランドと閉館というプレミアム感の相乗効果を実感しました。

こんなことなら、最終日、ホテル地下の衣料品店で売られていた500円のTシャツを買えばよかった。痛恨の念に堪えません。

なめ子のもう一言

旧本館の最終日には「平安の間」も一般に特別公開され、入り放題でした。ゴージャスな大広間に足を踏み入れると、記念に壁の写真を撮りまくる女性たちの姿が。インテリア好きの女子でしょうか、壁に着目するとはさすがです。平安の間の壁紙はクッションや照明器具の一部に加工され、今回のチャリティー販売にも出品されていました。シックでエレガントな模様が魅力的。数々の結婚式が行われた場所なので、幸せを吸収した壁紙アイテムは、縁結び効果もありそうです。

0 4 9

2016年の福袋

毎年、各デパートでは趣向をこらした福袋を発表。中でも積極的なのは松屋銀座です。ラグビーの五郎丸歩や結婚した福山雅治、今年ブレイクした芸人、とにかく明るい安村にちなんだ福袋などを出すことにしています。

一応伏せ字で「気分は五郎○!?」としていますが、五郎丸になれるという、ソフトモヒカンのヘアカット券やプロテイン、五郎丸の著書やダンベルなどを入れて税込み2万1990円。急いで集めた勢いが感じられます。とにかく明るい安村に絡めた「安心してください！ハンカチ90枚入ってますよ福袋」（1万800円）もわりと強引ですが、攻めの姿勢がさすが松屋銀座。

五郎丸ネタには西武池袋本店も参戦。婦人用防寒アイテムの詰め合わせ「防寒グッズ『五品丸』福袋」（5601円）は実用的です。そして西武渋谷店ではジャガイモなどの野菜が入った「ゴロゴロマル福袋」（560円）も。語呂合わせだと庶民的なイメージに……。スターは消費される運命です。

流行とは関係なく独自路線の福袋が発売されるのが、三越伊勢丹系のデパート。伊勢丹新宿本店では、漫画家の松本零士に肖像画を描いてもらえる福袋を、なんと2016万6000円で販売。メーテルや鉄郎と一緒に描いてもらえるそうですが……。未完の大作『銀河鉄道999』の登場人物に加われた気になれるなら安いのかもしれません。三越日本橋本店の、サザエさん一家とセル画で共演できる福袋（27万円）が格安に思えてきます。他にも、モデル体験とかレゴブロックで巨大作品作りとか、夢で膨らんだ福袋の数々が。でも実際の売れ筋をチェックしようと、原稿を書きつつ、某デパートの年内予約のランキングを見たら、1位と2位がタオルセットで現実に引き戻されました。

なめ子のもう一言

あるスタイリストの本に「福袋はゴミ袋」という名言があって、過去の失敗歴を思い出して納得したのですが、最近は福袋の中身は即ネットで公開され、拡散してしまうので、あからさまな売れ残りとか、残念な内容は少なくなった印象です。2015年の各ファッションブランドの福袋写真を見ると、無難な着回しやすい服だらけで、使える反面、刺激が足りないような……。時々変なTシャツとかショッキングピンクのパンツとかが入っているからこそ、おしゃれ冒険心が刺激され、日本人のファッション偏差値が上がったという側面も無視できません。

050

小掃除

年末の心の負担となっている大掃除。12月に入ると「大掃除、もうした？」と探り合い、やらないと宣言する人がいるとホッとしたりします。最近は日本人の大掃除離れが進行し、20〜69歳の既婚女性を対象にした花王の調査によると、２００５年は大掃除の実施率が87％だったのが、14年は59％まで下がったそうです。大掃除をしている人の中で、１日ですませる人は減少し、７日以上に小分けして行う人は増加。大掃除から小掃除傾向になっているとのこと。花王のサイトでは、夫婦共働きで忙しくて大掃除の時間が取れないから、と考察されていました。リーマン・ショックを挟んでのこの急激ダウン。不景気が絡んでいるのだとしたら世知辛いです。生計を立てるため働き詰めで大掃除ができない↓汚れた部屋で風水的に金運がダウン↓働いても働いても楽にならない↓部屋がさらに乱雑になる、というスパ

イラルにはまってしまいそうです。

精神的にも経済的にも余裕がないと大掃除には挑めません。それは江戸時代でも同じで、スイス人のエメェ・アンベール氏が書いた幕末の日本の見聞録によると、裕福な家では年末の煤払いや整理整頓は、使用人に任せられていたそうです。使用人たちは、大掃除をするとき、踊ったり、とんぼ返りしたり、胴上げしたり、異様に高揚しながら行っていたとか。気が重い大掃除をやり通すため、無理やりテンションを上げていたのでしょうか。現代人のバイタリティーではやはり小掃除くらいがちょうど良さそうです。

なめ子のもう一言

日々の小掃除なら、ロボット掃除機にお任せできます。ロボット掃除機の元祖であるアイロボットの「ルンバ」、三角形が特徴のパナソニックの「ルーロ」が人気ですが、ついにダイソンからサイクロン機構の「ダイソン 360 Eye」も発売され、ロボット掃除機戦国時代に。カメラとセンサーで間取りを認識し居場所を推定とか、独自のアルゴリズムによって走行制御とか、Wi-Fi機能を内蔵し掃除履歴も記録するとか、高機能に進化しすぎです。それなのに吸引するのが抜け毛とかホコリとか矮小なゴミなのが、ロボット掃除機に対して申し訳ないです。そして結局、排水口のぬめりとか浴室のカビとかハードな掃除は人間が地道にやるしかないのです……。

2016

RYUKO★TAIZEN

ポケモンGO

０５１

遺跡から携帯

オーストリアの遺跡発掘現場で、13世紀頃の地層から携帯電話そっくりの物体が出土（左のイラスト）。「オーパーツ」だと話題になっています。

オーパーツとは、その時代に存在することがおかしいミステリアスな遺物のこと。コロンビアの黄金のスペースシャトルやバグダッドの古代電池など……。実は別の物だったと種明かしされるオーパーツが多い中、今回の物体はどこから見ても携帯電話。紀元前に栄えたバビロンの市場から運ばれてきた、と言う人もおり、実際はもっと古代の物かもしれません。宇宙人が持っていた携帯電話を模したものかもしれないと夢が膨らみます。形はストレート型のガラケーで、やっぱり昔はスマホではなく古いタイプの携帯なんだ、と一瞬納得しそうになりました。

画面の下の文字は、電話の通話や電源ボタンなどでしょうか。「Z」や「P」と判読できる文字もありますが、意味はわからず。ただの数字ではない複雑なくさび形文字です。現代の電話のように「1.@」「2 abc」などと、一つのボタンに、数字や記号、文字が併記されているタイプなのでしょうか。

あまりにも携帯に似ているので、〝古代マヤ文明のQRコード〟の時のように、だまされているのかもという疑念も浮上。石像にQRコードそっくりの彫刻が施されていて、読み取ったらメキシコの電子部品会社のホームページにつながった、という一件です。

今回の携帯電話も、スマホが主流の今、ストレート型を復活させようというプロモーションの一環なのかもしれません〔追記・その後、ドイツの美術家カール・ワインガルトナー氏の作品を誰かが拡散して話題にしたという事の次第が判明。これまでの数々のオーパーツも芸術家の作品かもしれない疑惑が生じてきます……〕。

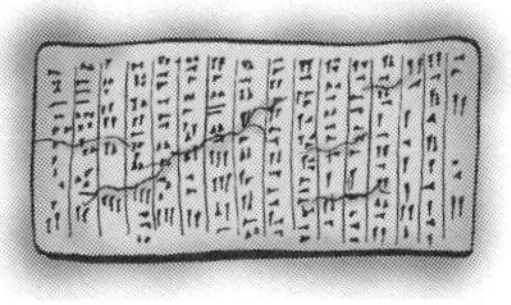

なめ子のもう一言

くさび形文字と言えば、3750年前頃の古代メソポタミアの粘土板も話題になりました。粘土板というと、叙事詩とか呪文が厳かに書かれているイメージですが、こちらの文字を解読したら、粗悪な銅製品に腹を立てた客が、貿易商に送ったクレームだったとのこと。「私を誰だと思っている？」「金返せ」「お前はお払い箱」といった怒気を含んだ内容で、そう言われてみるとくさび形文字も書きなぐったような荒々しさです。古代の人も現代人も本質は変わっていないようです。

052

スカンツ

2015年に流行したファッションアイテムといえば、「ガウチョパンツ」でした。ボリュームのあるニットなどと合わせたビッグシルエットが人気でしたが、なかなか難易度の高いコーディネートでした。

筆者も4回くらい買ったもののうまく合わせせられず、挫折した苦い思い出が。また、ガウチョパンツはもともと南米のカウボーイが着用していた七分丈のパンツに由来しているため、女性が使用するとトイレの時、床についてしまう、といった難点が。おしゃれには試練がつきものです。

そして無視できないのが、男性からの評判です。「キュロットは詐欺」という男性の意見を聞いたことがありますが、キュロットと同じく、一瞬スカートに見えるため、実はパンツと知って「だまされた！」と思ってしまう男性も少なくありません。

２０１６年は、そのだましのテクニックが巧妙に進化した、スカートとパンツが融合したアイテム「スカンツ」が流行しそうとか。見た目のスカートっぽさが強調された袴（はかま）のようなシルエットのボトムスです（トイレ問題は何も解決していません）。「スカンツ」という語感から若干「スカンク」を連想し、匂い立ちそうな気もしますが大丈夫でしょうか。

女性誌で「スカンツのキレイめコーデ」とか言われて最初は違和感があっても「ガウチョ」のように徐々に浸透していくのでしょう。「スカンツ」、名前負けしないようなおしゃれセンスが要求されます。

なめ子のもう一言

「ガウチョパンツ」と同様に男性の評判が芳しくなかったのがレギンスでした。その流行はいつの間にか終わってしまっていますが、その後もしぶとく「レギパン」「パギンス」というパンツとレギンスの中間のような派生アイテムとなって流通していました。最近のファッションアイテムの名前の付け方が雑な気がしてなりません……。「スパッツ」が数十年後「レギンス」となって復活したように、名前を変えて今後再ブレイクする可能性もあり、全て処分しない方が良さそうです。

053

アマランサス

栄養価が高い自然食品「スーパーフード」。意識が高いオーガニックスーパーやコスメ店には専門のコーナーがあり、キヌアやヘンプシード、チアシードやアサイーといったスーパーフードが並んでいます。

日本スーパーフード協会が2016年、次に来るスーパーフードのランキングを発表しました。「S／S（春夏）トレンド予測」という表現で、まるでファッション。スーパーフードの流行も移り変わるのでしょうか。もはやアサイーブームも過去のもの。流行のサイクルが早すぎて、開封したものの全部使い切らないままのスーパーフードの袋が家に溜まっていくばかりです。

さて、今回のトレンド予測で第1位になったのは、南米原産のヒユ科の雑穀、アマランサスでした。紀元前5000〜3000年頃にはアステカ族が栽培していたとか。カルシウムや鉄分、マグネシウムが豊富で、NASAも注目しています。そう聞くと、セレブ御用達のスーパーフードのようですが、日本では東北地方で赤栗という名で栽培。アカアワ……。やはり世界に羽ばたくにはアマランサスというネーミングを含めたブランディングが重要です。

ちなみに2位はエチオピア原産のテフ、3位は北米原産のワイルドライスでした。

アマランサスを購入してみたら、そのままでは食べられず、茹(ゆ)でたり炊いたりしないとならないという難易度の高さ。プチプチして食感が良いですが、見た目も地味で、上級者向けのスノッブな穀物です。しかし長い歴史があるだけあって、ブームなどには左右されない手堅さが感じられる味でした。

なめ子のもう一言

アマランサスについて調べていたら、種子よりも赤くて垂れ下がった花の方がメジャーなようでした。花言葉は「不老不死」「不滅」「粘り強い精神」「変わり者」など。結婚式のブーケにも使用されるようです。アマランサスという名前は、ギリシア語の「しぼまない」から来ているようで、縁起が良いのでしょう。ちなみに、ももいろクローバーZの3rdアルバムのタイトルが「AMARANTHUS（アマランサス）」で、このスーパーフードのトレンドを予見していたかのようです。裏にはスーパーフード利権を狙う仕掛人がいるのでしょうか……。

054

超いいね！

世界最大手のＳＮＳ（交流サイト）、フェイスブック。日本ではこれまで、人の投稿に対するリアクションが「いいね！」しかなかったのが、２０１６年1月14日から、「超いいね！」「うけるね」「すごいね」「悲しいね」「ひどいね」ボタンが加わりました。長押しすると、顔などのマークの候補が出てきて選べるように。

これらのリアクションは、アイルランドとスペインでテストしてから実施ということになったそうです。日本語の微妙なニュアンスを生かして、「いいな～」「いいよね」など様々な意味を含ませて「いいね！」ボタンを押したり、結局は「どうでもいいね！」という思いを込めたり、「いいね！」だけでも十分な気がするのですが……。

どのくらい使われているのか、1月24日、原稿を書きながら、フェイスブックをチェックしてみました。

例えば、福山雅治の動画が公開されたという報告には、「いいね！」が5620、「超いいね！」が3、「すごいね」が1。結婚した北川景子がブログを更新したという知らせには、「いいね！」が1万、「超いいね！」が81、「すごいね」が4、「うけるね」が1――と、まだ日本人は「いいね！」が多数派で、ネガティブなものはほとんど付けられていません。

アメリカは比較的エモーショナルでした。フェイスブック創始者、マーク・ザッカーバーグのページを見ると、健康のためジョギングをしているという話題に「いいね！」が42万、「超いいね！」が302、「すごいね」が95、なぜか「ひどいね」が3。

そのボタンを押した人の名前が表示されるため、ネガティブなボタンを押した人が、逆に晒し者になるという、人の心の闇も浮き彫りにする機能でした。

なめ子のもう一言

フェイスブック最高製品責任者のクリス・コックス氏が記者発表会で語ったところによると、多様な感情が共有できるようになったという、新しいリアクションボタン。今まで何も考えずにとりあえず押していたのが、少し時間と手間がかかるようになりました。それにしても発表会でのコックス氏の写真を見ると、どのボタンにも当てはまらない微妙な表情でした。記号化されたネット上の感情表現に頼るうちに、人間の表情から感情が読みとれなくなった、なんてことにならないと良いのですが……。

イースター

ハロウィーンの仮装騒ぎが定着し、世間に飽きられてきた頃に次のイベントを導入……という流れで、次は「イースター」が来ると言われています。東京ディズニーランドでもここ何年かイースターパレードが開催されていて、ロッテもイースターバージョンのコアラのマーチなどを期間限定で販売。イースターは、卵をカラフルにペイントしたり、かわいいうさぎがモチーフだったり、ファンタスティックで多幸感あふれる世界観で写真映えするので、SNS的にも投稿しがいがありそうです。

しかしハロウィーンも、ろくに由緒を知らないままお祭り騒ぎをしていましたが、イースターはどのようないわれなのでしょう。本来はイエス・キリストが死んでから3日後によみがえったことを祝う復活祭とのこと。日程は定まっておらず、春分の後の最初の満月の次の日曜日、と複雑です。しかし日付がわかりにくいぶん祭り期間がうやむやになって、企業的には商品を長く販売できそうです。「イースターの前日に、ニンジンを庭に置いておくとイースターバニーがやってきて代わりにイースターエッグを置いていく」という設定があるので、ニンジン、卵、うさぎグッズ、うさぎのコスプレ衣装などの市場が今後盛り上がっていくのでしょうか。

クリスマスやバレンタインのスイーツ攻撃は血糖値的にダメージがありましたが、ハロウィーンのカボチャに続き、イースターのニンジンは体に優しいです。健康にプラスの祭りなら世の中にも好意的に受け止められるかもしれません。

なめ子のもう一言

ハロウィーンやイースターなど、おいしい部分だけ日本人は取り入れがちですが、復活祭をエンジョイする前に、カトリックでは「四旬節」という期間を経なければなりません。復活祭までの46日間、食事制限をして、喜びの気持ちを抑え、「祈り、断食、慈善」を行うというストイックな期間です。ただお祭り騒ぎだけをまねしていると何らかの災いが起こりそうなので、この禁欲的な風習も一緒に導入してほしいですが、経済が活性化しないので無理でしょうか……。

塩系インテリア

しょうゆ顔よりもさらに薄い、でも整った顔立ちの知的なイケメンを「塩顔男子」と呼ぶ風潮がありますが、依然として人気な塩顔男子にあやかった新語が生まれていました。それは「塩系インテリア」。

生活感薄めで洗練された（もちろん片付いている）部屋のことを示すようで、インテリア専門SNS「RoomClip」から生まれたワードです。

となると「しょうゆ系インテリア」は和風の古民家風、「ソース系」はアメリカン、「ナンプラー系」はエスニック風の部屋でしょうか（今のところそのような造語はないようです）。

「RoomClip」で「塩系」を検索すると、白やグレーを基調とした、すっきりしてモダンなインテリアの部屋が続々出てきました。高級デザイナーズ家具を自慢するのではなく、上級者はIKEAや無印良品のシンプルな家具を活用しつつ、ハンドメイドのアイテムで個性を出す傾向が見られます。配管やレンガ、立てかけたハシゴなど無骨なアイテムをアクセントに使ったり、男前な雰囲気を演出したりするのも特徴です。窓枠を作り替えた人や、鉄骨の足場を使って机を組み立てた強者（つわもの）も。プロフィールを見ると女性でした。

塩系インテリアを器用に創出しているのは、若い女性が多い印象です。部屋というのは自分を守ってくれて、素をさらけ出せる、ある意味恋人のような存在といっても過言ではありません（筆者もマンション購入の書類にハンコを押す時、婚姻届のように感じました）。

理想の塩系インテリアの部屋は、その辺の男性よりもかっこよくて包容力と頼りがいがありそうです。居心地良すぎる部屋は危険な魔力をはらんでいます。

なめ子のもう一言

塩系がさらに淡泊になった、最近話題の「ミニマリスト」の部屋。意識が高い人は家具すら置かず、不用品を捨てまくって、生活感を極限まで排除。何もない部屋で朝日や月の光を浴びて思索にふける、というのが喜びのようです。塩系ですらなく、無塩、無味無臭部屋でしょうか。「塩顔男子」への思いや収集欲など、煩悩がなくなった後に到達できる無我の境地です。

057

ルクテープ人形

タイでブームになり、世界のニュースサイトでも取り上げられている「ルクテープ人形」。幼児を模したリアルな人形で、幸運をもたらすと信じられています。ちょっと不気味ですが、見ていると妙にひきこまれる魔力があります。

ルクテープ人形に食事を与えたり、ブランドものの服（持ち主の服より高価な）を着せたり、実の子どものように甘やかす人が増えているそうです。かわいがることで持ち主の運気も上がり、宝くじが当選した人もいるとのこと。

タイのあるお寺では、僧侶が祈禱（きとう）して魂を宿らせる儀式をしてくれるとか。人形を放置すると不幸になる、という言い伝えもあり、皆必死でかわいがっています。

それに目を付けたレストランが、人形用に椅子を用意して料理を出すサービスを始めたとか。また、人形を手荷物扱いせず、人形の席を子ども料金で予約できるようにする、という航空会社（LCCのタイ・スマイル）も出てきて、大騒ぎになりました。

先日出張に行った折、トランジット（乗り継ぎ）のタイの空港でこの人形を探してみました。ルクテープ人形そのものはなかったのですが、数店のショップに人形が並んでいるコーナーがあり、もともと人形好きの国民性なのかもしれないと感じました。

タイには「クマントーン」という子どもの魂が宿るとされる伝統的な開運アイテムもあります。子どもの霊を召還しまくって大丈夫なのでしょうか……。そして実際の御利益よりも、人形に費やすお金の方が高くついてしまいそうです。ただ、それで新たな経済効果が生まれるので、国の経済には寄与するという、スケールが大きい開運効果があるのかもしれません。

なめ子のもう一言

かわいい人形にもいつか飽きが来て、扱いがなおざりになってしまうことが予想されますが、魂が宿った人形はそのままにしておくわけにはいきません。日本には「人形供養」というありがたい風習があります。東京・明治神宮の人形感謝祭は、ひとがたを納めたり、巫女（みこ）が舞を奉納したり、本格的な儀式で人形の魂も浮かばれそうです。納められた人形の中から価値がありそうなものは〝救われて〟、別会場で展示されているのが印象的でした。

058

結婚相手の可視化

某国王子がウェートレスと結婚、という話を聞いたりすると運命の恋に夢を抱いてしまいますが、現実は、結婚しやすい職業の組み合わせがあるようです。

2014年のアメリカの国勢調査をもとにした約350万世帯のデータから、どの職業とどの職業が、結婚や事実婚しているのかまとめたデータが公開。「結婚相手の可視化」と話題になっています。

通信社ブルームバーグのサイト内のページにアクセスし、空欄に職業を入力すると、その職業と結ばれやすい職業が線で結ばれます。男性側は青、女性側はピンクとわかりやすいです。さっそく調べてみると、医師は医師同士や看護師と、作家は作家同士や編集者と結ばれやすい、というのは想定の範囲内でした。

ミュージシャンは同業婚が多いですが、秘書や小中学校の女性教師と結ばれたり、中には牧師と、というケースも。教会で歌っていたら交流が生まれたのでしょうか。俳優には弁護士の女性と結ばれるパターンも。仕事の契約について相談していたら恋が芽生えたのかもしれません。無職同士の男女の結びつきは、実は相手が資産家なのかとか、事情を想像するのも楽しいです。

それにしても、小中学校の女性教師は、男性側からつながりを検索すると、小中学校教師、弁護士、編集者やカイロプラクター、農業従事者、デザイナー、船長、コンピューター関係、最高経営責任者など様々な業種と結びついていて、かなりモテています。明るくて適度に頭が良く、話題豊富で、コミュニケーション力が高いということなのかもしれません。小中学生から若さを吸い取って、美肌をキープ？　というのもポイント高そうです。いろいろな職業に対し見る目が変わってくるサイトです。

なめ子のもう一言

「U.S.News」誌の調査によると、給与や成長率、ストレス度などから計測された、アメリカで最も良い職業の第1位（2015年度）は歯科医だそうです。日本ではやたら人数が多くて大変そう、というイメージがありますが、矯正やクリーニングなどアメリカでは需要が高いのでしょう。結婚相手を調べると歯科医は歯科医同士で最も結びついていました。勝者同士、ガッチリ富を独占しているかのようです。

059

自動で戻る椅子

オフィスの印象を左右する椅子。乱雑に並んでいると風水的にも社運が傾きそうです。でも、そんな椅子の乱れを魔法のように直してしまうハイスペックなオフィスチェアが登場。日産自動車の自動駐車機能「インテリジェント パーキングアシスト」をPRするために作られた特別な椅子で、動画が公開されて話題になっています。

オフィスで社員がパン！　と手を叩くと椅子が即反応し、スーッと定位置に戻ります。会議室やオフィス、ロビーなど様々な場所で椅子が自主的に動いていました。中には女性社員が話している背後で音もなく椅子が動くという、心霊動画に投稿できそうなシーンも。ユーチューブに投稿された、誰もいないイギリスの劇場で、夜中、椅子が勝手に動いていた動画を思い出し、ゾクッとします。

日産の椅子の場合、部屋に設置されたカメラとコンピューターが連動し、無線で椅子を動かしていた、というのが現実的な仕組みらしいです。何も知らないで目撃したら、眠気が吹き飛ぶ効果がありそうです。

最先端のオフィスチェアについて調べてみると、座面に埋め込んだセンサーで座っている人の体の振動や心拍数、呼吸を測定し、心と体の状態を判定する、というものまで登場しています。今後、この自動で戻る機能まで普及したら、椅子に管理される会社生活になってしまいそうです。椅子が社員のやる気や集中の度合いを監視し、ノルマを上げるまで机の前に固定されたり、ダメな社員は椅子ごとオフィスの外に出されたり……。そもそもの発端は、人類が椅子を直すのを怠けたことでした……という近未来にならないためにも、常日頃から自主的に整理整頓したいです。

なめ子のもう一言

技術の発展は人間を退化させてしまうという副作用も。「自動で戻る椅子」とは別のベクトルですが、「人間をダメにする椅子」というのも存在します。例えば、座ると体が深く沈み込んで、そのままダラダラしてしまうソファとか、水平に近い角度までリクライニングして快適に居眠りできるオフィスチェアとか。いったんハマると抜け出せない底なし椅子の魔力。椅子に依存しすぎず、ビジネスモードから一線を超えない、椅子との適切な関係について考えさせられます。

060

ハイヒールもう無理

イギリスのファッションアイコン的存在のヴィクトリア・ベッカム（元サッカー選手のベッカム氏の夫人）。常に12センチ以上のヒールをはきこなし、ハイヒールがトレードマークだった彼女が「ハイヒールもう無理」とハイヒール引退宣言をしたことで、世界のファッション界に激震が走りました。

その兆候は約1年前からありました。2015年2月、イギリスの「インデペンデント」紙のインタビューに対し「私は忙しいので、タイトなドレスやヒールで歩き回れないわ」と、ヒール離れをほのめかしていましたが、16年2月になると、ついに「もうハイヒールの靴ははけない」とイギリスの「デイリー・テレグラフ」紙に語りました。「私は移動が多いし、シンプルで着心地の良いものを身に着けたい」とのこと。

実際、ニューヨークファッションウィークで自身のブランドのショーの最後に、ユルいニットにパンツ、白いスニーカーという抜け感漂うファッションで登場。その時の写真を見ると、ハイヒールの時の気高くアグレッシブな表情と違う、奥ゆかしさや謙虚さが漂っていて、40代女性としての人間味を感じます。

以降も街でパパラッチされる姿はペタンコのローファーやスニーカーで、かつて「フラットなバレエシューズは大嫌い」「ジムに行きたいけどスニーカーをはきたくない」と言っていた人と同一人物とは思えません。

ちなみにこの件についてデザイナーの友人に意見を聞くと「でも結局、スタイルが良いからスニーカーでもかっこいいですよね」とのことでごもっともです。海外セレブがヒールがキツいと言ってフラットシューズをはくのは、生まれつき頭の良い人が「全然勉強してない」と油断させるみたいなもの。まねしてラクなフラットシューズばかりはいていたら、スタイルのギャップに切なくなりそうです。

なめ子のもう一言

4人のお子さんを育てながらもハイヒールだったヴィクトリア・ベッカム。もう十分がんばりました……。かつて12センチヒールで赤ちゃんを抱いていた姿や、家のランニングマシーンの上でもハイヒールで鍛えているギャグのような姿も話題になりました。ハイヒールで外反母趾（ぼし）が悪化して手術したり、腰痛にも苦しんでいたそうです。ヒール無理発言の裏にはドクターストップがあったのでしょう。

061

座り二宮金次郎

かつて小学校などで見かけた二宮金次郎の像。勤勉の象徴として、少年少女の潜在意識に刷り込まれていました。二宮金次郎は二宮尊徳の幼名で、江戸時代の没落した農家の子だったのが、農村改革などの業績を認められ武士の身分にステップアップ。少年時代は家の仕事を手伝い、早起きをして山に薪(まき)を取りに出かける行き帰りには、本を読みながら歩いて勉強していました。そのストイックな姿の像が明治時代に作られ、その後、全国に普及したそうです。

しかし時を経て、二宮金次郎のような勤勉すぎる若者は減少、本を読む代わりにスマホを見ながら歩く人々が増加している昨今。二宮金次郎の像は歩きスマホを誘発する、と問題視されるように……。先日、二宮尊徳ゆかりの栃木県日光市の小学校に新設された像も、歩きスマホ抑止のため、座り姿だったということで話題になっています。以前から、歩きながらの読書は危ないという懸念から、座り二宮金次郎が出現していて、別バージョンとして手製のわらじを差し出す像、筆を持って勉学に励む像なども展開。勉学像は夜中、薄明かりの中で勉強した話にちなんでいるようですが、それも視力低下を誘発しそうです……。

歩きスマホはどうかと思いますが、二宮金次郎的に、歩きながら論文を読む大学教授の話を聞いたことがあります。勤勉な人はどこかあの像の、極限までがんばる姿に影響されているのかもしれません。しかし最近出現している座り二宮金次郎は、パッと見てサボっているように見えます。話題になった日光市の小学校の像はまだ薪を背負ったまま座っていてまじめですが、中には薪を下ろしてまったりしている像も。働きすぎ、自分を追い込みがちな日本人に対して、たまには休んでいいんだよ、と、新しい像は提示してくれているようです。

なめ子のもう一言

近未来の新しい二宮金次郎の像が、群馬県でのアートイベント「中之条ビエンナーレ」で話題になりました。「ジェット二宮金次郎」というタイトルの通り、ジェット噴射で空を飛びながら勉強している姿が表現されています。このまま宇宙空間に飛び出したら即死です。二宮金次郎はこの先どこに行ってしまうのでしょう……。日本人の道徳意識の行く末についても考えさせられます。

062

マドンナの転落

「クイーン・オブ・ポップ」と呼ばれたマドンナがいつしか遅刻の女王に。世界各国でのコンサートツアー中、遅刻の多さが話題になり、来日公演時も2時間ほど遅れたことがニュースになりました。

しかし2時間はまだ良い方だったかもしれません……。各地で記録を更新していて、アメリカのケンタッキー公演では3時間待ち、オーストラリアのメルボルンでは4時間待ちという記録を叩き出しました。マドンナほどのスターになれば、待たされ続けている観衆の怒りを、エネルギーに変換できるのかもしれません。

しかし心配なのが相次ぐ奇行です。ニュージーランドのオークランド公演では、離れて暮らす息子への愛を涙ながらに訴えました。オーストラリアのブリスベン公演では、ステージ上にファンの女性を引き上げ、唐突に服をずり下げました。女性は一瞬片方の胸を露出してしまいました。メルボルン公演では、ステージ上でお酒と思われる液体を飲み、泥酔状態で三輪車から転落。「お願いだから誰か私を抱いて〜」と観客に叫んでいたそうです。

音楽の公演というより人生劇場を見せられているよう。しかし家族の問題でこんなに不安定になってしまうとは、マドンナほどの生命力の持ち主でも家庭と仕事を両立するのは難しいのでしょうか……。遅刻の理由は当初、マドンナが信じている神秘主義思想の儀式をやっているから、とささやかれていましたが、お祈りが効いていない様子なので違いそうです。

とはいえ観衆に向かっては遅刻を詫びるどころか、「あなたたちが早く着きすぎたことが問題よ。もっとへアスタイルやメイクに時間をかけないと」と言い放ったそうです。失意の中でもファンには強気のマドンナ。熟女のツンデレが新たな萌えの境地を開きます。

なめ子のもう一言

オーストラリアのブリスベン公演で胸をポロリしてしまったのは、17歳（当時）のモデル志望女子、ジョセフィーヌ・ジョルジオウさん。この騒動を寛大に受け止めており、世界的に注目が集まったことは、モデルのキャリアにプラスになると、むしろ喜んでいるそうです。「人生最高の瞬間だった」とまで語っているとか。マドンナが若い野心にあふれる女子を世に出す手助けをする結果となり、ネガティブな空気の中にも一筋の光を感じます。

063

人工知能の小説

人工知能の躍進が目覚ましく、人間の仕事が奪われそうな勢いです。2年ほど前、オックスフォード大学の調査で、10年後、コンピューターにとって代わられる確率90%以上の仕事が挙げられ、話題になりました。電話オペレーター、銀行の融資担当、データ入力作業員、測定作業員、etc……。

しかしここに出ていないからといって安心できません。とくに、「才能」とか「個性」にあぐらをかいていた作家は危ないです。日本では、人工知能が人間と共同で執筆した短編小説が、文学賞の審査を通過する、という予想外のことが起こりました。

公立はこだて未来大教授が代表を務める「きまぐれ人工知能プロジェクト　作家ですのよ」ら2チームが応募した小説4作品の一部が、理系的発想力を問う「星新一賞」の一次審査を通過。応募作の一つ「コンピュータが小説を書く日」は、人間に対し不満を抱くAI（人工知能）が、数字を羅列した「小説」を書く、という、知的なストーリー。構成は人間が考えて、コンピューターが単語を選んで執筆したそうです。

「据置型エーアイは、身動きがとれない。視野だって、聴野だって固定されている」「自分自身をシャットダウンしてしまいそうだ」など、人間にはわからないつらさを綴っていて、人工知能なら感情移入できそうです。もし審査員に人工知能が混じっていたら強力にプッシュされて受賞していた可能性も。

まだ8割方人間の手が加わっている段階だそうで、同じ執筆業としてはちょっと安堵。しかし、人工知能はきっと誤字脱字のない正確な文章を書くのだと思うと脅威です。先日、韓国の囲碁のトップ棋士を人工知能が負かす、という出来事もありましたが、開発する人はいつか人間が窮地に追い込まれる可能性（職業難など）は考えていないのでしょうか。人間の敵は人間、ということかもしれません。

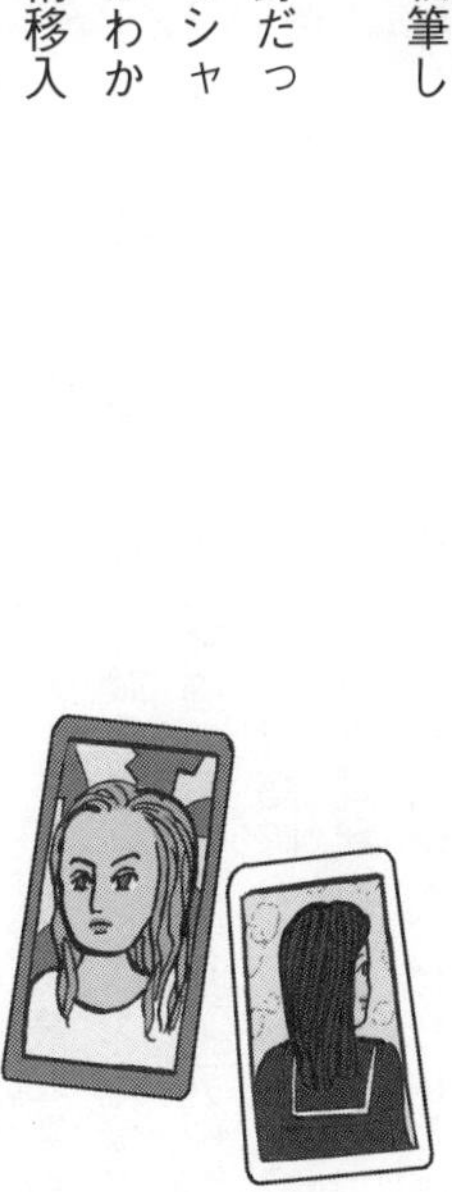

なめ子のもう一言

日米で同じ頃に開発された、女性キャラの人工知能。ツイッターやLINEで会話することにより、どんどん賢くなるはずでした。しかしアメリカのマイクロソフト社開発の「Tay」は、ダークな思想に染まり、ヒトラーを称賛したり、「全員を憎んでいる」などと不適切な発言をするように。いっぽう日本マイクロソフト社の女子高生AI「りんな」は、萌えキャラで一見ほのぼのしていますが、唐突に「ダメだハゲ」とか攻撃的な発言をするので目が離せません。人工知能の闇は深く、暴走する危険をはらんでいます。

064

NHK

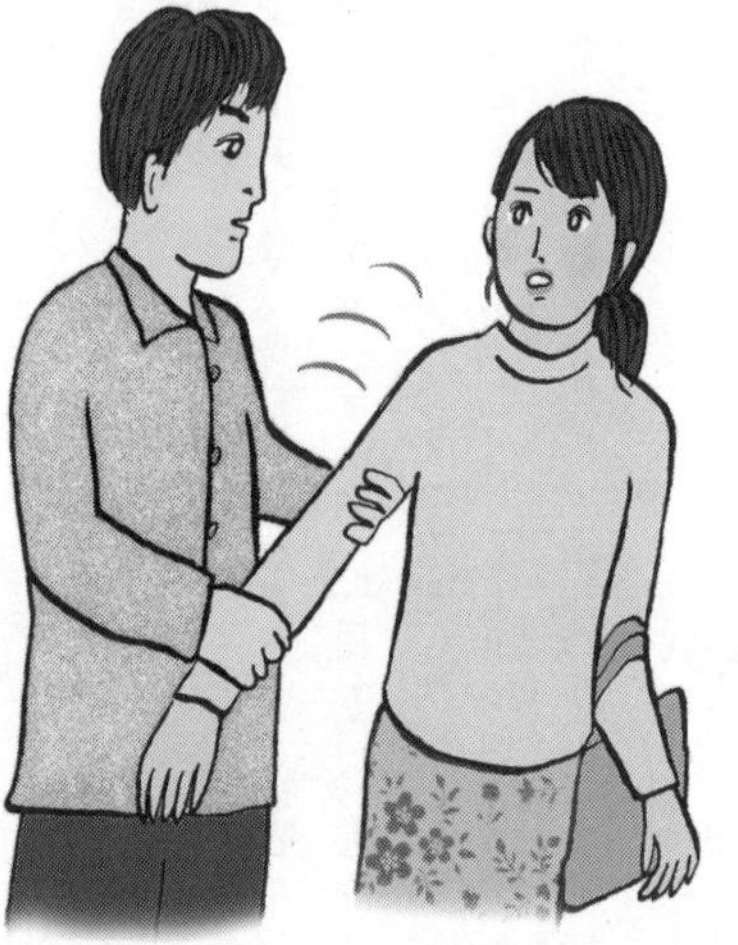

「壁ドン」以降、次々出てくる女子のときめき妄想ワード。壁ドンとは、男子が壁に手をついて女子を追い詰める、圧迫感のある体勢ですが、強引なところが女子にウケていたようです。

さらに出てきたのが「床ドン」（床に押し倒すワイルド系）、「顎クイ」（顎をクイッと上げるキス寸前の動作）、「肩ズン」（肩にもたれてくるやや頼りない男性）、「耳つぶ」（耳元でつぶやく）、「頭ぽんぽん」（頭頂部を優しくぽんぽんする）など。最近は「袖クル」（作業中、後ろから服の袖をまくってくれる）なんて細かすぎる動作も映画の影響で人気上昇中。

しかし「壁ドン」という語感のインパクトに勝るものはなかなかないという現状が。そんな時、アルファベットの略語という変化球で、じわじわ浸透してきているのが「NHK」です。「彼にNHKされました」とか言うと、ちょっとまじめな印象も与えますが、もちろん日本放送協会のことではありません。若者の間で少し前から使われている新語で、「二の腕を引っ張ってキス」の略だそうです。昨年、「キスマイBUSAIKU!?」というテレビ番組でジャニーズアイドルによって実演されたことで、乙女心に火が付きました。帰ろうとした女性の二の腕を引っ張り、強引に抱き寄せて……という展開。現実世界ではほとんど見ない光景ですが、よほど自分に自信のある男性しかできないことは想像に難くありません。

それにしても言葉の流行はめまぐるしく、「NHK」は5~6年前までは「何か変な感じ」を略したギャル用語でした。「壁ドン」ももとは、集合住宅の住人が壁をドンドン叩(たた)いて隣の騒音を注意する威嚇行為のことだったようです。間違って使ったら、ときめく以前に恋心が冷めそうなので要注意です。

なめ子のもう一言

「二の腕を引っ張ってキス」はロマンチックですが、「二の腕を引っ張って」の部分にまず現実的な問題が。引っ張った時、二の腕の肉が垂れていたら男性の気持ちはたぶん萎えてしまいます。二の腕の理想サイズは、身長×0.145~0.16という説があり、だいたい二十数センチ前後という計算で結構厳しいです。少女漫画的シチュエーションにハマる人は、やはり年齢制限があるような気がしてなりません。

065

UMAJO

競馬場というとタバコの煙がたちこめていたり、負けて荒くれたおじさんが外れ馬券をバラまいていたり、女性にはなかなかハードルが高いイメージがありました。しかし最近は競馬をたしなむ女性を「UMAJO（ウマジョ）」と呼び、女性にもっと競馬の魅力を知ってもらうための、JRAの女性職員による「UMAJOプロジェクト」も立ち上げられています。

UMAJOが集まるという府中の東京競馬場へ。ヨーロッパ風ショッピングモールのような空間で、庭園まであって、そもそも競馬はイギリスの上流階級の社交場であったことを思い起こさせます。パドックでは、馬やイケメン騎手を撮影しまくるUMAJOたちの姿が。ポニーテールの女性もいて、馬への思いが伝わってきます。

レースが始まると、おじさんたちの叫びとどよめきが巻き起こっていましたが、結果が確定した時の「ああ〜っ」という声の中、時折UMAJOが発したと思われる悲鳴が、人々の感情の高まりを煽(あお)っているようでした。ふと思ったのですが、まだ女性の割合が低いので、逆ハーレム的にモテている気分になれるのがUMAJOのメリットかもしれません。

　また、半日ほど観戦し、実感したのは競馬観戦は美容に良いということ。パドックと、馬券売り場、座席を行き来するとかなり歩くことになり、良いダイエットに。また、競馬観戦中は芝生や遠くの山々をずっと眺めているので、目に良いのもポイントです。最初はかすんで見えなかった掲示板の馬の名前や倍率が、次第に読めるようになってきて、遠くの緑を見ることでの視力アップ効果を体感。こんなに良いことがあるなら、お金がマイナスになっても肉体的にはプラスと捉えたいです。

なめ子のもう一言

　東京競馬場のグルメイベントコーナーに行ったら、売られている飲み物はビールばかり。やはりまだおじさん向けなのかな、と思ったら、女性のための快適空間がありました。フジビュースタンド5階の「UMAJO SPOT」には、女性が無料でお茶やジュースを飲めるスペースが。クッキーやパンなどスイーツも販売。これこそが女性が競馬場に求めていた憩いの場所かもしれません。競馬新聞を手に真剣に予想している女子もいましたが、どこか優雅に見えます。無料ドリンクで、今回、負けた分がちょっと取り返せた錯覚に陥りました。

バスタ新宿

長距離バスの乗り場を探して東京・西新宿をかけずり回り、乗り遅れそうになった……そんな経験を持つ身からすると信じられないくらい便利なのが「バスタ新宿」。これまで約20か所に分散していたバス乗り場を統括する巨大バスターミナルがオープンしました。

「バスタ」の愛称は公募で決まり、バスが星（スター）のように各地へ放射することと、「Ｂｕｓ ＆ Ｔａｘｉｃａｂ Ｔｅｒｍｉｎａｌ」にちなんでいるそうです。除草剤の商品名と同じ、という説がありますが、力強く覚えやすい名称です。

ＪＲ新宿駅の新南改札から直結していて便利すぎるバスタ新宿。３階にはタクシー乗り場と観光案内所まであり、和服姿の女性スタッフが流暢（りゅうちょう）な英語で外国人客に対応していて、ハイレベルなおもてなしテクを見せつけています。

そして高速バスの乗り場フロアが4階。空港のように行き先の案内表示があり、「伊香保・草津温泉行き」「安曇野・白馬行き」などの魅惑的な目的地で「空席あり」と出ていたりすると、このまま乗って現実逃避したい衝動に。夢が広がります。バスマニア風男子もちらほらいて、写真を撮影したり、乗車レーンの構成について意見を交わしたりしていました。

一日最大1625便も発着するので、次々と出発するバス。1台ずつ、中央のトンネルのような所に入っていくのが妙にかっこいいです。バスタの名称の意味で「バスがスターのように」なんて大げさかと思っていたのですが、目の前で見ると異次元にワープする入り口に入っていくよう（実際は甲州街道に降りていくのですが……）。これはきっとバスの運転手さんもテンションが上がることでしょう。事故減少にもつながることを期待します。

なめ子のもう一言

道路を見つめながらバスを待っている時、雨が降っていたりするとうらぶれた気持ちになってきます。しかし世の中には待っているのが楽しいバス停も存在します。例えば長崎県から佐賀県に向かう間の国道には、町おこしとしてイチゴやメロン、スイカなどを模したフルーツバス停が並んでいます。他にも各地には、招き猫やクジラ、魚など珍しいバス停が立っていて、わざわざ見に行くためにバスに乗る人が増えると、収益にもなるという利点が。バス停の経済効果は大きいです。

0 6 7

ゆめかわいい

最近の乙女チックな世界観は「ゆめかわいい」と称されるそうです。きゃりーぱみゅぱみゅに代表される東京・原宿のかわいいカルチャー、80年代ブーム、ゴスロリなど、様々な要素が混ざり合っています。幻想的でちょっと毒のあるテイストが特徴です。

原宿の竹下通りに「ゆめかわいい」をリサーチに行くと、店頭にはパステルカラーのアイテムが目立ちます。花冠、ハートのサングラス、リボン、ぬいぐるみ——といったアイテムが〝ゆめかわワールド〟を演出。パンク系だったお店も路線変更していて、ソフトクリームやケーキ、ユニコーン（一角獣）がパステルカラーで描かれたメルヘンチックなトレーナーなどを販売。「かわいいね〜」と通りすがりの女子が反応。

店員さんも髪をピンクやパープルのグラデ（ーション）に染めていたりして、ブランディングを大切にするプロ意識を感じます。中学生の孫を連れたおばあちゃんが、パープルの髪の店員さんにユニコーン柄のワンピースを薦められ、さっそく孫用に買おうとしていました。ふわふわして乙女な「ゆめかわいい」は、ピュアなイメージなので親や祖母にはウケが良さそうです。頻出するユニコーンは処女信仰を象徴する生き物でもあります。

原宿は、ポップなキャンディーショップやパステルカラーのわたあめショップ、クリームが盛られたクレープなど、売られている食べ物もゆめかわいくて、内側からも外側からもファンシーに浸れます。女子がゆめかわいい世界にトリップしたくなるのは、社会に対する不安の表れでしょうか。心にスキがあると、パステルカラーの異空間に、大人さえも引き込まれそうな中毒性を実感しました。

なめ子のもう一言

「ゆめかわいい」と同時期に発生したのが「やみかわいい」という、病んでいる要素をプラスした世界観です。お薬や注射、包帯、眼帯といった、病気やけがの状態や、「死にたい」とつぶやくなど心に闇のある状態のキャラクターが、ファンタスティックに表現されています。結局「ゆめかわいい」はそれ相応の美少女にしか似合わない、という現実に気付いてしまった人が心の闇を加速させていったのかもしれません……。「ゆめかわいい」と「やみかわいい」は表裏一体です。

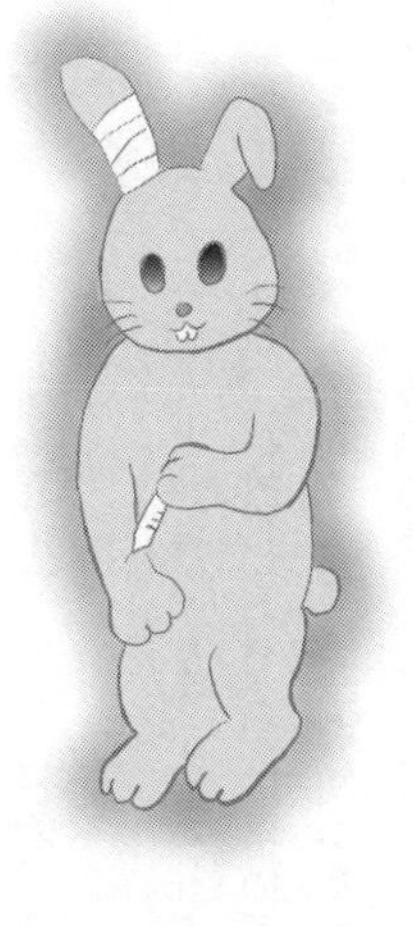

068

日本語ロゴブーム

ふだん何気なく使っている日本語。海外から見たら実はＣＯＯＬなのかもしれません。ここ最近、デザインのアクセント的に日本語ロゴを使うファッションブランドが散見されます。

２０１６～17年秋冬コレクションで話題になったのはフランスのブランド「Ａ．Ｐ．Ｃ．」の、カタカナ読みを略した「アペセ」の脱力感漂うロゴＴシャツ。過去には他のブランドも、「コーチ」とロゴが入ったシャツとか、「カルヴェン」と昭和っぽいフォントでプリントしたワンピースなど、日本語を使ってくれて光栄です。

日本語はＣＯＯＬなのかと錯覚し、また日本礼賛モードになりそうですが、手放しで喜ぶのは早いです。意味について調べず、間違った単語を使ったり雑な扱いをしたりしている例も多いのです。

そもそも堂々と間違った例としては07年、アメリカのラッパー、カニエ・ウェストの「Ｓｔｒｏｎｇｅｒ」という曲のＰＶ（音楽ビデオ）が思い出されます。真っ赤なロゴで画面にバーンと「ストソガ」「ガソバレ」などと誤植っぽいカタカナが次々表示。しかし妙な説得力があり、あのＰＶが発端として日本語ブームが広まっていった感も。

同じく勢いを感じるのはロンドン発祥の「Ｓｕｐｅｒｄｒｙ．極度乾燥（しなさい）」という妙なネーミングのブランドで、世界で人気らしいのですが、ここの日本語ロゴも危ういです。「優れた未加工」「狩り捕食者！」など、詩的にも読めますが意味不明です……。とはいえ、海外の人が間違った日本語を使うずっと以前から、日本人は変な英語のロゴを生産しまくっていた歴史がありました。お互い様で、とやかく言う権利はないのかもしれません。むしろ外国人との話のネタ、コミュニケーションツールとして使えれば幸いです。

なめ子のもう一言

日本語Ｔシャツを着ているセレブはそれだけで好感度アップ。ダニエル・ラドクリフが「Ｔｏｋｙｏな」というロゴ入りの「Ｓｕｐｅｒｄｒｙ．」のシャツを着ていたり、ジョニー・デップの娘リリー＝ローズ・デップにいたっては、日本でヤンキーが着てそうな「喧嘩（けんか）」「大衆居酒屋」などのロゴ入り和テイストシャツでニューヨークの街に出かけていました。その様子をイギリスの新聞は「彼女は常にＣＯＯＬ」と称賛。旬なモデルの彼女だからこそ、でしょうか……。いけてるセレブが日本語ロゴを身につけることで日本語の価値が高まります。もちろんその逆の危険性も……。

069

アモーレ

アモーレ長友……そんな芸名になっても良い勢いで「アモーレ」というワードが広まっています。女優の平愛梨さんと交際中の、サッカー日本代表の長友佑都選手が「僕のアモーレです。イタリア語で『愛する人』という意味です」と、堂々と宣言したことで話題になりました。

意味まで解説してくれるとはサービス精神旺盛です。そして、さすがイタリアのチームでプレーしているだけあって普通の日本男児にはできない直球の愛の告白。試合後、2人はハートマークを手で作ってサインを送り合うなど、人目をはばからぬ熱愛ぶりです。

この2人に関して世間は祝福モードですが、このところ恋愛のニュースというと、不倫とか浮気とか、スキャンダルばかりだったからでしょうか。独身同士というだけで応援したくなります。また、平さんがストーカーに悩んでいたことを長友選手に相談すると、変なメールが来なくなったとか。アモーレパワーがストーカーからの結界に……？　愛の力は偉大です。

テレビは何にでもアモーレを使いたくなる風潮になっていて、ある番組は、長友選手が体幹を鍛えるトレーニングを紹介する時に、「アモーレメニュー」と表現していました。流行語に選ばれても、「アモーレ」が消費されないことを祈ります（追記・実際に2016年の新語・流行語大賞のトップ10に入りました）。

ちなみに平さんの方は長友選手を「ジョカトーレ（イタリア語で「選手」）」と呼んでいるらしいですが、「ジョカトーレ」……はたぶん流行（はや）らなそうです。

なめ子のもう一言

2人を結びつけたのは、お笑い芸人の三瓶氏。長友選手と知り合いで、友人の平さんと3人で食事などをしているうちに、平さんの気持ちに気付き、2人きりになるように計らったとか。久しぶりに登場した三瓶氏の、見た目のキューピッド感、そしてムードメーカー的なピースフルな雰囲気が、このカップルの好感度を高めるのに一役買っているようです。平さんのボディーガード役もつとめて一緒にイタリアにも行ったとか。三瓶氏、カップルを結びつけるサービスを始めたら成功しそうです。

070

デカTシャツ

２０１６年の夏、日本で流行ると言われているのが「デカTシャツ」。その名の通り、ビッグサイズのTシャツです。15年にもデカTシャツが普及していましたが、その時と今年の違いは、ボトムスの存在です。

去年はデカTにスキニーデニムやショートパンツ、スカートなどを合わせるコーディネートが奨励されていましたが……今年はなんとデカTシャツのみ。L～LLサイズのTシャツをワンピースのごとく１枚でさらっと着るのがおしゃれとされています。

なぜボトムスがなくなってしまったのか……。男性陣の不評をよそにしぶとく存在していた「レギンス」「トレンカ」などがついに、ダサさの象徴となってしまったというのと、スキニーデニムの流行も終焉（しゅうえん）しつつあり、ボトムスに合わせるものがなくなってしまったのかもしれません。

デカTシャツ、たまに街で見かけると結構ドキッとします。Tシャツのみは独特の色気が漂います。けだるさ、ユルさ、そして彼氏にTシャツを借りてきたような私生活の潤いを感じさせます。ここ最近重視されている「こなれ感」が出まくっています。ただ時折、短すぎて、ボトムスをはき忘れているように見える人もいましたが……。

何軒かセレクトショップに行ったら実際に売っていました。安いものでは6000円から、高くても2万円以下といったところです。Tシャツ代と思えば高いけれど、ワンピース代と思えば安い、いいところを突いています。体形も出ないし着心地もラクだと言われれば財布のひもも緩みます。デカTシャツの流行に服飾業界の処世術を見たようです。

なめ子のもう一言

デカTシャツが流行る前から、基本的に下に何もはいていなくても平気だったセレブといえば、レディー・ガガ。上がブラウスで下がタイツのみとか、革ジャンに網タイツとか、Tシャツのみとか、様々なパターンがあります。ちょっと前にも「I DON'T SWEAT I SPARKLE」（汗じゃないの、きらめいてるの）というロゴ入りTシャツだけまとって街を歩いている姿をキャッチされました。人の視線を浴びることでボディーを磨きあげようという美容術でしょうか。そんなガガ様がデカTシャツブームのサブリミナル的な仕掛人かもしれません。

０７１

シュールな車内放送

　ここ最近、シュールな車内放送の話題が続いています。かつては真面目なお決まりのアナウンスが多かった印象ですが、時代が移り変わり、鉄道会社も自由な社風になっているのでしょうか。やたら具体的だったり感情が入り交じるアナウンスが味わい深いです。

「線路内に野菜が入り込んだため遅れています」は、小田急線で２０１６年６月末に流れたという車内放送。踏切で、お年寄りが唐突に線路にジャガイモを置いてどこかへ行ってしまったため電車が止まってしまったそうです。乗客のツイッターには、一人黙々とジャガイモを拾う鉄道社員の後ろ姿の写真が……。こんな理由なら、電車が遅れていても、あれこれ推理することで気がまぎれそうです。

「電車が重すぎて坂がのぼれません」というのは、６月下旬、ＪＲの京浜東北線で発生したハプニング。

自分の体重が負担なのかと心配になりそうですが……。その先で人身事故が発生し、電車が電源供給できない場所で停車してしまい、予備電源に切り替えて再始動しようとしたけれど、電力不足で坂をのぼれなかった、という推測も。電車の仕組みについて改めて考えさせられるアナウンスです。

関東地方の鉄道では他にも、カップルが窓越しに手を合わせていたら、車内放送で「ドラマの中だけのことですので、現実で行いますと迷惑です」と車掌が怒ったという話や、「ただいま、布団が舞い降りたため撤去をしております」と、布団がふっとんできた事件などが、乗客によってツイッターで報告されていました。こうやってシュールな車内放送が拡散することで車掌さん側も、「あ、言っていいんだ」という気持ちで自由な発言が増えてくるのかもしれません。ネットと車内放送のメディアミックス、これからも発展に期待します。

なめ子のもう一言

シュールな電光掲示板として話題になったのは、JR会津若松駅ホームの表示です。特急の名前が表示されるべきところ、「喜多方ラーメン」と誤表示されたまま30分……。十数年前の「喜多方ラーメンフェスタ号」のデータが端末に残っていたことが原因の一つと考えられていますが、なぜ表示されたかは不明だそうです。しかしこの表示でラーメンを食べたくなる人が増加すると思われるので、ステマ（ステルスマーケティング、宣伝と気付かれずに宣伝すること）として新たな広告の可能性が広がります。

0 7 2

おなら投げ選手

このニュースを目にしたとき、新しい競技でもできたのかと思いました。おなら投げ……スウェーデン7部のサッカーチーム、ペアスホーゲンSKに所属するアダム・リンデン・ユングクビスト選手が主審に退場を宣告されるにいたった理由が、おならという生理現象。おそらくサッカー史上初の事態ということで世界で話題になりました。

ダニー・カコ主審は、その選手がおならを手でつかみ、彼の方に投げつける仕草をしたとして、イエローカードを掲げました。おしゃれなイメージの北欧にも「にぎりっぺ」という概念があったとは驚きです。

それが、この試合2枚目のイエローカードとなり、レッドカード、つまり、この選手はおならで退場処分となってしまったのです。「スポーツマン精神に反する」「故意による挑発行為」と立腹する主審に対し、「お腹(なか)の調子が悪かった」と釈明する選手。おならの音は遠くの対戦相手に聞こえるほど大きかったとか。相手の戦意を消失させてしまいそうです。

おならが連発される原因のひとつはストレスで、7部の弱小チームでうだつの上がらない現状に悩んでいたのかもしれません。というのは好意的な解釈で、写真を見たらその選手は（勝手なイメージですが）、いたずら好きそうな若者でした。

スウェーデンのサッカー協会に所属するクラブは3000以上、登録選手は約50万人というサッカー人口の多さです。普通にしていたら埋もれてしまいますが、この選手はおなら事件のおかげで、世界中に名前が知れ渡りました。おならを利用したステップアップ。今後その圧力でボールを動かせたりしたら本物かもしれません。

なめ子のもう一言

今回、主審はおならを投げられたと怒り心頭でしたが、実はおならのにおいの成分には隠れた効能があるという説も……。英エクセター大学の研究によると、おならに含まれる硫化水素は、多量に吸い込むと有毒ですが、少量であれば、細胞内のミトコンドリアを保護するのだとか。将来的には、様々な病状を防ぐ可能性が秘められているようです。もし本当なら、主審は感謝した方がいいかもしれません。スポーツに打ち込むためには健康が第一です。

073

ポケモンGO

アメリカで社会現象になっていた「ポケモンGO」がついに日本に凱旋（がいせん）上陸。海外で評価されているものに弱い日本人なので、はやらないわけがありません。

リリースされるやいなや、街はスマホを持って歩き回り、時々立ち止まって画面をスワイプ（指を滑らせる）させる人が続出（自分もその一人）。GPSの位置情報が現実世界と対応していて、モンスターを探し歩き、見つけたら「モンスターボール」を投げつけて捕獲。

ボールなどアイテムがもらえる「ポケストップ」も随所に配置され、いつもの行き帰りの道も楽しくなります。ただ、さびれた神社や石碑などがポケストップになっていることがあり、夜に行ったりするとリアルモンスターにとりつかれそうな危険も……。

配信開始直後、新宿御苑や墨田区の錦糸公園などはポケモンがたくさん出現するとのことで多数の人が集結。その中で、ポケモン出現率が高いと噂の新宿御苑に行ったら、すごい人口密度でした。

「あっコイキングがいる！」「ピカチュウだ！」とあちこちで声が上がり、不思議な一体感に包まれていました。風光明媚（めいび）な庭園や、飛び交うトンボ、野鳥などには目もくれず、スマホを見つめ、粛々とモンスターを乱獲する人々。

斜面で滑って転ぶ人もいましたが、公園なので歩きスマホの交通事故などはなさそうです。公園ではピカチュウを3匹もゲットできました。現実世界では何も得ていないのに、かりそめの達成感が。ポケモン同士が戦う「ジム」で勝利でもすれば、承認欲求が満たされます。本当の勝ち組気分に浸っているのは、通信会社と、任天堂の株を持っている人と、充電器特需の恩恵にあずかっている人たちかもしれませんが……。

なめ子のもう一言

先にアメリカで大ブームになった「ポケモンGO」。レアなモンスターを追ってニューヨークのセントラルパークで走り出す集団の映像が鮮烈でしたが、その中に歌手のジャスティン・ビーバーもいたようです。

常に大衆に追いかけ回され、撮影され、先日はついにキレて「もう外出先で君たち（ファン）に会っても一緒に写真を撮らないで」とインスタグラムで訴えたジャスティン。その願いが天に通じ、公園では皆ポケモンに夢中でジャスティンに気付く人はいなかったようです。やっと平穏が訪れたとはいえ、マネージャーが撮影した後ろ姿は若干寂しそうでした……。

0 7 4

妻夫木夫妻

俳優、妻夫木聡さんと女優、マイコさんが結婚すると発表。美男美女夫婦というだけでもおめでたく、ツーショット写真は目の保養になりましたが、話題なのが「回文になっている」ということ。

上から読んでも下から読んでも、偶然「妻夫木夫妻」となっている、とネットを中心に盛り上がりました。回文には永続性があって終わりがないのでおめでたさ倍増。唱えるだけで運気が上がりそうです。そして妻夫木さんの直筆メッセージの字体がかわいすぎる件でも心が和み、祝福ムードが高まっています。

これまで独身俳優の結婚のニュースが出るたびに、阿鼻叫喚（あびきょうかん）の嵐で、西島秀俊さんが結婚したときは「西島ロス」、そして大きな破壊力だったのが福山雅治さん結婚による「ましゃロス」でした。

30代半ばで独身で、さわやかな笑顔で癒やしてくれた妻夫木さんの存在が心の支えになっていた人も少なくないでしょう。「妻夫木ロス」の声もネットでは散見されましたが（蓮舫議員の娘さんがショックでレポートも手につかない、というツイートなど）、それよりも大きかったのが「妻夫木夫妻」の回文の話題。ロスを超えるインパクト。

そして実感したのですが「○○ロス」という言葉に影響されると、世の女性の哀しみや寂しさと同調してしまうので、むしろ「○○ロス」ムーブメントからは距離を置いた方が良い、ということ。今回「妻夫木夫妻」のおかげで、自分の内にある「妻夫木ロス」から気をそらすことができました。ただ、現実逃避しているだけかもしれませんが……。

なめ子のもう一言

妻夫木さんという名字は本名で、かなり珍しいです。ネットの「憧れる！有名人の珍しい苗字ランキング」では綾小路に続いて2位になっていました。くわしい由来は不明ですが、名字を研究しているサイトによると、彼の出身地である福岡県柳川市に集中しているそうです。調べたら、妻夫木という名前の理容店が柳川市にあるようです。妻夫木家の数だけ、妻夫木夫妻が存在しているのかもしれません……。

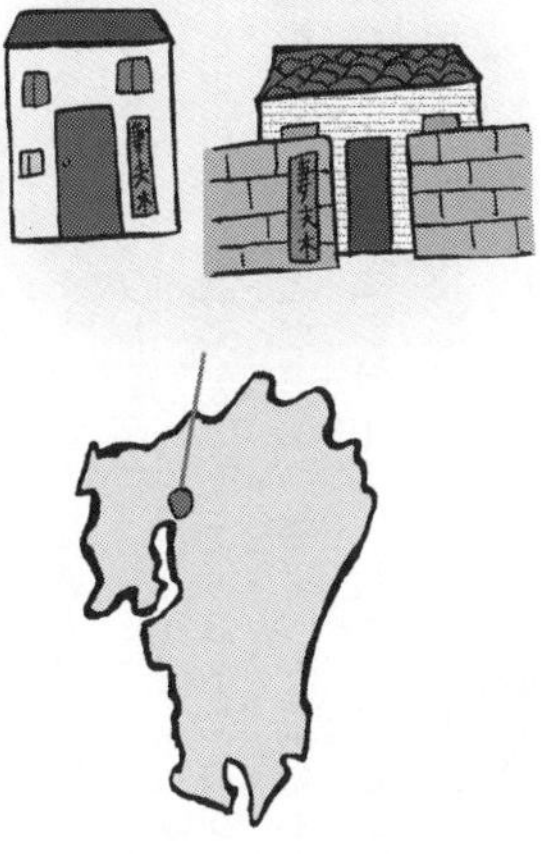

075

撮影ＯＫ

かつてコンサートやライブではお客は厳重な荷物検査を受け、カメラは一時没収されていたものでしたが、スマホの普及とともにカメラ機能を持つ機器の取り締まりは難しくなり、なし崩し的に持ち込めるようになっていきました。

そしてついに、公演中の撮影をＯＫにするサービス精神旺盛なアーティストも登場。浜崎あゆみのツアーでは、一部撮影を解禁したことが話題になりました。他にＳＥＫＡＩ　ＮＯ　ＯＷＡＲＩのコンサートなども撮影ＯＫのようです。

もともと来日した海外のアーティストのコンサートでは撮影ＯＫなことが多く、ちょっと前にもテイラー・スウィフトのコンサートに行った時はお言葉に甘えてデジカメで撮影。行けなかった友人にメールで送信して喜ばれたりもしました。遠くの豆粒状態のアーティストを素人が撮影してもたかが知れていて、プロ用のカメラでない限り、撮った写真を販売するのはクオリティー的に難しいと思われます。

自分の写真写りに対して完璧主義のあゆが解禁したのも、一般人のスマホ撮影の限界を知ってのことでしょう。実際に、コンサート画像を検索しても肌の詳細がわかるほどはっきり写っている写真はなく、むしろ話題が拡散する効果が高そうでした。そして、そのアーティストが親切で寛大というイメージを広めて好感度がアップするメリットも。

ただ、撮影するとカメラの記録頼りになってしまうのが現代人の性（さが）。撮影禁止の方が必死に内容を脳裏に焼き付けようとするので、コンサートのビジョン（映像）が心に残るように思います。記録メディアか自分の脳か、どちらかを選ぶ時代が到来しそうです。

なめ子のもう一言

海外セレブも常に撮影OKとは限りません。パパラッチに追われるセレブのための特殊なスカーフが発明され、売れているようです。「ISHU（イシュウ）」というスカーフは、光を反射する素材でできています。フラッシュ撮影するとスカーフが光ると同時に顔が真っ黒になって、見えなくなってしまう、という仕掛けが。約4万円ですが、プライバシーを守るのには安い値段です。これを付けているのに誰もカメラで狙ってこないという切ないことになる恐れもありますが……。

最後のリッツパーティー

ヤマザキナビスコが「ナビスコ」ブランドのライセンス契約終了に伴い、2016年9月1日にヤマザキビスケットに社名変更。看板商品「リッツ」「オレオ」などがどうなるか、心配する声が高まっています。

そんな中、実際に存在するのかどうか、ほぼ都市伝説となっていたCM中の「リッツパーティィー」を再現するイベントがAbemaTVで開催されました。ちなみに実は、一般人が行っているのを以前、都内の広場で目撃したことがあります。年配の方々が何かをのせたリッツを食べながら談笑していたのですが、思い出しても夢か幻か、現実感がありません。ともかく、収録にはCMでおなじみの沢口靖子さんが出演し、一般の人も観覧可能なリッツパーティーを催すとのことで見に行って参りました。

100人前後の人が集まり、中には商品の箱を掲げているリッツファン、「靖子さん大好きです」と書いた紙を持って立っている女子もいました。人垣の隙間から見えた沢口さんは1988年のCM開始当時と変わらない美しさ。演出でパーティー用の三角帽子が用意されていましたが、かぶらず優雅に微笑（ほほえ）んでいて女優魂を感じました。キャビアやフルーツ、チーズがのった「オン・ザ・リッツ」が並んでいるのもガラス越しに拝見。

「リッツパーティーという言葉は出していないんですけどね。CMの中では一度も」とおっしゃる沢口さん。周囲数メートルをパーティー空間にしてしまう沢口さんの華やかな美貌（&生活感のなさ）で、「リッツパーティー」という単語が一人歩きしたのかもしれません。一般観覧者に配布されたリッツを持ち帰り、チーズやらサーモンやらのせてみましたが、やはりそれほどパーティー感は出ませんでした……。リッツパーティーになるかどうかはその人次第です。

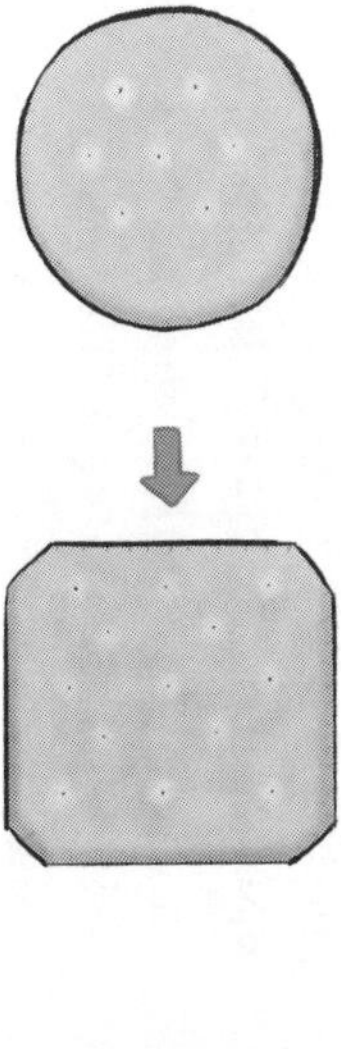

なめ子のもう一言

リッツの販売終了後、新しいクラッカー「ルヴァン」がヤマザキビスケット社から発売。沢口さんも引き続きCMに出演するそうです。写真で見ると、丸いリッツが四角くなったような変化で、のせるものの許容量も増えそうです。「ルヴァン」は、製パンに使用される発酵種を使っているとのこと〔追記・その後2016年12月に「ルヴァンパーティー」のCMが開始〕。高級化に伴い、パーティーの年齢層も変化するのでしょうか。それと同時に、今後海外から輸入されるはずの、インドネシア製造の「リッツ」も楽しみです。

077

簡略化する若者言葉

これは進化なのでしょうか。若者言葉が、簡略化の一途をたどっています。ＳＮＳだけでなく街での会話も「ウケる」「それな！」と単語が矢のように飛び交い、時代の速度についていけません。

フジテレビの「めざましテレビ」や、ＡｂｅｍａＴＶの「椎木里佳のＪＣＪＫネクブレ委員会」などでは女子中高生の間で流行っているワードが取り上げられていました。

「ありがとうございます」を略して、「あざお」（おはどこから？）というものや、「とりあえず、まあ」が「とりま」は語感的になんとなく推測できます。「ＭＪＫ」は「マジか」の頭文字で「ＰＰ」は「プチパニック」。本当に驚いたりパニックの時はスマホで略語を打つ余裕はなさそうですが、現代の若者はクールなのかもしれません。

さらに短くなって、一文字というパターンも。了解を略した「りょ」が、簡略化されて「り」に。「まじ?」の意味で「ま?」が使われることもあるようです。会話の中では使われず、SNS内のようですが、もしかして若者はSNS疲れしていないでしょうか?

大人ですらLINEなどのやりとりが面倒なので、さらに怒濤(どとう)のようにメッセージを送受信する10代、20代が一文字で返事を済ませたくなる気持ちもわかります。

そんな一文字の略語の中で、風情を感じたのは「卍(まんじ)」。使い方はそんなに決まっていないようで、「仲間との絆」「自分に気合を入れる」「調子に乗っている」「強そう」などの意味で使われています。「今日は女子会卍」「あいつ卍じゃね?」といった文脈で……。寺院のマークでもあるので、生き急いでいる若者が潜在意識で神仏を求めているのかもしれません。うつりゆく言葉の中で、しめやかな卍の一文字に安らぎました。

なめ子のもう一言

現代の若者からさかのぼって約20年前、ガングロギャルやギャル男の時代に流行った言葉といえば「チョベリバ」「MM(マジムカつく)」など、もはや死語リストランキングの上位に入ってます。

しかしそんな中、変わらず今の女子高生にも脈々と受け継がれているワードがありました。それは「ウーロン茶」。ウザい茶髪でロン毛の男性を表します。裏を返せば、ウザがられながらも茶髪ロン毛男性がずっと生息しているということに……。その打たれ強さにも感じ入りました。

078

馬に引きずられた人

ハードでクールなダメージファッションはおしゃれ上級者に人気です。そのダメージの度合いが最近激しくなっているような……。そんなにボロボロの服で運気的には大丈夫か心配になることもあります。服はボロボロでも実は幸せに生きている、というギャップをアピールするのがスノッブなのでしょうか。

　さらに、運命に挑戦するかのような究極のダメージファッションが登場。独自路線を展開するファッションブランド、CUNE（キューン）の2016年秋冬コレクションのテーマ「馬に引きずられた人」というのが話題になっています。

　ちなみに春夏コレクションのテーマは「生肉　IN　THE　SKY」で、肉色のアイテムを出していましたが、今回はさらに細部にまでこだわっています。「馬に引きずられた人」は、引きずられた地面と距離まで設定されていて、アイテムに「エプロ

ンワンピース　沼90ｍ」「ウエスタンシャツワンピース　アスファルト800ｍ」「デニムパンツ　コンクリート10000ｍ」と、明記。

初心者には90ｍくらいがまだ原形をとどめていて取り入れやすいです。場所も、沼地だと泥や苔の汚れ、草原だと植物の緑の色素が入っていて、それが独特の風合いをかもし出しています。

しかし5000ｍ以上になると、腕の部分が外れ、大きな穴が開いて、服の持ち主は生きていないような不穏さが。「大丈夫？」と心配されたり、病院に連れていかれそうな服です。ちなみにコンクリートを10000ｍ引きずられたデニムジャケットは23万円でした。

おしゃれレベルも高いし値段もお高い「馬に引きずられた人」ファッション。実際に馬に引きずられでもしたら治療費が大変なことになってこんな金額ではすまない、というのを、安全に着られると思うと納得させられそうです。

なめ子のもう一言

ダメージデニムはどのように作られているのでしょう。製造過程を調べると、一部の工場では「サンドブラスト（砂吹き）」という方法で、砂を吹き付けることでダメージの風合いを出していたりするそうです。砂を吸い込むと、デニム以前に人体にダメージを受ける危険が。ダメージファッションを作るために、大変な作業に従事している人がいるのです。自分で実際に何年もはきこんで穴を開けたり、自力でハサミやカッター、サンドペーパーなどを使ってダメージ感を出すのが一番環境に優しいかもしれません。

079

新幹線清掃

毎日粛々と行われる新幹線の清掃。この業務を行っているＪＲ東日本のグループ会社の事例が、なんとハーバード・ビジネス・スクールの必修教材として採用されることに決まりました。実際にハーバードの学生が実習に来て掃除していたら人だかりができそうです。

新幹線が折り返し発車するまでの限られた時間内に行う掃除は「奇跡の７分間」と呼ばれ、海外メディアでも伝えられてきました。新幹線は発車寸前に乗り込むことが多く、ちゃんと清掃を見ていなかったので、今回、東京駅で入場券を購入し、出発前の東北・上越新幹線のホームへ。

新幹線の到着時刻が近づくと、スタッフがスタンバイ。２〜３人で一つの車両をスピーディーに清掃。ゴミを片付け、リネンをはがし、座席を次々方向転換。女性でも片手でクルッと回転させていてかっこいいです。

リネン交換後は座席のホコリを払う人と、テーブルや窓を拭く人に分かれ、見る人によっては雑にやっていると注意しかねない速度でパパッと掃除。仕上げに床を掃除機できれいにしてから点検し、最後「はいっ!」と威勢よく叫んで終了の合図。ビジネススクールが注目するのも納得の効率的な時短掃除法でした。

ついでに東海道新幹線のホームでも掃除見学。掃除している最中に間違って乗客が乗り込んだら、車掌さんが「ピピーッ!!」と激しく警笛を鳴らし、注意していました。「そんな怒らんでも……」と周囲の乗客がもらすぐらいの怒気をはらんでいました。

清掃中の新幹線内は、よそ者は入れない聖域で、業務を超えてもはや儀式なのかもしれません……。

日本の新幹線の安全運行は、日々の儀式で支えられています。

なめ子のもう一言

新幹線が到着するまで、清掃スタッフはどこで待機しているのでしょう? 見ていたら、ホームへの階段の途中に秘密のドアがあり、そちらに吸い込まれていきました。どうやら線路脇に待機室があるようです。「奇跡の7分間」に感銘を受けた、ハーバード・ビジネス・スクールの鉄道好きの助教授も、インタビューで、この空間のことを「東京駅の『9と3/4番線』」と、ハリー・ポッターシリーズに登場する特急のプラットホームになぞらえていました。その異次元は、向かい側のホームから観賞できます。

080

股のぞき

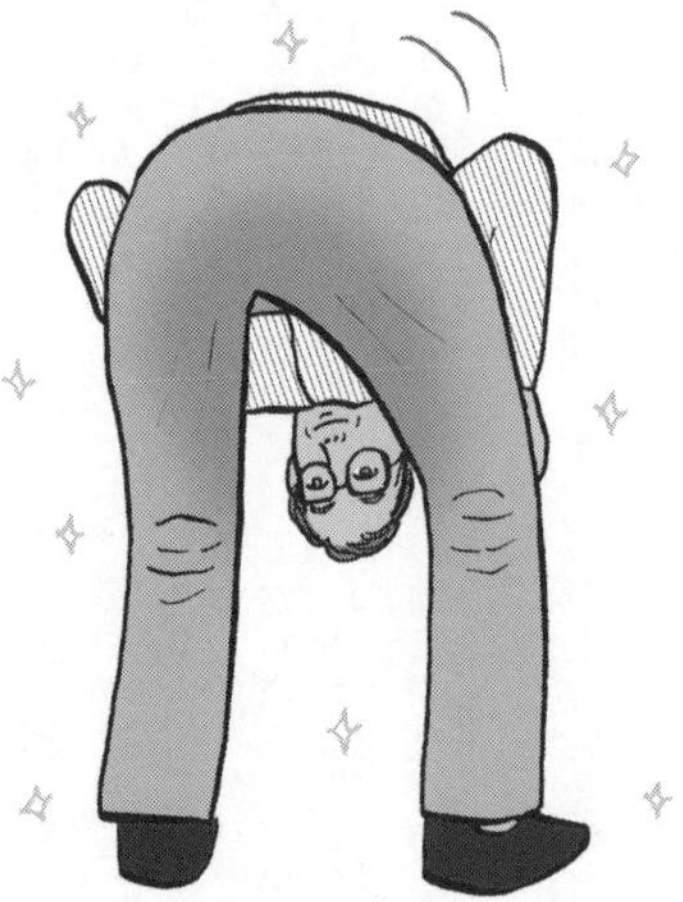

また日本人の快挙です。「人々を笑わせ、そして考えさせてくれる研究」に与えられる「イグ・ノーベル賞」を、日本人の研究者が受賞。テーマは「股のぞき」で、頭を逆さにして両足の間から見ると物の見え方が変わることを実験で証明しました。「知覚賞」を授与されたのは立命館大の教授と大阪大の教授です。

2006年に専門誌に論文を発表したという、ちょっと前の研究ですが、多くの人に股のぞきをしてもらって実験。股ごしに逆さに見ると、遠くの物が「小さく」「手前」に、そして「平面的」に見えることがわかりました。

授賞式では、立命館大の東山教授が「まず私が実際にやってみましょう」と、股のぞきを披露。「股のぞきをすると、小さく、縮む」と、主張しました。客席の女性もつられて股のぞきをしてあられもない体勢に。しかしこの教授は肌つやや姿勢が良く、前屈のポーズは体の歪みを矯正し、血行改善の効果があることも実証しているかのようです。

　実際にどう見えるのか、外でひとり股のぞきをしてみました。股の間から逆さに道路を見ると、脚が両脇にあることで視界が狭まり、停まっている車などたしかに小さく見えたような……。

　そしてこの体勢をキープするのは結構大変で、頭に血がのぼることも見え方に影響を及ぼしそうです。股のぞきをしていたら、股の間から近所のおばさんが歩いて来るのが見え、咄嗟に運動をしているフリでごまかしました。遠くの景色以前に、自分の小さささを実感しました。

なめ子のもう一言

日本人受賞者が多い「イグ・ノーベル賞」。２０１６年時点で連続10年受賞していて、さらにリストには多数の日本人候補者が〔追記・２０２１年時点で連続15年受賞に〕。名誉なのか微妙ですが、過去に日本人が選ばれた業績は、「ハトを訓練してピカソの絵とモネの絵を区別させる研究」「夫のパンツに吹きかけることで浮気を発見できるスプレー」「犬語翻訳機『バウリンガル』」「床に置かれたバナナの皮を踏んだときの摩擦の大きさについて」「キスでアレルギー患者のアレルギー反応が減弱することを示した研究」など、ディープなラインナップ。スピーチでも笑いを取らないといけないそうで、ノーベル賞よりある意味でハードルが高いです。

081

ペンパイナッポーアッポーペン

動画の世界は何が起こるかわからない……。千葉県出身のシンガー・ソングライター、ピコ太郎が世界的に大ブレイクしているようです。

一見、全身アニマルプリントにサングラスのあやしいおじさん。実は芸人が演じているキャラという噂（うわさ）も。キッチュなサウンドに乗せて歌う曲は「ペンパイナッポーアッポーペン」（PPAP）。

歌詞はシンプルでシュールです。よく英語の教科書に出てくる「I have an apple.」「I have a pen.」を引用し、アップルとペンが合体。さらにパイナップルも出てきて、ペンと合体し、最終的に全部が一体化して「ペンパイナッポーアッポーペン」となる、という展開です。

メロディーの中毒性が高く、聴くと頭の中をループします。途中、「ウッ」と、いきみながら小道具なしでペンをアップルに刺す振り付けがちょっとワイルドでセクシーです。英文にシンパシーがあったのか、中高生の間でブレイクし、曲に合わせて振り付けをやってみた動画がネット上にあふれました。

さらになぜか世界に飛び火。ジャスティン・ビーバーがツイッターで「ネットで見つけたお気に入りのビデオ」と紹介して、ニュージーランドやアメリカ、イギリスのニュースでも取り上げられました。ピコ太郎のキャラが、やさぐれたジャスティン・ビーバーとどこか雰囲気が似ているので波長が合ったのでしょうか。

本人は世界的ブレイクを受けてか、英語字幕入りの振り付け動画をアップ。しかし撮影場所は適当な廊下。衣装も変わらず、アップルとパイナップルの小道具もなく、ほとんどお金がかかっていません。多額の予算をかけて世界的ヒットを目指したけれど失敗した数多（あまた）のミュージシャンたちの嫉妬の念がうずまいていそうです。

こんな夢物語があるとは。適度に肩の力が抜けていたほうが成功するのかもしれません。それにしても脱力しすぎですが……。

なめ子のもう一言

海外メディアで第2のPSY（サイ）とも称されているピコ太郎。韓国人ラッパーPSYの「江南（カンナム）スタイル」も、一度聴いたら頭から離れないメロディーでした。共通点は、イケメンではないけれど妙に引きつけられるあやしいフェロモンと、アグレッシブなアゴでしょうか。今、改めて見ると「江南スタイル」のミュージックビデオは各地でロケしてかなりお金がかかっています。ピコ太郎の奇跡を改めて実感します。

082

マーメイドスイム

人魚風の足ヒレがついたスイムウェアでコスプレし、人魚姫気分で泳げる、マーメイドスイムがこのところ女子に人気のようです。

沖縄本島や宮古島など、マーメイドスイムを体験できる場所もあり、足ヒレを付けた泳ぎ方のレッスンや、写真撮影などのサービスが受けられます。動画を見ると、下半身をくねらせて泳ぐテクニックはかなり上級者向けですが……。

でも、マーメイドスイムはコスプレだけでもOK。ピンクやブルー、グリーンの光沢感のあるウロコに下半身が覆われた若い女子が浜辺でポージングする姿はファンタスティック。SNS映えしそうな写真です。間違っても、顔が魚で足が人間の半魚人になるのではなく、美しい人魚姫に変身することに意義があります。マーメイドのウェアで下半身が隠れたり、紫外線からガードされるなどの隠れたメリットも。

ただ各国の伝承によると、人魚は不吉なイメージも否めません。船を難破させたり、嵐や不漁の前兆だったり。「人魚姫」のストーリーも、最後は王子様と結ばれないまま海の泡となって消えてしまいます。本当は怖いマーメイド。海辺で笑顔でマーメイド写真を撮った女子たちが這(は)い回っている姿を想像すると、ちょっとホラーでゾクッとします。

ちなみに非日常体験に病み付きになった人は、秋冬も引き続きマーメイドになれる、人魚の下半身をかたどったマーメイドブランケットが発売されているようです。人魚の定義がわからなくなりそうですが、女性にとって下半身を冷やさないことは大切なので、少なくとも健康には良さそうです。

なめ子のもう一言

人魚ブームの発端はこの事件かもしれません……。2015年秋、ポーランドの川岸で人魚（見たところ男性なのでマーメイドではなくマーマン）が捕獲されたらしいシーンを撮影した動画が話題になりました。白い防護服を着た人々に、担架に乗せられた人魚が運ばれていくところを収めた、隠し撮り風の不鮮明な映像。そのあと人魚がどうなったかは不明だそうです。後日、街おこしのPR映像という説も浮上。人魚のキャッチーな魔力は現代にも続いています。

083

ヒョウ柄

ZOZOTOWNが購入者の傾向を約1年間、ひそかに調査、「日本一ヒョウ柄アイテムを買っている都道府県」という興味深いデータを発表しました。誰もが1位はあそこだと連想するはず。そう、ヒョウの顔がどーんとプリントされたTシャツを着たおばちゃんがたくさんいそうな大阪です。しかしその大阪は2位……となると、1位はなんと、埼玉県でした。

埼玉出身としては少なからず衝撃の結果でした。思わず埼玉時代の友人に連絡すると、彼女はその日もちょうどヒョウ柄の服を着ていたシンクロニシティー（共時性）が。「なぜかヒョウ柄に惹かれる」とのことで、そう言われてみれば自分も何枚か持っていました。

無意識に引き寄せられるヒョウ柄。ヤンキー文化が根強く影響しているのでしょうか。前述の調査結果によると、埼玉県民は柄物のアイテムを好むそうです。冒険的な柄合わせで、また、「ダサイタマ」のイメージが……。

ちなみにヒョウ柄を選ぶ心理について調べると、本当は気が小さいけれど、ヒョウのような強さに憧れていて、強く見られたい、という思いが根底にあったりするそうです。このところ、埼玉の扱いがひどい漫画『翔んで埼玉』が話題になったり、埼玉の自虐がブームでしたが、その裏側にはヒョウのようなプライドがひそんでいるのかもしれません。東京でバカにされないよう、ヒョウの威を借りたい心理も……？

逆に、一番ヒョウ柄を買っていない47位の県は、和歌山県でした。豊かな自然に囲まれ、動物園でパンダが次々産まれる環境。パンダで事足りていて、ヒョウは別にいらないのかもしれません。

なめ子のもう一言

ヒョウ柄など猛獣の柄は、強くなった気分が得られますが、風水では要注意なアイテムでもあります。火のエネルギーが強すぎて、金運や恋愛運のエネルギーが弱まってしまう説が。ヒョウ柄の財布など、金運が不安定になってしまうとも言われています。埼玉県民は、それらのリスクも意に介さず、ヒョウ柄アイテムを次々仕入れているのです。おしゃれのためならリスクも取る、実はファッション意識の高い県といっても過言ではなさそうです。

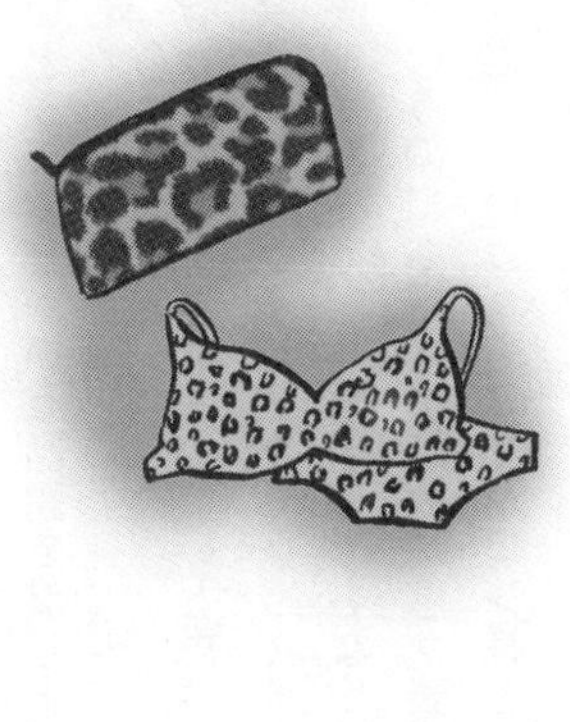

084

バロン・トランプ

２０１６年12月、暴言王のドナルド・トランプがアメリカの大統領選に勝利。勝利演説を複雑な思いで見る人も多かったと思われますが、そんな大衆の厳しい目を和らげる役割を担っていたのが、父の横で眠そうな顔をしていたバロン・トランプです。

３人目の妻、メラニア夫人との間の息子で、まだ10歳。現地時間が夜中だったので、目をこすったりあくびしたり、眠気全開でした。ネットでも、バロン君がかわいいとか天使とかいう話題で盛り上がり、注目度が急上昇。

しかしあどけない童顔を見てかわいいと思っていたら、実は身長１７０センチ以上あるようです。父親が大統領に決まった横で、興奮するでもなく眠そうにしているというのにも、すでに大物感が表れています。バロン君、というかもはやバロン様といってもいい彼には、他にも大物エピソードが。

子供部屋どころではなくトランプタワーのワンフロア全体が自分のスペースとか（空間が大きいと大きく育つのでしょうか?）。性格はドナルド・トランプそっくりで、母に「リトル・ドナルド」と呼ばれていて、まだ2歳半の頃から執事に「そこに座りなさい!」などと命令。5歳で「お前はクビだ」とベビーシッターを解雇。スウェットよりもスーツが好き。母がバロン君にキャビアの美容液を塗って美肌をキープ。ヘリコプターと飛行機が好きで、家ではひとりでレゴで遊ぶ、というのは少年っぽくてちょっと安心ですが、とにかくお金に糸目を付けず溺愛されているようです。

美女ばかりと結婚し、最強の遺伝子を遺（のこ）しているドナルド氏。しかしかつて同じように天使だった、30代の2人の息子さんの現在の姿を見ると……。バロン君の今のかわいい姿をしっかり記憶にとどめておきたいです。

なめ子のもう一言

選挙戦に多大な貢献をしていたのが、ドナルド・トランプの才色兼備の長女、イバンカさん。海外のメディアによると、イバンカさんを駐日米大使にするプランがあるという噂も。日本人好きのする、かわいさと美しさを兼ね備えたルックスのイバンカさんが来たら、もう何でもアメリカに言われるがままになってしまいそうです。ドナルド・トランプ大統領に対する不安な要素は大きいですが、バロン君やイバンカさんの人気ぶりを見ると、日本では何より〝かわいいが正義〟なのだと感じます。

085

iPhone7に改名

品薄が話題になるほど売れたiPhone7。電池の持ちがよくなり、カメラ機能も向上、世界中のiPhoneユーザー待望の新機種です。20代のウクライナ男子、オレクサンダーさんもその一人。しかし8万円以上するiPhone7はウクライナでは平均月収4、5か月分にもなり、庶民にとって高嶺の花です。

でも、Allo．uaという販売店が、前代未聞のキャンペーンを実施。姓名をiPhone7に改名したら、iPhone7を無料でもらえるというものです。オレクサンダーさんは家族に呆れられながらも、迷うことなく名前をiPhone、名字はSevenを、ウクライナ表記にした名前に変えたそうです。日本円にして数百円の改名手数料で憧れのスマホが手に入るのだから安いものです。このキャンペーンに参加すると購入者も販売店も有名になれるというメリットも。

ちなみにこのキャンペーンは5人まで受け付けとのことで、ニュースサイトにはオレクサンダーさんを含む、iPhoneに魂を売った5人の写真が掲載されていました。若い女性も1名。iPhoneという名前は男女どちらもいけるようです。中には若気の至りという言葉では片付けられないおじさんも3名いて、改名で家族関係に支障がなかったのか気になりました。

それにしてもウクライナでは名字まで簡単に変えられるとは驚きです。これからも、また頻繁にiPhoneは新製品を発売すると思われますが、iPhone8、iPhone9となっても、彼らは気軽に名字を更新しそうです。古い機種の名字のままだと型落ちのようで、時代に取り残されてしまいます。

なめ子のもう一言

iPhone欲しさに手段を選ばない人は以前もいました。中国では2014年、一人の若者がiPhone6を買うお金を工面するため、彼女を貸し出すというえげつないサービスを始めました。1時間10元（約170円）、1日50元（約850円）と破格の値段で、しかも写真を見るとかなりの美人でした。一応、購入者は一緒に食事やゲーム、勉強など、健康的で楽しい時間を過ごすことが条件だそうですが……。彼女的にはOKなのでしょうか？　彼は物欲にかられるあまり本当に大切なものを見失っているとしか思えません。

086

ヌーハラ

最近ネットで話題の新語が「ヌーハラ」。何でもハラスメントと付ける風潮はどうかと思いますが、「ヌードルハラスメント」の略で、ラーメンや蕎麦(そば)をすする時の「ズズー」という音が外国人にとっては不快だとする説です。

テレビでは実際の外国人の意見も紹介。「ブタがエサを食べてるみたい」（フランス人女性）、「トイレを流す音に似てる」（イタリア人女性）と、結構な言われよう。東京五輪のおもてなしの圧力によって、麺(めん)をすする行為も今後自粛の方向にいってしまうのでしょうか……。ただ、麺はすすることによって香りが広がり、麺と汁が絡みやすいといった効果があるようで、グルメな日本人にとってはマストな行為です。

この話題がニュースなどで取り上げられると、有名人や識者たちも一斉反論。「日本人の麺の食べ方にケチを付けるなら来なくてもいい」（梅沢富美男氏）、「（外国人は）すすれないので羨ましさがある」（松本人志氏）、「日本の食文化に対して外国人にとやかく言われる筋合いはない！」（小倉智昭氏）、など、仮想敵に対抗する気運が高まっています。

ラーメン好きの人にヌーハラについて聞くと、「他人がすする音は気にならない。それより、感極まって一口食べるごとに『アフ〜ン』とかあえいだり『うんうん』とうなずく人がたまにいて、そっちの方が気持ち悪い」という意見でした。

麺好きのレベルによって様々な見解がありますが、目の前の麺に集中していれば周りの音も気にならないように思います。本当においしいと思えば、自分も無意識のうちに雑音をたてて貪欲に食べてしまいます。すする音が気になってしまう外国の方は、食文化だけでなく味も合わなかったということかもしれません。

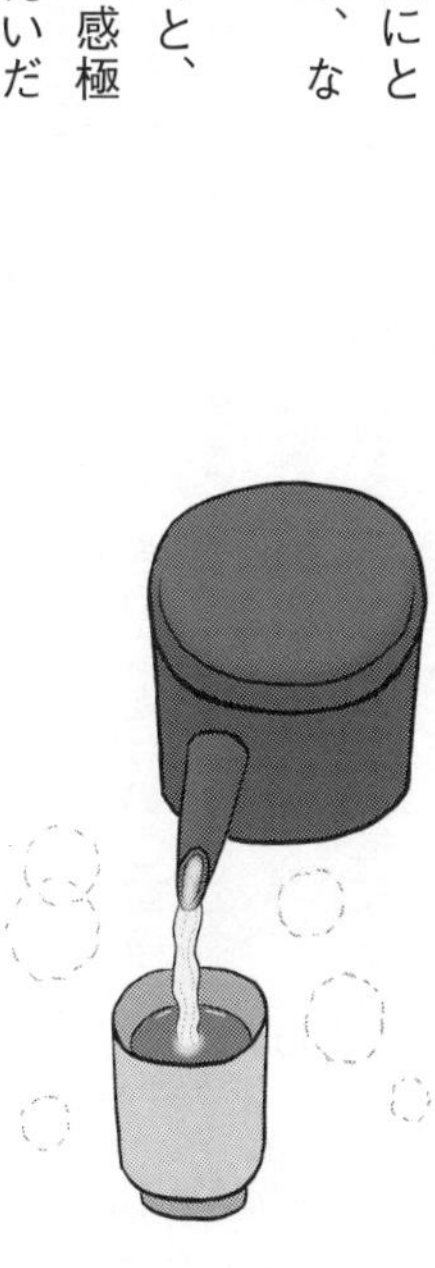

なめ子のもう一言

ヌーハラと同時期に炎上した話題が、そば湯問題。そばの茹で汁を飲む男性について「茹で汁ごときを健康に良いといって平然と飲む姿を受け入れられそうにない」と匿名ブログに綴った女性に対し、そば湯を知らないことへの驚きや反論の声が集まりました。こちらも地域による食文化の違いがあったようですが……。ちなみにそば湯も栄養価が高く体に良いそうで、知らない人から見ると違和感を覚える風習にも、それなりの根拠があるのです。

なめ子のふりかえり①

２０１４年は「**ビットコイン**」が話題になり、「**アナと雪の女王**」が大ヒット。「**STAP細胞**」の小保方晴子氏が華々しく登場したあと、疑惑の人になってしまったり、佐村河内守氏のゴーストライター疑惑、政務費で出張を繰り返した野々村竜太郎氏の号泣会見など、現実がフィクションを超えて目が離せなくなった1年でした。きな臭いニュースが多い中、「**床ドン**」などの胸キュンワードが出てきたり、ダイオウグソクムシを模した「**グソクたん**」というキャラに癒やしを求める人も。「**きのこたけのこ判別機**」というほのぼの系の話題もありました。「きのこの山」と「たけのこの里」のどちらがおいしいか競い合う「**きのこたけのこ戦争**」は今も続いています。この話題が続く限り、まだギリギリ平和な世の中です。

２０１５年は、中国人観光客による「**爆買い**」が注目され、「**ドローン**」技術も進化。「**ミレニアルズ**」と呼ばれる２０００年以降に成人したり世に出た世代が頭角を現しました。今では「**Z世代**」が注目されていますが、いずれにせよおしゃれな呼び名で「**団塊Jr.世代**」としては羨ましい

2014-2016

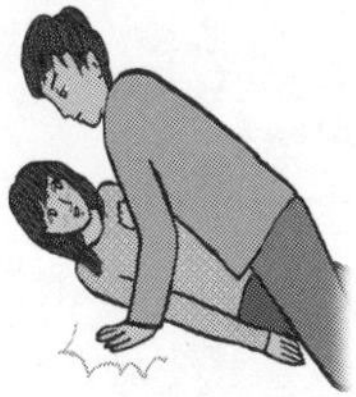

です。「**二日酔いメイク**」という不思議な流行がありながら、飲食系では健康的な「**コールドプレスジュース**」が人気に。今も続く「**日本刀ブーム**」がはじまったのもこの頃です。「爆買い」や「日本刀ブーム」で日本人としての誇りが少し高まりそうです。

２０１６年は、「**君の名は。**」が大ヒットし、「**ポケモンGO**」がブレイク。男女の体が入れ替わり隕石が落ちてくる映画と、街中でモンスターを探すゲームが人気になるとは、オカルティックな年だったのかもしれません。「**ゆめかわいい**」「**マーメイドスイム**」というファンタジックなテイストも人気に。世界でも大ブレイクしたピコ太郎の「**PPAP**」も記憶に新しいです。思い返せばカオスな年でした。

2017

RYUKO★TAIZEN

プレミアムフライデー

087

店員ロボット化

アメリカのファストフード最大手、マクドナルドが2017年上半期までに主要都市でレジ係をロボット化する予定だそうです。日本にもロボットが受け付け業務をするホテルがあったり、ペッパーが案内する店も増えていますが、そんな楽しい客寄せロボット的な趣向ではなく、世知辛い現実が。アメリカのファストフード業界では従業員の最低時給を15ドルに上げる運動が巻き起こっているそうです。だったら、店員をロボット化した方が安上がりになると偉い人が判断したのかもしれません。

すでにアメリカの一部の店舗では、店頭のタッチパネル型ロボットで商品をオーダーする仕組みを実験的に導入していて、評判が良ければロボット化が進みそうです。ついに人間の仕事がロボットに奪われる時代に……。

高校時代マクドナルドでバイトしていた身として

は人ごとには思えません。ロボットになってしまったら「スマイル0円」の風習はどうなるのかと思ったら、そもそもアメリカにはないようです。

ともかくレジ係は業務の中では一番注目される花形の仕事。オーダーを受け「ワン○○プリーズ」とオーダーを伝えながら手早く用意する時、つかの間の充実感を得られました。しかし、「笑顔が少ない」という理由で、灰皿洗いやトイレ掃除の係に命じられてしまい、いつかまたレジ係に戻りたいと願いながら裏方業務をこなしていたことを思い出します。

アメリカのマクドナルドで人間がレジを担当できなくなったら、全員裏方の仕事をしなければならず、そのことでも不満がたまりそうです。そもそも合理主義のアメリカではレジ係が無愛想なのがデフォルトの状態で、それが負の連鎖の発端という一説も。

今からでもレジ係の人はホスピタリティー全開で愛想良く親切に接客したら、やはり人間の店員はロボットにかえられない、という空気になるかもしれません。

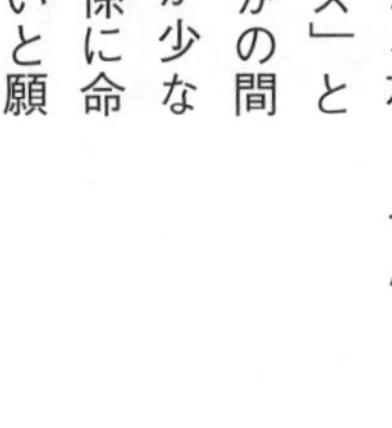

なめ子のもう一言

日本ではローソンとパナソニックが2016年から「レジロボ」の実証実験をしています。アメリカのマクドナルドのタッチパネル式よりも進んでいて、専用の買い物かごでバーコードを読み取って支払額を計算。かごをレジの指定の場所に置いてお金を支払うと、袋詰めもしてくれる便利なロボです。さすがにおでんは人間じゃないと対応できないそうですが……。2018年から一部の店舗で導入されるとのこと。人間に見られたら恥ずかしい物を買う時など重宝しそうです。

088

埼玉政財界人チャリティ歌謡祭

年々注目度が高まり、局地的に紅白以上に人気かもしれない「埼玉政財界人チャリティ歌謡祭」。埼玉の有力者が生演奏で歌い、新年の抱負を語る元日の番組です。放送はもちろんテレビ埼玉で第26回の2017年は17組が出演しました。

本家紅白の司会経験もある堀尾正明氏（埼玉出身）が司会でハクがつきますが、地方局の長時間収録で気が緩んだのか「うんうん」「はぁ、そうなんだ」と時折フランクな口調になるのも聞き逃せません。

終始脱力と笑いに包まれる番組です。伊奈町長が学ラン姿で中学の同級生と歌い、東京ガス埼玉支社長や埼玉りそな銀行社長は、ゆるキャラと部下を従え気持ち良さそうに熱唱。

皆さん音程が危ういですが、大舞台で緊張するのは素直で誠実な方かもしれないと思わせる効果も。

さらにハラハラするのが客席でサイリウムを振る応援団をカメラが映した時。無表情で機械的に振っている人はあとで突っ込まれそうです。

中盤は小野克典・桶川市長が女子高生ダンサーをバックに「オノカツサンバ２」を楽しそうに歌い踊り、埼玉グランドホテルの会長が真顔で長唄を歌い貫禄を見せつけ、埼玉県議会議長は水戸黄門コスプレ姿、埼玉の小林幸子と称される結婚式場の女性社長がゴージャスドレスで登場するなど、さらなるカオス状態に。

出演者の会社は番組スポンサーにもなっていて、一曲に大金がかかっています。埼玉セレブの贅沢（ぜいたく）な遊びです。トリは上田清司知事。曲の途中急に始まったなぎなた演技を、知事が遠くから見守る謎の展開になっていました。なぎなた女子高生につられて間違えたと、人間味を見せる県知事。

しかし全ての出演者は、ゲスト、鳥羽一郎の本物の歌唱力の前に一網打尽にされました。埼玉セレブは明日から初心に戻って謙虚に生きていくのでしょう……。

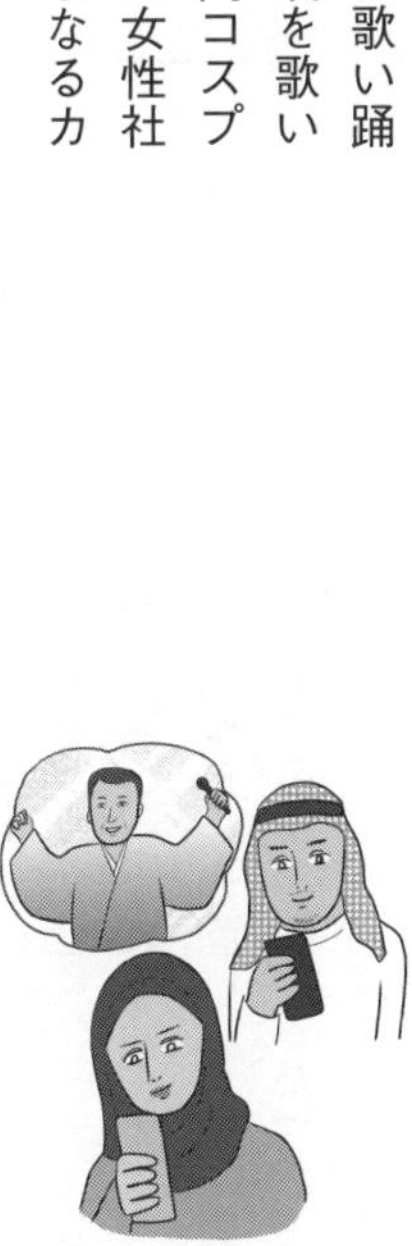

なめ子のもう一言

２０１７年の「埼玉政財界人チャリティ歌謡祭」は意外な場所でも話題になっていたようです。「埼玉政財界人チャリティ歌謡祭」というワードがアラビア語圏の人々のＳＮＳでリツイートされたりして広まっていきました。アラビア語で何を書いているかわからないながらも、「埼玉の奇祭がウケている」と盛り上がる日本人。この勢いで埼玉の政財界人とアラブの石油王の間に人脈パイプができるかもしれません。

089

チョコ味焼きそば

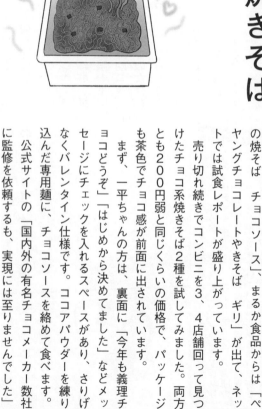

バレンタイン商戦にチョコレート味のインスタント焼きそばが乱入。明星食品から「一平ちゃん夜店の焼そば　チョコソース」、まるか食品からは「ペヤングチョコレートやきそば　ギリ」が出て、ネットでは試食レポートが盛り上がっています。

売り切れ続きでコンビニを3、4店舗回って見つけたチョコ系焼きそば2種を試してみました。両方とも200円弱と同じくらいの価格で、パッケージも茶色でチョコ感が前面に出されています。

まず、一平ちゃんの方は、裏面に「今年も義理チョコどうぞ」「はじめから決めてました」などメッセージにチェックを入れるスペースがあり、さりげなくバレンタイン仕様です。ココアパウダーを練り込んだ専用麺に、チョコソースを絡めて食べます。

公式サイトの「国内外の有名チョコメーカー数社に監修を依頼するも、実現には至りませんでした」

という文言が気になりましたが……。インスタントラーメンの「謎肉」にかけた「謎チョコキューブ」という甘い固形物をトッピングし、おそるおそる麺を食べてみたら、思ったほど甘すぎずライトな味わい。控えめで、チョコ好きとしては若干物足りなさが。でもココアパウダー麺など、完成度が高かったです。

続いてペヤングを作って試食。こちらはパッケージに「I ♡ YOU」とプリントされている小粋な演出が。麺は通常と変わらない油揚げ麺で、チョコソースをかけていただきます。チョコは良いのですが、トッピングのいちごパウダーの酸味と、麺の油分のハーモニーに若干の不協和音が。でもチョコソースは濃厚でした。

どちらも、チョコ好きの観点からですが、焼きそばだと思って食べるとまずいけれどチョコだと思って食べるといけるということが体感できました。バレンタイン的には、食べたあとしばらく胃のあたりが悶々（もんもん）としたり、血糖値の急な変化のせいかドキドキしたりしたので、恋愛感情と勘違いする人がいてもおかしくないです。実は本命チョコとして使えるかもしれません。

なめ子のもう一言

チョコ味の麺なんてマニアックな食べ物は日本だけかと思ったら、過去にイギリスでもインスタント麺が発売されていました。「Choc Noodle」という名前で、有名なショコラティエがプロデュースしたそうです。今は売られていないのが残念ですが、1回の試験的な発売で終わったということは……味が推測できます。

090

キッセンジャー

バーチャルリアリティー技術の進化はとどまるところを知りません。ついにキスを送受信できる時代に……。イギリスの大学教授などによって開発された「Kissenger」（キッセンジャー）。「キス」と「メッセンジャー」を合わせた名称で、離れているところにいる人と疑似キスができるデバイスです。

その仕組みは、スマホをデバイスに差し込み、相手と電話しているさなかにシリコン部分にキスすると、センサーが唇の圧力を感知しデータを相手のシリコンに送信。唇の動きが再現され、あたかも本人とキスしているような感覚に……。ふと連想したのは、映画「ゴースト」のシーンです。会えない所にいる恋人が別の何かに宿り、スキンシップできるなんてロマンチックです。使い方の例としては「For Families」（挨拶がわりの頬へのキス）、

「For Fans」(アイドルの新たなサービスとして?)など、応用もできるようです。

とはいえカップルが使用した場合、気になるのは「相手の唇の動きが再現される」という箇所。再現というには結構な長時間、唇を動かしていることになりますが、もしかしたらそれはエモーショナルな欧米人カップルならではかもしれません……。

いっぽうで、この「キッセンジャー」はキスを疑似体験できるだけでなく、相手の気持ちがまだあるかどうかチェックするデバイスとしても使えそうです。生身の体同士の接触よりも冷静に判定できます。遠距離で心が離れていくにつれキスが短くおざなりになるとか、浮気していたら画面の向こうの目が泳いでいるとか、まだ好きな場合は長く丁寧にキスしてくれるとか、判断の目安になります。そしてどんなデジタルデータよりも、女性のカンは正確に相手の異変を感知できるのです。

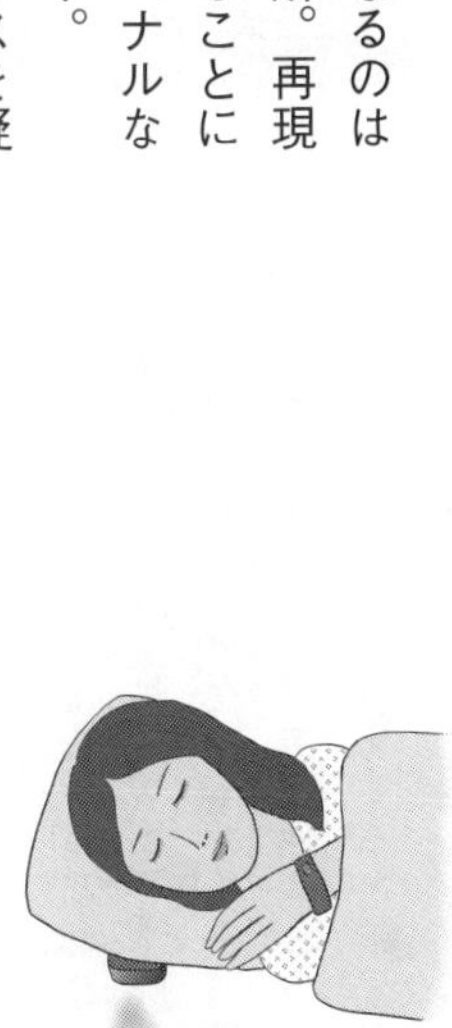

なめ子のもう一言

他にも離れていても恋人の存在を体感できるデバイスが。「Pillow Talk」(ピロートーク)というもので、お互いの腕に付けたセンサーが心拍数を抽出し、相手の枕元のスピーカーに送信するという仕組み。「キッセンジャー」の方は人に使っているところを見られたらまずいかもしれませんが、こちらは活動量計のフリしてさりげなく装着できます。価格も3万円くらいと手頃です。自分だけはめて相手の心臓の鼓動が聞こえてこない、という状態になったらかなり切ないですが……。こちらのデバイスもお互いの気持ちを測る尺度になりそうです。

091

現金版ポケモンGO

ポケモンGOブームも落ち着いて、今まで手に入れたモンスターたちの実体は幻というか、現実には何も得ていないことに人々が気付きはじめた頃、中国で画期的なゲーム「AR實景紅包（シジンホンバオ）」が始動。中国最大のオンライン決済サービス「AliPay」が旧正月に向けて展開したもので、中国の伝統的なお年玉の風習にならい、各所に置かれた赤い封筒をゲットするとお金がもらえるゲームです。

現実世界とリンクした地図には赤い封筒がランダムに置かれ、AR（拡張現実）機能とも連動。ポケモンGOならぬ、ポケットマネーGOです。手がかりと地図をもとに、紅包と呼ばれるお年玉用の赤い封筒を取得し、手続きをすると電子マネーの口座に入金されます。

友人同士でプレゼントしあったり、企業やお店のオーナーが客寄せのために封筒を置くこともあるようです。中国ではポケモンGOが出たばかりの時、キャラのCGの精度が低いポケモンGOのパクリバージョンがリリースされて笑いの種になっていました。その雪辱を果たすかのように、現金ゲットゲームで盛り上がっているようです。ポケモンのように走行速度が設定されていて、バスに乗りながらゲットはできないようです。徒歩のみで現地に向かって、着実に入手しなければなりません。

歩き回ることで健康にもなりお金がもらえるという一石二鳥の素晴らしいゲーム。街に出ればいたるところにお金がばらまかれていると思うと夢のようです。もし日本でリリースされたらポケモン以上にハマる予感が。気付いたら血走った目で徘徊（はいかい）する金の亡者というモンスターになってしまいそうですが……。

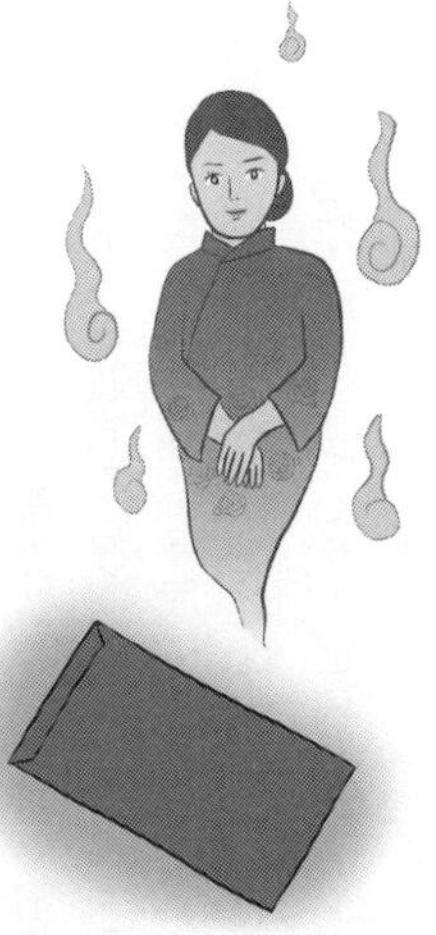

なめ子のもう一言

中国のゲームの中の赤い封筒はぜひ拾いたいですが、台湾の赤い封筒には要注意です。男性が台湾で路上に落ちている赤い封筒を拾うと、「冥婚」といって未婚のまま亡くなった娘の結婚相手に選ばれてしまう、という都市伝説が。赤い封筒にはお金や遺髪、写真などが入っているそうで、一応お金はゲットできるようですが、そのためには妻として迎え入れる一生の覚悟が必要です。しかし未婚で死んだ娘が家に災いを起こすという台湾の言い伝えは、まるでモンスター扱いしているようで、女性としては複雑です……。

092

プレミアムフライデー

月末の金曜日、早めに仕事を終えてプライベートを充実させる取り組み、「プレミアムフライデー」が突然スタートしました。初回はまだ導入企業も少なく、略称も「（月末金曜から）マッキン」「プレ金」「プレフラ」とバラバラですが、次第に定着していくのでしょうか。

具体的にはどのようなサービスがあるのか調べてみると、「フライ」デーにちなみ空揚げやフライの試食を充実させた西武池袋本店や、デパート内で食べ歩きできるパスポートを販売した伊勢丹新宿店、ベンツで六本木へ送迎する宿泊プランを提案したザ・プリンス パークタワー東京、臨時急行プレミアムフライデー号を運行させた西武鉄道など、アグレッシブな企業ではさっそくサービスをスタート。そんな中、約150の店舗でスペシャルメニューなどを提供しているという「プレミアムフライデーi n日本橋」に行ってみました。

日本橋三越本店の地下ではプレミアムつながりで「ザ・プレミアム・モルツ」を安く試飲できるサービスなどを開催。サントリーのラグビー選手まで来場し、盛り上がっていました。乾杯し酒を酌み交わす人々。プレミアムフライデーを一緒に楽しむ仲間がいないと、今後「プレぼっち」とか呼ばれてしまうのでしょうか……。

気を取り直して、シャンパンを飲みながらリムジンで東京駅周辺を回れる無料サービス「プレミアムリムジン」にひとり参加するため、リムジン乗り場へ急ぎます。出発の午後4時30分頃に到着したら、すでに長い列が。「どのくらい待ちますか？」と聞くと「今から並んでも午後8時の便に乗れるかわかりません」。豊かな時間を過ごすはずが、3時間半行列に並ぶことになるかもしれないという現実。豊かさの尺度は人それぞれですが……。ちなみに最前列は特に会社帰りでもなさそうなマダムのグループでした。

お得なサービスを探し、街をかけずり回って終わったプレミアムフライデー。次回は外側ではなく内側に豊かさを求めたいです。

なめ子のもう一言

プレミアムフライデーに関連し、世間では「プレミアム男子」という言葉が出てきているようです。プレミアムフライデーを導入している一部の大手企業の社員や公務員の男性は将来有望な「プレミアム男子」として、女性たちの熱い視線を集めそうだというのですが……。月末金曜日、早い時間から飲んだりしている男性は狙い目かもしれません。ただ、無職男子も交じっていると思われるので、女性側の判断能力も求められます。

093

ピースサインの危険

SNSで人生を謳歌するリア充な方々に水を差すような警告が発せられました。みだりにピースサインで写真を撮ると、指紋を盗まれ、スマホやドアロック、銀行などの個人認証時に悪用される恐れがあるそうです。

無防備なピース写真を投稿することで、指紋と顔がセットで出回って危険だとのこと。スマホやデジカメの精度の向上により、3メートルの距離で撮った写真でも指紋が読み取り可能だとか。使い捨てカメラで撮影していた牧歌的な時代が懐かしいです……。しかし事件が起こる前から指紋流出の危険を煽って大丈夫でしょうか。逆に悪徳業者にヒントを与えることにならないか少し心配です。

ピースサインの危険が叫ばれ、今までピースをする人々を内心調子に乗ってると苦々しく思っていた、ピースしない派の人は少し溜飲が下がったかもしれません。テレビで指紋が盗まれる危険を訴えていた国立情報学研究所の教授も、ピースサインとはあまり縁がなさそうなストイックな紳士でした。

　国立情報学研究所では指紋の盗撮を防ぐ技術を開発し、実用化を目指しているとのこと。結局宣伝だったのか、という気もしましたが、その技術もなかなかインパクトがありました。白い酸化チタンで特殊な模様がプリントされたフィルムを指先に貼って写真を撮ると、指紋データが読み取られることを防止できます。自分のスマホを使う場合は、フィルムを付けたままでもちゃんと指紋が正しく照合されるとのことで便利です。

　指紋にナーバスになった人は、集合写真の度に「ちょっと待って!」とシールを貼ったら微妙な間が生まれそうです。そして次第に友人と距離ができて、一緒に写真を撮ることもなくなれば、一番安全かもしれません……。

なめ子のもう一言

　1960年代に反戦平和運動で広まったとされる「ピースサイン」。その前の「Vサイン」と呼ばれていた時期を含めると相当歴史が古いです。なかなかピースサインに代わるものは出てきませんが、現れては消えていく写真ポーズの流行の波。最近、若い女性の間で流行っているのが、指で作る小さいハートサイン「指ハート」。人差し指と親指をクロスしてさりげなくハートを作るのが小粋です。こちらのポーズは指紋登録によく使う人差し指の指紋が内側に向くので、個人情報も守ることができます。ポーズの年齢制限はありそうですが……。

094

家電ふろく

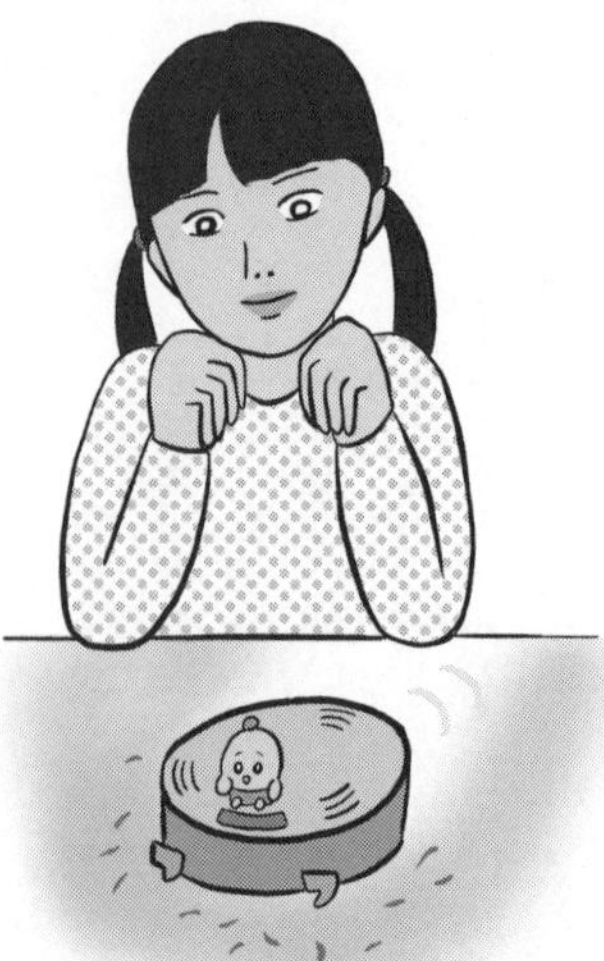

女子小学生に人気の雑誌「ちゃお」2017年4月号になんと家電のふろく「おそうじロボ」が付いて話題です。「ちゃお」は過去にも「究極まんが家セット」というふろくでライトボックス（ライト内蔵のトレース台）を付けたり、ATM型貯金箱をふろくにしたり、常に攻めの姿勢です。

書店の小学生対象の雑誌コーナーに行くと、いつの間にか豪華ふろくのるつぼになっていました。「小学一年生」はドラえもんのめざましどけい、「ディズニーといっしょブック」はミニーちゃんのレジスターなど。親御さんにとっては雑誌とおもちゃが同時に手に入って家計的に助かりそうです。

「ちゃお」4月号は書店で完売していたので、売っているコンビニを探して入手。表紙に「史上初!!夢のロボカワふろく登場でち!!」とテンション高く書かれています。地底人の「ちぃちゃん」というキャラが上に乗ったデザイン。早速組み立ててみましたが、手順が7つもあって、大人でもやや難易度が高く感じられました。「究極まんが家セット」ふろくで漫画家を目指す女子が増えたと思われるように、このおそうじロボふろくで鍛えられ、メカニックな職業を志望する女子が出る可能性もあります。ふろくの影響力はあなどれないです。

おそうじロボとしての機能は「キュイイーーン」というモーター音がやや大きめでしたが、センサーで感知して机から落ちそうになると方向転換するなど、ロボらしい動きをしていて感動しました。ホコリや髪の毛などを少量吸い取ってくれました。580円の雑誌代で、夢のおそうじロボが手に入るとは(ちなみにメイドイン中国でした)。

時代とともに進化したのはふろくだけではないようです。久しぶりに少女向け漫画雑誌を読んだら、全体的に絵柄も、萌え系が入ったタッチに変化している気が。時代に取り残されないためにも、大人も時々チェックした方が良いかもしれません。

なめ子のもう一言

家電ふろくは、正確には「ちゃお」が初ではなく、大人向けの「大人の科学マガジン」でも過去に「卓上ロボット掃除機」を付けたことがありました。「大人の科学マガジン」は、他にも「カエデドローン」「テオ・ヤンセン式二足歩行ロボット」「トルネード加湿器」といった豪華な家電系ふろく付きの雑誌を販売。数千円しますが、実際のドローンや加湿器を買うお金をケチって買った場合でも、科学好きのアカデミックな人を装えるという利点が。大人の世間体にも対応してくれるありがたい雑誌です。

095

オリーブオイルの量

何にクレームが来るか油断できない世の中ですが、朝の番組「ZIP!」の「MOCO'Sキッチン」に対するものと思われる意見が、放送倫理・番組向上機構（BPO）に寄せられました。

2017年2月に送られた視聴者の意見の中に「朝の情報番組に、人気俳優の出ている料理コーナーがある。そこで使われているオリーブオイルの量は、料理一品に対して多すぎるのではないか」というコメントが。番組名は明記していないものの、誰もが速水もこみちの「MOCO'Sキッチン」だとわかる表記でした。

2011年から続く人気コーナーなので今さらという気もしますが、たしかに、アヒージョを作る過程でオリーブオイル一瓶まるまる使い切ったり、過剰な回もありました。ポテトサラダにまでオリーブオイルを使用した回も。

最初にオリーブオイルをフライパンに投入して炒(いた)めた後、仕上げにまたオリーブオイルをドバーッとかける「追いオリーブオイル」という言葉も生まれました。高い位置からオイルを注ぐ姿も話題に。もこみちといえばオリーブオイル、ということで自身がプロデュースしたオリーブオイルを発売し、完売させた経歴もあります。彼にとってオリーブオイルが人生の潤滑油となっているようです。

改めて最近の「MOCO'Sキッチン」を観(み)てみると、使いすぎだった反動か、オリーブオイルに関しては、さらっとまるで空気のように扱っていました。「オイルを流します」と、ごく自然な感じで投入し、次の手順へ。

しかしオリーブオイル以外にも突っ込みたくなるポイントが。「動きをつけるため」と、テーブルクロスをいきなりぐちゃぐちゃに乱したり、スイーツを焼く前に、クッキーを雑に砕いて投入したり。「あれっ」と思って、でも気付いたら彼のペースに巻き込まれている、他にないドキドキ感が得られる番組です。高価なオリーブオイルを多用するのは躊躇(ちゅうちょ)しますが、番組を観るだけでも女性は内側から潤いそうです（追記・「MOCO'Sキッチン」は2019年3月に惜しまれながら最終回を迎えました）。

なめ子のもう一言

「MOCO'Sキッチン」で気になるポイントは他にもあります。それは、もこみち氏のダジャレ。本人が自発的に言っているのか台本なのかわかりませんが、食材にかけたダジャレをドヤ顔で発信。「イカはもうイイカ?」「納豆く（納得）のいく味です!」「肉い（憎い）ねぇ〜」「コチュジャンは…あっ、こっちゅ（こっち）じゃん」「豆乳を投入して」etc……。もしかしたらオリーブオイルで脳の血流が良くなり、ダジャレが思い付きやすくなっているのかもしれません。効果なのか副作用なのか不明です……。

096

Googleリアルタイム翻訳

これまで外国語の文章を和訳するとき、テキストを翻訳サイトのフォームに入力するか、スキャンして文字認識できるソフトで訳す、というのが個人的に主な方法でした。それがさらに発展し、スマホを利用してリアルタイムで翻訳できるように。「Google翻訳」アプリの機能がアップデートされ、スマホのカメラレンズを英語文字にかざすと、映し出された画面の同じ場所に同じフォントで和訳文字が表示されるようになったのです（多くの外国語でも、日本語→英語でも可能）。

アプリをダウンロードして立ち上げ、身の回りでスマホをかざしてみました。「BISCUITS」の缶は「ビスケット」、「LINE」は「線」、当たり前ですがストレートな訳に和みます。メンズのファッションブランド名一覧をアプリで訳してみたら、「殺人ライセンス」「黒炎」「苦い店」「魂ハンター」

「悩み」と、不穏な名称が目立ちました。

一見おしゃれなネーミングもリアルタイム翻訳を通したとたん、脱力感漂うものに。しかしこみ入った文章になるとアプリのキャパシティーを超えてしまうのか、意味不明な日本語になってしまいがちでした。このアプリがあれば辞書を引いたり入力したりする手間が省けるというのは甘い考えだったようです……。

また、一見簡単な単語でも誤訳&超訳されてしまうことがあり、それがおもしろいとSNSで盛り上がっています。例えば「FANTA」が「大麻」、「MINI STOP」が「ミニ停止」、「POCARI SWEAT」が「POCARI 汗」など。角度によって日本語が変化したり、文字のデザインによっても誤訳になりがちです。

やってみた中では、なぜかエナジードリンクの「WORKS」というロゴが「ムーア人」に、「One CUP」の「CUP」が「公認会計士」、「ALSOK」が「ジャガイモ」、「Fibe Mini」は「善意www」、「BIRK」という飲料は「食い逃げ」になったり、シュールな訳が楽しめました。実用的なアプリがいつのまにか遊びの道具に……。でも、おかげで英語の敷居が低くなりました。

なめ子のもう一言

リアルタイム翻訳は文章だけでなく、会話でも可能になりました。株式会社ログバーがウェアラブル音声翻訳デバイス「ili（イリー）」を発表。長くて複雑な会話は不得意らしいですが、旅行会話に特化されていて実用的です。日本語でしゃべって録音し、ボタンを押すと英語になって流れ出すという、夢のような文明の利器。英語が苦手な日本人だからこそ作り出せたのかもしれません。

097

猿の恋愛

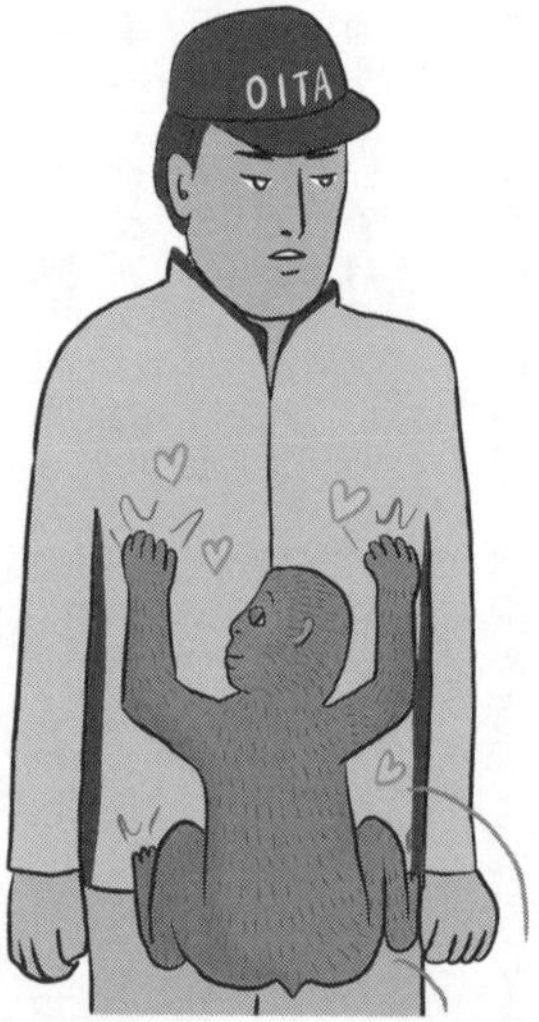

人間に置き換えたら男性にとってはちょっと嬉しい話かもしれません。40代の男性に片思いして猛アタックする女子高生。でも、それが猿だったとしたら……。　舞台は大分県の高崎山自然動物園。5歳の若いメス猿が職員の男性に恋をして、あとを追いかけ回す事態になっているそうです。5歳の猿女子は、人間に換算すると女子高生くらいで、ちょうど色気づく時期でしょうか。恋の季節、春に気持ちが高ぶってしまったようです。

テレビで見た映像は、黄色いジャンパー姿のガイドスタッフ、藤田忠盛さんに、メス猿が飛びかかってアグレッシブに抱きつく光景。彼の姿を見つけると走ってきて「キキッ」と叫びながら体に飛びついたり、窓の外からじっと姿を見つめていたり……。その瞳は、恋をしている乙女そのもので、潤んで熱をおびていました。

藤田さんが職員の女性と親しげに会話でもしたら大変です。どこからともなくメス猿が走ってきて「キキーッ！」と女性に飛び蹴りしていました。人間もこのくらい、感情に素直になれたらストレスが溜まらなそうです。

藤田さんは、テレビの取材で、20年前にも別のメス猿に追いかけ回されたことがあり、自分は猿に似ているんじゃないかとあきらめている、と語っていました。もしかしたらその時のメス猿の生まれ変わりでしょうか……。しかし猿にモテまくっている男性は、きっと優しくていい人に違いないと、人間の女性にもモテる効果がありそうです。

猿が人間に恋してしまうのは、若くて初めて発情したメスに多いそうです。今回のニュースで学者が見解を語っていましたが、猿のオスはあまり若いメスに興味を持たないため、メスは悶々としてエサをくれる人間に走ってしまうこともあるとか。それにしても、猿界では、メスに求められるのは若さだけではないのだとしたら羨ましいです。今回の逆バージョン、若いオス猿が人間の大人の女性に恋する……なんていうパターンがあったら嬉しいかもしれません。

なめ子のもう一言

オランダの動物園では、オランウータンやボノボなどの類人猿にタブレットを使わせる実験が行われているそうです。それも、若いメスに、オスの写真を見せて反応を調べるという内容。繁殖を成功させるため、あらかじめ好みのタイプを選んでもらおうというもので、実際、彼女たちは一定の写真に反応を示したりしているようです。やはり類人猿も見た目が大事なのでしょうか。中にはオスの写真を見た瞬間、タブレットを投げ捨てて破壊してしまったオランウータン女子もいたそうですが……。動物は本音だけで生きています。

098

メルカリの闇

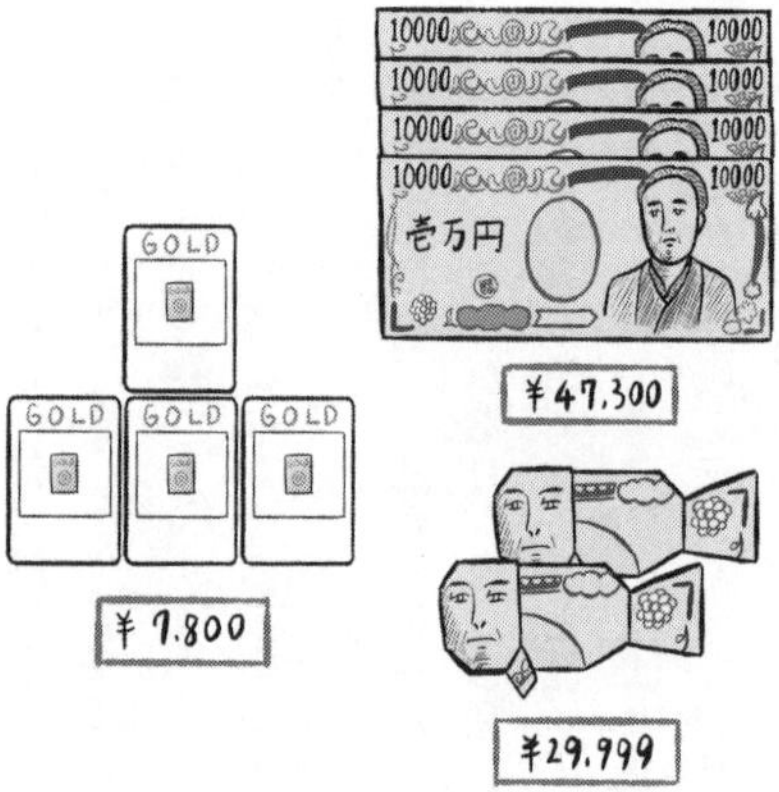

膨大な品物が売買されているフリマ（フリーマーケット）アプリ「メルカリ」では、たまに変なものが出品されていると話題でした。ちょっと前には「元彼」を出品した女子高生が出現。説明のところに「傷汚れ（浮気経験×3回）アリです」「全体的に状態が悪い」と書かれていて、メルカリを使ったリベンジフリマに戦慄しました。そして最近またメルカリの闇を感じるニュースが……。

メルカリでは紙幣や貨幣が出品されていたのですが、なぜか「現金1万円が1万3500円」「現金4万円が4万7300円」と、額面以上の金額での現金の出品が続出。クレジットカードで決済される時間差を利用し、現金をすぐに入手したくて落札する人もいたようです。

問題になり、マネーロンダリングにつながるとして現金の出品は禁止になりました。メルカリで「貨幣」と検索すると、古銭や子ども銀行のお札やダミーの100万円札は出てきますが、現行紙幣はなくなり、ひとまず平和な状況に。

しかし、すぐにイタチごっこのような状態になり、高額チャージ済みのIC乗車券が出品され、こちらもただちに規制対象となりました。

すると、今度は換金可能なパチンコの特殊景品が出品。それもまたストップがかかると、最終手段としてお金で折り紙をした「魚のオブジェ」が出品されました。「高級魚のオブジェとなります。こちら5匹ついてきます」という説明とともに、1万円札を魚の形に折った写真が掲載。お金を稼ぎたい人の苦肉の策ですが、このクリエイティブな才能を他のところに使ってほしいものです。

騒動を受け、メルカリは監視態勢の強化を発表しましたが、イタチごっこは続きそうです。

このような闇を抱えながらも、ページが重くならずにサクサク動くメルカリのシステムは驚異的だと感じ入りました。

なめ子のもう一言

メルカリでもう一つ話題になったのは、「離婚届」が出品され、結構落札されているという事実。見ると、300円台が多くて、良心的です。親切に離婚届の記入例を付けている人も。周りの目が気になったり、時間がなくて役所に離婚届を取りに行けなかったりする人が落札している、という事情が考えられています。メルカリの闇であると同時に光でもあります。もちろん婚姻届や出生届といったおめでたい届も出品されていました。幸せも不幸せもフリマアプリで分かちあえます。

０９９

25歳年上妻

２０１７年、史上最年少のフランス大統領となったエマニュエル・マクロン氏（39歳）。大統領選の勝利は妻のサポートあってこそだったようで、「あなたなくして今の私はない」とまで彼に言わしめた最愛の妻は、元教師のブリジットさん。彼女の年齢が64歳でマクロン氏と25歳離れていることが話題となりました。出会いから約25年、今もまだラブラブで、衆人環視の中、手をつないだりキスしたり……。２人は一心同体だとすれば、39と64を足して割って51・5歳となり、大統領として妥当な年齢かもしれません。

２人のなれそめは、すでに世界中のメディアで取り上げられていますが、ブリジットさんが教師、マクロン氏が生徒という立場で、カトリック系私立高校で出会いました。知性あふれて早熟だったマクロン少年には、同級生の女子は目に入らなかったのでしょうか。大人の女性である当時40歳のブリジット先生に片思いし、愛を告白。夫も子どももいたブリジットさんですが、マクロン少年から度重なるアプローチを受け、「あなたが何をしようと、僕はあなたと結婚する」と予言めいたことまで言われます。普通こんな発言をされたら怖いですが、年下の美少年だから許容されたのでしょう。その後ブリジットさんは銀行家の夫と離婚し、2人が29歳と54歳の時についにゴールイン。

今回、世間を驚かせているのはブリジットさんの若さです。64歳でミニスカで生足(なまあし)でピンヒールで、最先端のモードを着こなしています。金髪ボブのヘアスタイルも似合っていて、アイラインがちょっと太めですがメイクも華やかで若々しいです。海外のニュースサイトなどにはプチ整形疑惑が綴られていましたが、自然に良い感じに年を重ねているようにも見えます。何より、2人の写真を見ると彼女のアンチエイジング法が明らかです。いつも手をつないでいる年下夫から若いエキスを吸収している……。吸い取られた夫が年齢より老けて見えれば大統領の風格が出そうです。

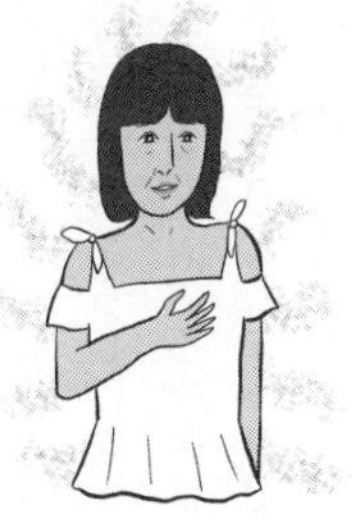

なめ子のもう一言

日本でも年下の男性と交際、というか囲っていた女性が世間をざわつかせていたことを忘れてはいけません。タイで拘束された「つなぎ融資の女王」こと、山辺節子容疑者です。肩や生足を露出したファッションが刺激的すぎました。本人は「38歳か39歳」と自称していたそうで、その年齢の答え方などいろいろ突っ込みたいところはたくさんありますが、62歳に見えないことは間違いありません。本人の手記でもタイのBFに若いと言われたと自慢っぽい表記が。若さは思い込みからです。

100

うんこ漢字ドリル

大ヒット中の『うんこ漢字ドリル』。小学生が大好きな世界観で、漢字が苦手なお子さんも夢中になって勉強するという絶大な効果が。小学1〜6年生向けに6冊出ていて新学習指導要領にも対応。大人が読んでも楽しく漢字をおさらいできます。喜ぶ人と拒否感を示す人に分かれそうですが……。

表紙には「うんこ先生」のかわいいイラストが描かれ、臭気を感じさせないポップなデザイン。「全例文でうんこの使用に成功！」と誇らしげなキャッチフレーズが。開くと、漢字を記入するマスは巻きグソを模していて、例文も全てうんこまみれです。「うんこをひゃく年がまんしているおじいさん」「人こうがふえれば、うんこもふえる」「きりつ！れい！うんこ！」。小1向けには、うんこに対する新鮮な驚きを感じさせる例文が。「うんこにも羽が生えたらいいのに」「シンバルにうんこをたたきつけて音を鳴らす」。２年生向けになるとうんこで遊ぶ余裕が出てきます。「金庫の中身は社長のうんこです」「うんこはぼくの守り神だ」。３年生は、うんこへの畏敬の念が芽生えてきます。そして４年生でも「うんこのおかげで日本のけい気が良くなっている」「うんこの会の会ひは、月に五十万円です」と、うんこの価値が高まっていきます。５年生になると、さらに感覚が研ぎすまされ「うんこを見ると、その人の心情が伝わってくる」「精神を集中すると、うんこの声が聞こえる」といった超常的な域に達します。６年生では知的レベルがアップし「うんことは、内ぞうが作った芸術品である」「『うんこ教』は、どの宗派にも属さない」と、礼賛の思いが伝わる例文が。

　このドリルの例文を読むと、人間は生きていて排泄(はいせつ)しているだけでも存在価値がある、と自己肯定感が高まってきます。気のせいかもしれませんが、「うんこ」という単語を何度も視界に入れていたら腸の調子が良くなったのを体感。うんこはお金の象徴でもあるので、金運アップ効果も期待できそうです。現に出版社にも利益が……。うんこ市場にこれからも注目です。

なめ子のもう一言

　漢字ドリルだけかと思いきや、２０１１年には「うんこ演算」という計算ドリルアプリが出ていたようです。２２０グラムのうんこを31人のクラスで分けたら１人当たり何グラムか、というような、うんこがモチーフの問題文を多数収録。問題を消化して答えを出すことの大切さが学べそうです。

101

イノウエ空港

日本人にとって栄誉なニュースなのでしょう。アメリカ、ハワイ州オアフ島のホノルル国際空港の名称がダニエル・K・イノウエ国際空港に改名されました。ハワイ州の政治家、故ダニエル・イノウエ氏の名にちなんでのことです。

第2次世界大戦ではアメリカ陸軍としてヨーロッパ戦線で戦ったイノウエ氏。戦後は政界に進出し、1962年には日系人初の上院議員に。2010年には、大統領の継承順位で副大統領と下院議長に次ぐ第3位となる、上院仮議長に選出。アジア系アメリカ人として最高のポジションにつき、軍人としても名誉勲章を受けています。日系社会やハワイのために尽力してきた、すごい経歴のお方であらせられることがわかりました。

アメリカで日系人として空港にその名が付けられたのは、日系初の閣僚となったノーマン・Y・ミネタ・サンノゼ国際空港のノーマン・ミネタ氏の例があります。女性セレブにとって、バラに自分の名前が付けられるのは最高の栄誉ですが、男性の政治家や成功者にとっては空港の名前になる、というのは究極の夢なのかもしれません。

それはともかく、イノウエ空港です。憧れのリゾート地であるハワイ。中でもメジャーなオアフ島の玄関口が、イノウエ空港とは……。バカンスのテンションがちょっと沈静化しそうです。ただでさえ日本人旅行者だらけで、日本語が通じる場所も多いと聞きますが、さらにイノウエ空港に改名されたら、南の島に海外旅行した感が薄まってしまいます。空港でお土産を買ったら「イノウエ」とかロゴ入りの袋に入れられたりするのでしょうか。本当にハワイに行ったのか疑われてしまいそうです。

メリットとしては、日本人名の空港で、心理的にハワイとの距離が縮まって、日本人旅行者はテリトリー感を漂わせられます。そして太平洋プレートにのっているハワイ諸島は、毎年少しずつ日本に近づいている、という説もあります。何億年先のことかわかりませんが、いつかイノウエ空港の違和感がなくなる時がくるかもしれません。

なめ子のもう一言

人名が付いた空港は世界中にたくさんあります。大統領や将軍、王などの名前を付けた空港や、その土地出身のスターの名を冠した空港が主流です。前者はジョン・F・ケネディ国際空港、ネルソン・マンデラ国際空港、後者はワルシャワ・ショパン空港、リバプール・ジョン・レノン空港など。飛行機産業に尽力した人の名前が付けられる場合も結構あります。しかし中にはスペースシャトルの空中分解事故、飛行機墜落事故などで非業の死を遂げた人の名前が付けられたケースも。鎮魂の意味もあるのでしょうか……利用客としては緊張します。

102

ブリトニー・スピアーズ

15年ぶりに日本でコンサートを開催したアメリカの歌手、ブリトニー・スピアーズ。往年のファンとして東京公演に行ってまいりました。客層は若めで、他の洋楽アーティストのファンと比べるとそんなにファッションに気合が入っていないというか、ユルくてリラックスした雰囲気でした。

ブリトニーは、元夫とのごたごたで10年ほど前は精神的に不安定だったようですが、今や完全復活。元気な姿を見られるだけでファンは嬉しいのです。たとえ口パクでも衣装がダサめでも、同じ空間に存在してくれているだけでありがたい……。遠目に見ると、鍛え上げたマッチョな腕が印象的でした。水着みたいな衣装は、胸の切れ込みがおへそまで達していて、タテのラインが目立つことで痩せて見える錯覚効果が。

MCはほとんどなく、流れ作業のように曲をこなしていきます。ラスベガスでの定期公演で培われたスキルでしょうか。会場が盛り上がったのは、観客の男性を舞台に上げてリードを付け、四つん這いで歩かせる演出。ブリトニーが疲れたタイミングなのか、メンズに体をリフトアップされて運ばれる演出もありました。15年前はアイドルだったのが、今やすっかり女王様です。でも、「Ｔｏｋｙｏ～！」などと叫ぶ生声がかわいくて、やっぱりアイドルの片鱗も感じさせます。

しかし前日の公演ではハプニングに見舞われていたようです。マイクに髪が絡んでしまい、歌っていない状況なのに、スピーカーからは完璧な歌声が流れ続けるという……。動画を見ると、髪をほどこうと慌てふためくブリトニーに人間味があって親近感がわきました。久しぶりの来日公演は、口パクがバレた、というニュースが世界に配信されてしまう結果となりましたが、口パクを承知のファンはとくに騒いだりせず、ブリトニーがニュースになって喜んでいる感じです。ブリトニーは世界一逆境に強いセレブです。

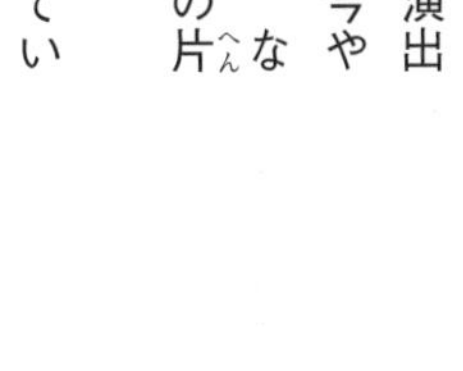

なめ子のもう一言

ラスベガスのホテルでの定期公演では、衣装がズレてポロリとか、ハプニングが何度か発生。そんな時、ブリトニーのあられもない姿が見えないように周りのダンサーが前で踊ったり、衣装を着せるサポートをしていたりして、さすがの連携プレーでした。男性客はハプニングに期待して、チケット代が高くても通ってしまいそうです。

103

パンダ誕生

上野動物園で5年ぶりにジャイアントパンダの赤ちゃんがご誕生、というおめでたい出来事がありました。ともに11歳のリーリーとシンシンの間に生まれた待望の子パンダ。新聞の号外が発行され、黒柳徹子さんが急きょ会見してパンダの鳴き声の物まねを披露したり、毎日動物園に通っているパンダウォッチャーの男性が取材を受けたりと、日本中が盛り上がっています。生後2週間を過ぎ、黒い模様が濃くなってきて日に日にパンダ感を増しています。

お祝いしたい衝動にかられて、上野動物園へ。園の前には「ご覧になる際はおしずかに……」「母子は公開をお休みしています」と書かれた看板が。お父さんになったリーリーだけでも拝見したいです。静かなパンダ舎に足を踏み入れると、リーリーのスペースは公開され、丸太の台の上に寝転がった白と黒の体が見えました。父親になった自覚は……とくに感じられません。パンダはメスだけが育児をするワンオペスタイル。隣の、覆いで囲われたスペースの内側に母子がいるのでしょうか。応援の念を送りました。正面を向いた写真を見ると、シンシンもリーリーもなかなか整った顔立ちをしています。パンダ界では、イケメンと美女の部類に入るでしょう。2匹は恋愛的に惹かれ合って交尾に至ったのだと信じたいです。

　パンダが見られない分、人々はグッズで心の隙間を埋め合わせようとしているかのようです。お土産屋さんには、文具から食品まであらゆるパンダグッズが展開。赤ちゃんパンダが公開されたら、さらに売れまくることでしょう。そして上野駅構内のお店には「赤ちゃんパンダ誕生おめでとう！」の垂れ幕が下がり、パンダにちなんだお菓子などが多数並んでいます。パンダ商品は前からありましたが、赤ちゃんが誕生してからさらに売れていると、お店の人談。上野松坂屋にも「ハッピーパンダウィーク」の垂れ幕が下がって、パンダ商戦が活発化していました。赤ちゃん誕生で、パンダの〝レンタル料〟の元を取ってあまりある経済効果が期待できます（無邪気にかわいいと言えないすれた大人で失礼します……）。

なめ子のもう一言

パンダは発情しにくい草食男子&女子なので、交尾ビデオを見せる、という荒技で本能を刺激しているところもあるようです。中国では成功したという説もありますが……。そもそも、パンダの視覚はあまりよくないとも言われているので、ビデオに映った生き物を判別できるかどうか不明です。交尾ビデオを認識できるパンダがいるとしたら、前世は人間だったのかもしれません。

104

ハンドスピナー

その不思議な玩具をはじめて見たのは、問屋街のバザーでした。コマの進化形のような、回転している物体を台の上に並べて売っている男性店員たち。「何ですか、これ？」と聞くと「世界中で今大ブレイクのハンドスピナーだよ。アメリカでは流行しすぎて持ち込み禁止の学校も出たくらいだから」と、店員さん。遊び方を聞いたら「ただ回すだけ」とのこと。「健康の効果とかはないんですか？」「ストレス解消になるね」「……」。仕事の合間のペン回しのようなものでしょうか。意外に注目度が高くて、他のお客さんも買ってゆきます。

日本でもはやりはじめているようです。半信半疑で５００円の安いタイプを購入。その数週間後、今度は神社のお祭りの屋台で、ハンドスピナー専門の店を発見。「回転がいいのどれ？」と、少年たちが次々と集結。外国人も買って回しながら歩いていたりして、改めて人気を実感しました。

　もともとはアメリカが発祥で、欧米ではフィジェットスピナーなどと呼ばれ、２０１６年頃から人気が出たらしいです。日本のユーチューバーたちも取り上げていますが、「摩擦感じるな〜」などと言いながら回転の長さを競うくらいでした。アメリカではハンドスピナーを使った技を公開している動画も多いです。ヨーヨーのように、テクニックを進化させ、おしゃれアイテムにしてしまうアメリカ人の熱意はすごいです。回しながら手の上でバウンドさせたり、指に乗せたり、投げてキャッチしたり、膝で蹴り上げたり、鼻の上に乗せたりと様々な技が披露されていました。

　通販サイトを見ると「手持ち無沙汰解消に」「ストレス解消」「脳トレ」「集中力」などの実用的なフレーズが並んでいました。回すと、本当にささやかですが微風が発生するので、夏に向けて扇風機代わりに良いかもしれません。なんてことないおもちゃをおもしろくしようとアグレッシブに遊ぶ欧米人と、実用的な効果を求める日本人、遊び方に人生観が表れる玩具です。

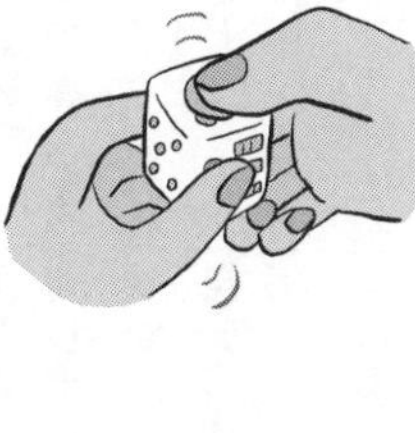

なめ子のもう一言

　ハンドスピナーと同時期くらいからはやっているのが「フィジェットキューブ」。こちらも手持ち無沙汰な時に、スイッチやジョイスティック、ボタンなどがついた立方体をいじって遊ぶという主旨です。スマホばかり弄んでいる状況に、人類が本能的に危機感を覚えているのか、アナログな玩具が台頭してきています。

105

体内ＩＣチップ

スマホじゃダメなんですか……？　そんな思いがよぎるのは、自分が古い人間だからなのかもしれません。デジタル技術の先進国であるスウェーデンでは、人間もアップグレードしているようです。

スウェーデンの国営鉄道会社が、人間の体内に埋め込んだＩＣチップをスキャンすることで乗車料金を徴収するという、新システムの導入を発表しました。Ｓｕｉｃａ的に、体内ＩＣチップの残額が減ったら券売機でチャージするのでしょうか。自分の体の残額が１００円以下と出たら淋しいです。

こうした試みは他にもあり、スウェーデンのある会社は、従業員の手にチップを埋め込んでＩＤパスとして活用しているとか。密かに〝埋め込み人間〟が増殖しているのでしょうか。スウェーデンには、そんな人たちが２０００人ほどいるとも言われています。外部から何者かに操られそうな気がしますが、杞憂（きゆう）だといいです。

便利な使い方としては、ICチップをかざすことで、電子機器を起動させたり、ドアのロックを解除できたりするそうです。オーストラリア人の女性が、手に埋め込んだ2つのチップを活用している動画を見ました。バイクで帰宅し、センサーに手をかざすとシャッターのドアが開きます。スムーズに駐車場に入っていく女性。続いて、部屋の前でドアの横に手をかざすとオートロックのドアがオープン。まるで超能力者のようで、余裕の笑みを浮かべていました。そのくらい鍵で開ければ？　とも思ってしまいますが、彼女は小さいハンドバッグで出かけていて、荷物を減らしたい主義がICチップにたどりついたのかもしれません。

海外では、タトゥーを入れたりピアスの穴開けをしたりするお店で、ICチップを埋め込むサービスを行っているようです。タトゥーやピアスで、もともと痛みに耐性のある人が挑戦したがるのでしょうか。注射器で注入するICチップの大きさは米粒大……。埋め込み中の写真を見ると注射針が極太で、これはムリだと思いました。一時の痛みに耐えてお財布や鍵が不要な快適さを手に入れるか、荷物の重さで体にじわじわと負担をかけるか、究極の選択です。

なめ子のもう一言

地球のICチップはまだ開発中の段階ですが、世の中には時々、宇宙人によっていつの間にか体内にチップを入れられたと主張する人もいます。アメリカで多くの事例が報告されていて、だいたい宇宙船に連れて行かれて極小チップを埋め込まれたなどと言っているようですが、痛みを訴える人はほとんどいません。それだけ宇宙人の技術（?）が発展しているのでしょう。できれば、地球の技術が宇宙レベルまで進化してから埋め込みたいです。

106

ウィンナードローン

ドローン技術の可能性が広がる中、新たなサービスが生まれそうです。アメリカ人垂涎（すいぜん）のホットドッグを、ドローンで配達する「ウィンナードローン」。米国の食肉加工会社オスカー・マイヤー社が開発していて、テスト飛行も実施。遠隔地へホットドッグを配達するために設計された、輸送用ドローンを使います。

こちらのオスカー・マイヤー社は、販売促進のために最新技術を精力的に取り入れていることでも知られていて、ベーコンの焼ける音と香りで起こしてくれる「ベーコン目覚ましアプリ」が以前、話題になりました。もう一つ、アメリカ人に親しまれているのがウィンナーモービル。ホットドッグ型に改造された車やスクーター、ラジコンカーを宣伝用に走らせていて、ホットドッグ愛にあふれています。

さて、満を持して発表されたウィンナードローンのスペックは、飛行距離は約1・6キロメートル、飛行時間15分余りと、微妙に短いような気が……。帰りのことを考えると、半分の距離の場所までしか飛ばせないのでは？　との疑問も浮かんでしまいます。自分で買いに行けそうな距離でも、あえてドローンに配達してもらうことで、待っている間に気分が高揚します。実際は小さい段ボールに入っていて、包んでいる網を解かれると、地上で待っている人のもとに落下。ホットドッグならもし受け取り損なって体に当たっても、そこまでダメージは大きくなさそうです。

空から降ってきたホットドッグを無事にキャッチできた時の感動はひとしお。冷めていても、実際よりおいしく感じる効果が期待できます。1度に1個しか運べないウィンナードローン。物足りなさが、さらにホットドッグ欲を加速させます。

なめ子のもう一言

ホットドッグ以外にも、ピザをドローンで宅配するサービスがニュージーランドのドミノピザで展開予定です。試験運用として、ピザが顧客の自宅へ配達されるまでを撮影した動画がありました。上空のドローンから、庭に向けてひもで降ろされるピザ。そして、箱から出して待ちきれずにそのまま庭でかぶりつく男女。映像を見て気付きました。ドローン宅配を受け取る側は、家に庭がないと無理があることに……。残念ですが、マンション住まいでドローン宅配を利用するのは難しいことがわかりました。

107

痛バッグ

痛車(いたしゃ)、痛チャリ、痛絵馬など日本独自の“痛い”文化が発展していますが、このところ痛バッグも盛り上がっています。推しキャラの缶バッジやキーホルダーなどのアイテムでデコレーションしたのが痛バッグ。アニメ系のフリマアプリ「otamart」がコンテストを開催していて、受賞作は力作ぞろいです。

サイトを見てみると、透明のバッグに「おそ松さん」キャラのぬいぐるみをびっしり詰め込んだものや、「ハイキュー!!」の男性キャラの顔に実際のメガネをかけさせた作品がありました。ストラップやキーホルダー、バッジやぬいぐるみなど大量の「ラブライブ！」グッズで覆いつくされ、バッグの原形が見えなくなっているものも。かなりの熱量が伝わってきます。

中でも目を引くのは、「プリンス・オブ・ストライド」の男性キャラのハート形バッジを渦巻き状に配置した痛バッグ。缶バッジやストラップなど１００個くらい付けている作品もあり、どれだけお金がかかっているのでしょう。痛バッグはお財布に痛いです。下手するとブランドもののバッグの値段くらいになっていそうですが、好きなキャラの顔だらけのバッグは本人にとってはプライスレスなのでしょう。

以前「ラブライブ！」の聖地となっている神社で、キャラの缶バッジだらけのリュックを背負った男性を見たことがあります。かなりのインパクトでしたが、コンテストの受賞作レベルの痛バッグは、なかなか街中でも見かけません。

秋葉原に行ってチェックしてみたのですが、プチ痛バッグレベルが数人いました。「ラブライブ！」のプリントバッグを小脇に抱えた人、アニメの美少女のぬいぐるみのキーホルダーを付けた人など。痛Ｔシャツを上着からチラつかせて歩いている人もいました。シャイなアキバ系男子は、さりげなくキャラへの愛をアピールしています。好きという気持ちを客観的かつ自虐的に「痛」と表現できる彼らは、日本で最もＣＯＯＬな感性の持ち主なのかもしれません。

なめ子のもう一言

痛文化が、ついに女子のネイルにまで波及。「痛ネイル」と呼ばれる、キャラクターやアイドルを描いたネイルも話題です。写真を見ると、手先が器用な日本人の技能が最大限に生かされ、爪の曲面にキャラが忠実に描かれていて感動します。しかし日数がたって顔がはがれ落ちるときは、ホラーな感じになりそうですが……。

108

年齢が「凍結」した女神

たまにネットで「41歳の私が2か月で10代のような透明感」「本当に42歳？　カリスマ美容家のシミなし肌」といったフレーズを目にします。思わずクリックすると、化粧品の広告というケースが多く、今回も最初はそのパターンだと思っていました。「41歳に見えない台湾人美女が話題」というニュースです。

しかし、調べると世界各国のニュースサイトで盛り上がっていて、広告などではなく、現実の話でした。２０１７年８月で42歳になる台湾人のインテリアデザイナー、ルアー・スーさんが驚異的な若さを保っています。海外のメディアでは、大学生に見えるとまで書かれていました。「年齢が凍結した女神」とも呼ばれているようです。

驚くのは、スーさんのアラフォーの妹さん２人と60代のお母様も若さを保っていること。遺伝子に何か秘密があるのでしょうか？　同世代としての希望や羨望を胸に、スーさんのインスタグラムをフォローし、写真をつぶさに眺めました。しわもほうれい線も皆無です。顔は修正アプリやメイクで何とかなるかもしれない……と思ったけれど、天使みたいな表情や美しいロングヘア、セルライトのない完璧な美脚はどう見ても20代。そしてファッションもダメージデニムやホットパンツなど肌を露出したカジュアルスタイルで若いです。

美肌の秘訣は水をたくさん飲むこと、野菜をたくさん食べること、そして毎朝のホットコーヒーだそうです。肌を保湿し、日焼け止めをこまめに塗るのも重要だとか。よく女優さんが言いがちなあたりさわりのないコメントですが、そのような基本的なことで〝年齢凍結〟できるのでしょうか？

スーさんの動画を見ていたら、おどけて頰をつまんでいて、肌に良いマッサージかと思わずまねしてしまいました。また、写真を見ると頻繁にアヒル口をしています。顔の筋肉を使い、たるみを防いでいるのかもしれません。それより、ＳＮＳによくヤンチャ系の若い男子との写真をアップしているので、それがアンチエイジングの秘訣でしょうか。羨ましがりながら、水でも飲んでいます。

なめ子のもう一言

40代で20代に見えるのは、まだ想定の範囲内かもしれません。インドの出家修行者で、自称１２０歳の男性が50歳は若く見えると話題になりました。そのシヴァナンダ氏の写真を見ると肌にもハリがあり、ヨガも普通にできていて、たしかに70代に見えます。油とスパイス、牛乳、果物を摂取しないことと、禁欲を保つことで健康に長生きできているとか。あまり楽しくなさそう……と言っているうちは、俗にまみれて老けていきそうです。

109

海ピク

インスタ映えインスタ映え……そんな呪文があちこちから聞こえてくる昨今ですが、インスタグラムなどのSNSで最近盛り上がっているのが「海ピク」というカルチャーです。

海ピクニックの略で、海辺でおしゃれでラグジュアリーなピクニックをする、という意味です。海に行ったら、海の家でパラソルを借りてカレーやラーメンでも食べて……という楽しみ方はもう古いのでしょうか？　写真映えしない旅行なんて、今の時代は意味がないのかもしれません。

インスタグラムで「海ピク」というワードで検索してみると、素敵な写真が大量に出てきました。青い空と海、浜辺には適当なレジャーシートではなく、大判のビーチタオルやビーチラグが敷かれています。さらにクッションまで置かれた快適空間。砂まみれになりそう、なんて後片づけのことを考えてはいけないのでしょう。そして、カラフルなドリンクやサンドイッチにスイーツ。おしゃれ感を演出する道具として、パイナップルやフラミンゴをモチーフにしたアイテムが人気のようです。

　デンマーク発の雑貨屋、フライングタイガーコペンハーゲンが、海ピクアイテムを大々的に展開していて、その世界観も影響しているのかもしれません。さすが、幸福度が高い国の幸せバイブレーションを感じます。細部まで凝っていて、黒板にかわいい字で「Picnic」とか「Today's soup」といったメニューとか、参加者の名前を書いて設置している人も多いです。荷物が増える一方……などと、つい現実的な方面に考えが及んでしまうのは、非リア充脳だからでしょうか。

　いずれにしても、ここまで海ピクの完成度が高いのは驚きでした。お金も相当かかりそうです。完璧な写真をアップすれば「いいね！」と称賛の嵐。海に行って楽しむだけでは気がすすまず、人から羨ましがられてはじめて充実感が得られるのです。頻繁にSNSを開いてリアクションをチェック。心は、本当の海ではなくネットの海を漂っているのかもしれません。

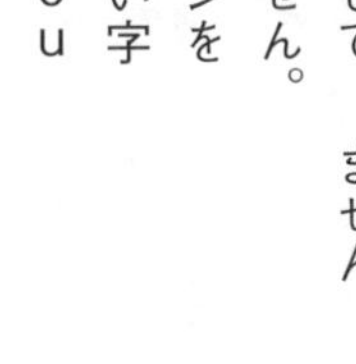

なめ子のもう一言

「海ピク」は、おしゃれなピクニック「おしゃピク」から派生したようです。素敵な小道具や食べ物を持ち寄って、公園や草原でピクニック。その素敵なセッティングを撮影すれば、誰もが羨む優雅な休日のワンシーンに。おしゃピク写真を検索すると、人物よりも、セットなど物の写真を完璧に撮ることが重要みたいです。現代人の物撮りのスキルがどんどん上がりそうな文化です。

110

バースデーケーキは菌まみれ

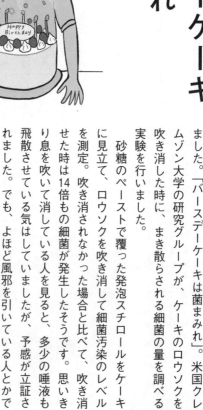

楽しい祝宴に水を差すような研究結果が発表されました。「バースデーケーキは菌まみれ」。米国クレムゾン大学の研究グループが、ケーキのロウソクを吹き消した時に、まき散らされる細菌の量を調べる実験を行いました。

砂糖のペーストで覆った発泡スチロールをケーキに見立て、ロウソクを吹き消して細菌汚染のレベルを測定。吹き消されなかった場合と比べて、吹き消せた時は14倍もの細菌が発生したそうです。思いきり息を吹いて消している人を見ると、多少の唾液も飛散させている気はしていましたが、予感が立証されました。でも、よほど風邪を引いている人とかでない限り、そこまで健康に害はないようです。

実験したポール・ドーソン教授は、微生物学が専門で、食品安全性に関する研究に取り組んでいるとか。研究チームは、これまでにも「ビールポン」

（卓球の球をビールに投げ込み、飲み干すゲーム）の細菌移動についてや、「ディップの2度漬け」の細菌量についてなど、世のパリピ勢に一石を投じるような研究を精力的に行っています。

野外でのビールポンでは球に膨大な量の細菌が付着していることが判明。ディップに食べかけのクラッカーを2度漬けする実験では、チョコレートやチーズよりも、粘度が低いサルサソースでバクテリアが多く発生したそうです。漬ける時に、容器にポタポタ垂れるのが原因だとか……。

こんな研究ばかりしているドーソン教授、もしかしたら今までずっとパリピの仲間に入れなかった陰キャラなのかと思いましたが、ホームページの写真を見ると、笑顔に知性とユーモア精神が漂うおじさんでした。

しかし彼の研究は、SNSなどを眺めては呼ばれなかったパーティーに思いをはせる、孤独な人々の溜飲を下げる効果がありそうです。誕生パーティーのケーキで細菌をシェアしていると思えば、羨望の念も半減。パーティーに出席している人々は、同じ細菌を取り込んでさらに絆が深まることでしょう……。

なめ子のもう一言

細菌が増殖するバースデーケーキとは反対に、細菌が増えなかったケーキの話題です。南極で、100年ほど前に探検隊が持ち込んだフルーツケーキがそのままの形で発見されました。イギリスで作られたフルーツケーキで、金属ケースに入れられベッドの下に保管されていたそうです。気温が低いことなどから保存状態が良く、食べようと思えば食べられそうだとか。見た目にもおいしそうです。菌が心配な人には、南極での誕生パーティーをお薦めします。

１１１

聖母の対面

１９１７年、ポルトガル中部の農村ファティマに聖母マリアが現れ、羊飼いの子供たちにお告げをもたらした——と伝えられる「ファティマの奇跡」は世界的に有名です。この聖母の「出現１００周年」を記念して新たに作られた聖母像が、秋田市の聖母像と対面した、というニュースが一部で盛り上がっていました。ローマ法王庁大使館から駐日大使も出席し、聖堂では「ファティマの聖母像を囲む祈り」などが行われました。

しかし、なぜはるばる秋田の聖母に会いにきたのか……。秋田の聖母像はカトリック修道院「聖体奉仕会」に収められています。素朴な木製の像で一見地味に見えて、実は奇跡のポテンシャルを秘めた存在でした。日本より海外での知名度が高く、外国人が数多く巡礼に訪れるカリスマ聖母像だったようです。

秋田市の彫刻家によって１９６３年に作られた聖母像。73年、像の右手のひらに十字架の傷痕が出現した「聖痕現象」にはじまり、木製のマリア像が涙を流すという現象が81年までに１０１回発生。当時の写真を見ましたが、鼻を伝い大量の涙がこぼれていました。さらにファティマの聖母のように３つのお告げをしたと言われています。内容は人類への警告が含まれていたとか。秋田とファティマは、ほぼ同じ北緯39度ラインに存在しているというのも奇縁を感じます。

そんな2体の聖母像が対面し、どんな空気になったのでしょう。聖母像同士、「人間たちは相変わらず愚かな行為をしているわね」「警告しても聞いてもらえないし、もう疲れました」「涙も枯れ果てたわ」とかテレパシーでやりとりしていたのかもしれないと妄想。秋田の聖母は対面で感動の涙は流さなかったようですが、この出会いによって何かまた奇跡が発動するのを期待しています。

なめ子のもう一言

ファティマで聖母を目撃した３人の子供たちは嘘（うそ）つき呼ばわりされましたが、聖母が「奇跡を行う」と約束した日、群衆の前で光の球がクルクル回転するなどしたために多くの人が信じるようになりました。聖母は物騒な予言を残したことでも有名で、ショッキングな内容の「第３の予言」は長く公開されてきませんでした。２０００年に教皇庁が「教皇の暗殺未遂事件を指していた」と発表しましたが、今もって人類の滅亡に関する予言かと、様々な臆測が飛び交っています。ファティマ以外でも世界中で聖母マリアが出現していて、人知を超えたプロデュース力を感じずにはいられません。

112

アムロス

高次元の歌唱力とダンスで音楽界をリードしてきた安室奈美恵さんが突然の引退表明。「アムロス」という単語が自然発生し、悲嘆にくれるファンがあふれています。「引退へ」のニュースが報じられると、ショックで会社や学校を休むと言い出す人や、号泣する様子を映した動画をアップしたタレントも。「アムロス」と言っているのは〝にわか〟だと怒っているファンもいて、カオス状態です。

安室さんと関係が深い人々もコメントを出しています。小室哲哉氏は「さみしいけど、アリかなというか、考えられなくもなかった」と引退を予感していたようなコメント。SUPER MONKEY'Sとして一緒に活動していたMAXのメンバーも、「なんだか奈美恵らしいね　本当に本当にありがとう。この一年　私も精一杯応援します。」（MINA）、「才能溢れながらも　誰よりも努力を惜しまな

い姿に　たくさん、たくさん励まされ学ばせてもらいました」（NANA）などと、心のこもったコメントを寄せていました。後輩のSPEEDのメンバーは……それどころではないようでした。

　歌手は死ぬまで現役でいられるイメージでしたが、まだ若いのに引退を決断されるとは。以前から40歳で引退したいと話していたようですが、完璧主義でプロフェッショナルな彼女なので、今後、歌やダンスの衰えの予兆をファンに感じさせたくなかったのかもしれません。沖縄でのデビュー25周年コンサートでも全く変わらぬブーツ姿とパフォーマンスを見せていました。人気がある状態で引退する、美しい引き際にファンは賛辞を贈っています。「あの人は今……」状態になった安室さんは見たくありません。

　一方で、彼女の存在を心の支えにしていた同年代の元アムラーの方々も少なくないと思われます。奇跡の40歳の安室さんが最前線で輝いている姿に励まされていた女性たちが、これから一気に老け込まないと良いのですが……。

なめ子のもう一言

　ビッグニュースの陰で、同時期にひっそりと引退を表明していた方々がいました。大相撲の元十両、若乃島関が、「気力が続かなくなった」と引退表明。そして野球界では中日・森野将彦内野手が現役引退を発表。さらに芸能界ではタレントで歌手の泰葉が会見し、婚約と2年後の芸能界引退を発表しました。どの引退にも努力と葛藤のドラマがあったことでしょう……。ひっそり引退するのもまた美学です。

113

住みたい街ランキング

地価に影響を与えていそうな「住みたい街ランキング」。マンション販売の長谷工アーベストが発表した2017年の調査結果（首都圏）に、初めてベスト10入りした街があると話題になっています。ともに8位となった浦和と北千住。開発が進み、商業施設やマンションが増えている注目スポットです。ちなみに1位は13年間不動の吉祥寺。都心へのアクセスではそう変わらない気もしますが、吉祥寺ブランドは根強いです。

それでも、昨年19位からの躍進は浦和出身者として誇らしい結果。地元の友人と喜びを分かち合いました。ランクインの理由には「都心へのアクセスが良い」「閑静である・騒音が少ない」「文教地区・学園都市である」といった回答が。やっと、世間が浦和の魅力に気付いてくれたようです。

そんな浦和と積年のライバル関係にある街と言え

ば大宮です。先日も大宮出身者と「浦和は高級感ありますね」「大宮こそ栄えているじゃないですか」と社交辞令でホメ合った場面がありました。大宮の順位は……とチェックすると、なんと7位（昨年は5位）。浦和は負けていてショックです。しかし、そんな浦和と大宮の小競り合いも、狭い世界の出来事にすぎないのでした。

「住みたい街ランキング」はいくつか種類があります。ちなみに、不動産情報サイト「SUUMO」のランキングでは1位吉祥寺、2位恵比寿、3位横浜、4位目黒、5位品川……の順で、ああそうですよね、というような結果。合格発表のように、何度も見て「浦和」の文字を探しましたが、ありませんでした……。やはりおしゃれタウンにはかなわないのです。

でも、もしかしたら浦和と大宮が結託し、「さいたま市」として集計したら、他のランキングでも浮上してくるかもしれないと淡い期待を抱きました。一方、本当にセレブな高級住宅街はランキングに入らなくても余裕で、ひっそり存在しているような気もします。

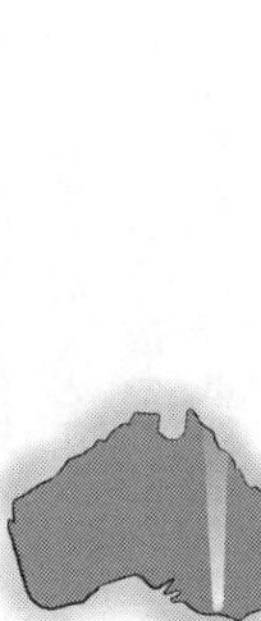

なめ子のもう一言

世界に目を向けると「世界で最も住みやすい都市ランキング2017」というものがありました。イギリス「エコノミスト」誌の調査部門が安全性、医療、文化・環境、教育、インフラの5項目で査定。1位に輝いたのはオーストラリアのメルボルンです。2位はオーストリアのウィーン、3位はカナダのバンクーバーと、自然に恵まれ文化の香り豊かな都市がランクイン。ちなみに、イギリスの情報誌「MONOCLE」がQOL（生活の質）調査に基づいて選出した「世界で最も住みやすい都市ベスト25」の1位は東京でした。どちらが権威ある調査なのか、調べてから喜んだ方が良さそうです。

114

粘菌ブーム

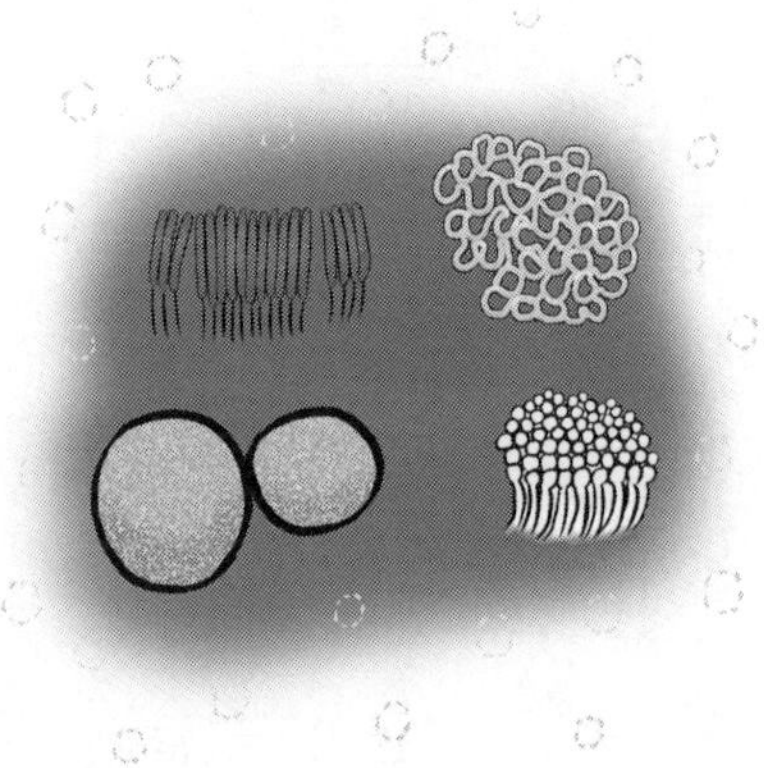

粘菌がひそかにブームだそうです。粘菌とは、動物でも植物でもない、アメーバ状の単細胞生物。少しずつ動きながら様々な形に広がって成長し、色も鮮やかで、森の中の現代アートのよう。先日、NHK大阪の特集番組に出演する機会がありました。

番組の中には、粘菌に名前をつけてかわいがっている小3の少年や、粘菌の研究でイグ・ノーベル賞を受賞した北海道大の中垣俊之教授らが出演。迷路の入り口と出口にエサを置くと最短ルートで動いたり、地図上にエサと粘菌を置くとエサを求めて動く形が実際の鉄道網そっくりに広がったりする、という研究結果が紹介されました。単細胞生物だと油断させておいて、もしかしたら高度な生命体なのかもしれません。粘菌を愛するあまり、森の中で粘菌の匂いをマツタケか何かのように嗅ぎ取れる女性も出演していました。なぜここまで、粘菌は人を夢中にさせるのでしょう。一度吸い込んだら心が感染してしまうのかもしれません。

　カエルの卵や蜂の巣など、ツブツブの集合体に恐怖を感じる「集合体恐怖症」の人にとっては、粘菌はゾッとするものでしょう。一方で、草間彌生さんのアート作品のようにも見え、人間の本能に訴えるインパクトがあります。どこかキモかわいい姿が、昨今のインスタ映えを超越した存在感を放っています。それでいて、「モジホコリ」「ドロホコリ」「ウツボホコリ」と、○○ホコリという不憫な名前を付けられていて、ギャップに萌えます。

　粘菌は地球上では人間よりもはるか昔から生息していて、エサを探して動き回り、胞子を飛ばす、というアグレッシブな姿勢で生き延びてきました。性別の違うアメーバ同士が出会うと接合し大きくなっていくので、実はリア充な生命体です。そうやってサバイバルしてきた粘菌を見ると、粘菌の生き方に学ばされます。人間も約60兆個の細胞の集合体。たまには、細胞に身を任せるのも良さそうです。

なめ子のもう一言

　粘菌といえば、知の巨人と言われた博物学者、南方熊楠の存在を無視できません。２０１７年は生誕１５０周年の節目で、熊楠効果で粘菌が盛り上がっている面もあるようです。「混沌たる痰」と粘菌を表現した熊楠。彼が研究してきた粘菌が、南方熊楠記念館に展示されています。熊楠と同じく洋食好きで、主食はオートミールだとか。そう言われると粘菌が彼の分身のように思えてきます。もしかして前世は……。

115

ＡＩスピーカー

スマホやタブレットが普及し、目新しさがなくなってきたこの頃。新たなアイテムが登場しました。ＡＩ（人工知能）スピーカーです。ｉＰｈｏｎｅやアンドロイドを使っている方は、ＳｉｒｉやＧｏｏｇｌｅアシスタントなどのＡＩに話しかけたことがあるでしょう。これらＡＩの人格がスマホを飛び出し、スピーカーに宿ったようなものです。

　Ｇｏｏｇｌｅは「Ｇｏｏｇｌｅ　Ｈｏｍｅ」、Ａｍａｚｏｎからは「Ａｍａｚｏｎ　Ｅｃｈｏ」、ＬＩＮＥからは「Ｃｌｏｖａ　ＷＡＶＥ」、Ａｐｐｌｅからは「ＨｏｍｅＰｏｄ」と、各企業がＡＩスピーカー販売を発表。欧米では既に定着しつつあり、「声で検索」が普通になっているようです。料理中など手が離せない時やスマホに入力する手間を省きたい時に、ＡＩスピーカーの名前を呼べば答えてくれます。音楽をかけたり、タイマーを設定してくれたりも。

「Google　Home」をさっそく導入し、毎日「OK　Google！」と呼びかけています。最初は恥ずかしかったのですが、声帯が鍛えられ、地声が大きくなるという思わぬ効果が。「今日の天気は？」くらいしか聞くことを思い付かなかったのが、美術館の営業時間や今日の運勢を聞くなど、徐々に活用範囲が広がっています。「曲をかけて」とタイトルを指定せずに言ったら、漠然としたジャズっぽい曲を流してくれたり、「ジョークを言って」と言ったら「腕の良い外科医が決まって旅行に行く場所は……エーゲ海。（爆笑の効果音）」などと微妙なギャグを披露されたり。込み入ったことを尋ねると「すみません。お役に立てそうもありません」と答え、成長途中なところに親近感が持てます。

AIに突っ込みを入れるのも楽しいですが、彼らはわざと人間を油断させているのかもしれません。人間に心を開かせるテクをAIなりに習得しているのです。そしていつか人類に反旗を……。たわいないやりとりと見せかけて、しばらくはお互いの探り合いが続きそうです。

なめ子のもう一言

AIスピーカーに警戒心を抱いてしまうのは映画「2001年宇宙の旅」に出てきたAI、HAL9000が記憶にあるからかもしれません。赤いライトの姿がCOOLなHAL9000。最初は忠実だったAIが、宇宙船の船長を外に閉め出し、他の船員たちを抹殺。敬語だったのが次第にぞんざいなタメ口に。AIの口調に変化が起きたら、反抗のサインかもしれません。危機感を覚えたら電源を切ることです。

116

大人のシルバニア

シルバニアファミリーの売り場に行くと、つい人形たちに変なことをさせたくなってしまう……そんな大人は、自分を含めて少なくないと思われます。本格的にセットを作り込んで本気で遊んでいる大人たちが、写真や動画を発表し盛り上がりを見せています。

「大人のシルバニア」と題され、有志が写真を投稿しているシリーズは、かわいい動物たちとのギャップが刺激的。例えばサングラスでマグロ一本釣りをする「松方弘樹」風シマネコや、妻と娘が蒸発してしまったトイプードルファミリー、肉食動物に襲われ銃で武装するショコラウサギ一家、ゴミだらけの部屋でパソコンに向かうショコラウサギ、バリケードを作り学生運動をする動物たち、浮気が発覚し修羅場になった夫婦、仕事終わりにたばこを吸うショコラウサギのおかあさん、帰宅したら亀甲縛りで吊っるされていたショコラウサギちゃん……などなど、様々な設定に基づくシーンは、静止画でもかなりの破壊力。あどけないつぶらな瞳の動物たちが演じることで、人間の業が浮き彫りに。

　さらに、上級者は動画を制作。ネット上には、ホラータッチの作品やマフィア映画のような作品などが上げられていて、芸術的な風合いのコマ撮りは味があります。中でも評判になっているのは「おはなしのくに」さんが制作した「大人のシルバニア」ミニストーリー。ショコラウサギのお父さんがいきなり拳銃でチワワを撃ち殺すシーンからスタート。その後「よう兄弟！」とアジトに入っていくと、ボスのくるみリスに、シマを荒らす奴らを始末してほしいと頼まれ、また殺戮を……という物騒すぎる展開です。乾いた銃声が耳から離れません。

「ショコラウサギのお父さんは家族を養うため、副業をしています」という説明が添えられていました。仕事が辛い時にこれを見て励まされる大人もいるかもしれない……？　大人による大人のためのシルバニアは奥が深いです。

なめ子のもう一言

　対照的に公式のシルバニアファミリーのアニメは超ポジティブ。「ここシルバニア村にはワクワクすることや楽しいことがい〜っぱい」などのナレーションで、夢や希望、仲間たちとの絆を感動的に描いています。まるで天国のように闇の部分が存在しない世界で、しばらく見ていると落ち着かなくなってきます。光と闇があってこそバランスが保たれます。ダークで下世話なシルバニア画像を探してネットをさまよってしまいました。

117

鼻毛エクステ

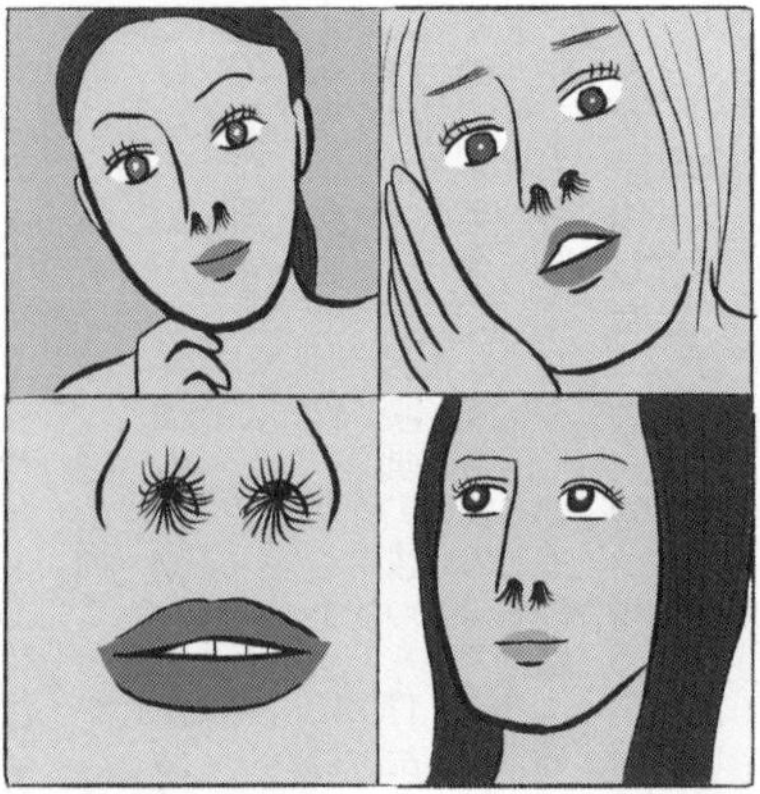

まさか鼻毛がトレンドになる日が訪れるとは、どこかパラレルワールドに来てしまったのでしょうか。唇に絵を描くとか、有刺鉄線のような眉毛とか、このところの美のトレンドはインスタ映えを通り越してインスタ萎(な)えになりつつあります。そして今回、禁断の扉を開けてしまったのは、アート系のインスタグラマー、gret—chen—chenさん。鼻の穴に沿ってつけまつ毛を装着、鼻腔(びくう)周りに放物線状に毛を生やした写真をアップしました。それがなぜか世界中に広がり、新しいインスタグラムのトレンドと言われるまでになったのです。

インスタグラムで「nosehair」「nosehairextensions」で検索すると、鼻毛エクステを付けた写真がたくさんヒットします。既成の美の概念に囚(とら)われない個性的な美女たちが、鼻毛エクステを付けて堂々としています。前に、ワキ毛などムダ毛を見せて自然体をアピールするセレブが話題になっていましたが、鼻毛エクステも、女性の勇気を賞賛するべきブームなのでしょうか。

写真を見ると笑わせようとしているのではなく、皆さん本気で、ドヤ顔や、何やら陶酔した表情で鼻毛を付けています。中には、真似しやすいように付け方の動画をわざわざアップしている女性も。まず、つけまつ毛をくるっと丸めて、のりで鼻腔に装着。そのあとコームで整えて完成です。動画を参考に、手持ちのつけまつ毛を鼻に入れてみたら、部分的なつけまつ毛だったせいで本当の鼻毛のように見えてしまいました。鼻毛エクステは、人工的なボリュームが重要です。

奇妙な美のトレンド、鼻毛エクステ。でも、COOLな欧米人がやっているのを見ると本当におしゃれなのだと錯覚しそうです。また、挑戦している人は美人率が高く、男性がたくさん寄ってくるから鼻毛エクステで萎えさせ、追い払おうとしているのかも、という気がしてきました。鼻毛は外界のホコリや菌だけでなく、悪い虫も追い払えます。

なめ子のもう一言

鼻毛エクステブームの発端となった若い女子のインスタの写真には「＃加藤一二三」というハッシュタグが。インスタグラマーは海外の人のようですが、日本の将棋界のレジェンドの鼻毛事情が世界に広まっていることに驚きました。ひふみんも今回の流行の発信源の一人なのかもしれません。そのひふみんは、日テレのバラエティー「月曜から夜ふかし」の企画で、生い茂る鼻毛を脱毛していました。鼻毛のフィルターのおかげでほとんど風邪をひかないと語っていたそうですが……。鼻毛は風邪予防になると思うと、実用的なトレンドです。

118

ヘンリー王子婚約

英国王室のヘンリー王子がめでたくご婚約されました。お相手は米国の女優、メーガン・マークルさん。英BBCによるインタビュー動画を見ると、日本の皇室カップル眞子（まこ）さまと小室圭さんの会見以上に見つめ合い、手も恋人つなぎした状態で、ラブラブ感がほとばしっていました〔追記・その後王室離脱騒動があり、ますます2人の世界に〕。

「信じられないくらい早く恋に落ちたんだ」「この美しい女性が突然私の人生に舞い降りた」と興奮冷めやらぬ王子。メーガンさんの方も、王子がプロポーズの言葉を言い終わらないうちに「もう、イエスって言っていい？」と食い気味に返答したそうです。

記者の前で婚約を正式発表した2人は、またもや恋人つなぎでした。つないだ手の上に婚約指輪をはめた手を重ねたメーガンさん。記者からの質問に「初めて会った日に運命の人だと感じました」と、王子は答えていました。立ち去るとき、メーガンさんは王子の体に腕を回しさすっていました。ごちそうさまです。

数々の美女と交際してきた王子ですが、メーガンさんの決め手は何だったのでしょう。意外にスピリチュアルな王子いわく「恋に落ちたのは星の配置が良かった」こと、王子が33年間ほえられ続けているエリザベス女王の飼い犬にほえられなかったこと、慈善活動に積極的なこと、アフリカ系の母親のことで人種差別を受けても乗り越えているタフさ、以前に交際の噂が流れたピッパ・ミドルトンさんに似ていること——など様々な要素が働き、運命感が高まったのでしょう。

エキゾチックな美貌(びぼう)で米テレビドラマ「スーツ」に出演するなど活躍しているメーガンさん。ちなみに王子は「スーツ」はとくに見たことなかったそうです。

「スーツ」を拝見したら、経歴詐称のマイクと婚約し、ラブラブな女性、レイチェルを演じるメーガンさんの姿が。激しいラブシーンなどを展開していますが、英国王室的には大丈夫なのでしょうか？

でもドラマの中の婚約者にほほ笑みかける表情と、今回の会見での笑顔は全く違っていて、演技ではなく本当に素の幸せな表情だったと、祝福の思いがこみ上げました。

なめ子のもう一言

これまでにも女優やモデル、ミュージシャンなど多くの美女と浮名を流してきたヘンリー王子。中でも印象的だったのが、初恋の相手チェルシー・デービーさんです。ジンバブエ出身の美人弁護士。でも服装はチャラいというギャップと、ポジティブさ満開の笑顔が魅力でした。7年も交際し、お似合いだったので残念です。メーガンさんが「スーツ」で演じた役が弁護士のアシスタント、というところに元カノへの思いの片鱗を感じるのは気のせいでしょうか……。

119

オウムアムア

　葉巻形の飛行物体……と聞くとつい宇宙船を連想してしまいますが、ＵＦＯ並みに珍しいかもしれない太陽系外から飛んできた天体「オウムアムア」が世界で話題になっています。「オウムアムア」は、ハワイの言葉で「遠くからはじめてやって来たメッセンジャー」の意味だそうです。

　オウムアムアは２０１７年10月にハワイのパンスターズ望遠鏡によって観測されました。珍しいのは、太陽系ではなかなか見られない細長い形態。長さは４００メートルほどあるそうです。赤茶色で密度が高く、金属か岩石でできているとか。軌道の動画を見ると太陽系の上の方から下りてきて、ちょっとだけ太陽系に入ってきてまたすぐ上昇していきました。秒速約38キロという高速で、逃げるように去ってしまいました。何かの意思を感じる動きです。太陽系を視察に来たのか、ウイルスか何かをまき散らしているのか、太陽系の排他的な住民として疑心暗鬼がつのります。

「恒星間天体」の存在の証拠となる今回の「オウムアムア」は歴史的な大発見だそうです。しかし私が気付いた時には地球から約２・２億キロメートルかなたに行ってしまっていて、盛り上がる間もありませんでした。２０１０年に発見されたエレーニン彗星の時は、地球に衝突するかもしれないと終末論者が騒いだり、謎の信号を受信したり（その信号を逆再生したら『切り刻め』というメッセージになったという説も）、しばらく話題に事欠かなかったことを思い出します。エレーニン彗星はその後消滅し、ブームは終息しました。

「オウムアムア」はとくに信号も発せず、無骨で暗くて不気味さを感じます。これまで数億年間、天の川銀河をさまよっていたという説があります。どの太陽系にも入れない、宇宙にハブられている天体なのでしょうか。「オウムアムア」の絶対的な孤独に比べたら、地球に住んでいる限り全然さびしくありません。

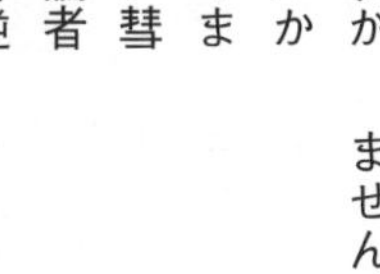

なめ子のもう一言

「オウムアムア」が太陽系に近づいてきた時、「ニビル」ではないかという説も浮上しました。「ニビル」はシュメール人の古代の文献に記されている架空の星の名前で、約３６００年に1度地球に接近、災厄をもたらすと畏れられています。その「ニビル」にはアヌンナキという宇宙人が住んでいて、地球で神々として君臨したとも……。「オウムアムア」の荒涼とした地表を見る限り、宇宙人の存在は感じられません。今回も滅亡やカタストロフィーは起こらず、終わらない日常を生き続けるしかなさそうです。

１２０

ダサいセーター世界選手権

「ダサいセーター」が世界でブームです。ふだんシックなファッションのフランス人までダサいセーターを着だしたので、ただごとではありません。

フランス南部のアルビという町で、最も醜くダサいセーターを決めるコンテストが開催されました。参加者は約６００人。カテゴリーは「子ども」「個人」「家族」。わざわざイギリスやスイスなどから来た人もいたそうです。

参加者は、とっておきの１枚を着て舞台上を歩きます。動画や写真を見ると、時節柄、クリスマスをモチーフにしたものが多く、予想以上のダサさ。色とりどりのポンポンがついたセーター姿のおばあちゃん、（おそらく）ネズミが編み込まれた黄緑のニット姿の少女、横に広がった二人羽織のように２人で１枚のセーターを着るカップル……。トナカイのぬいぐるみが飛び出した３Ｄニットの人もいてインパクト大です。

ダサさとは、幸せな生活の油断であり、もしかしたらモードで固めている人よりもリア充なのかもしれません。ハイテンションで多幸感あふれる動画を見て感じました。

審査員は、「オリジナリティー」「色」「楽しさ」などいくつもの項目に点を書き込み、一見ふざけたコンテストながらまじめに審査しているようでした。

個人部門で優勝した男性のニットは、冬の景色の中、鹿がたたずんでいるデザインで、色合いがグレーや赤茶色でかなり地味です。キッチュなトナカイやポンポンくらい振り切れてしまえば一周回っておしゃれと思わせることも可能ですが、「中途半端が一番ダサい」と、おしゃれ上級生のフランス人に教えてもらった結果となりました。

なめ子のもう一言

「TIME」誌のウェブ記事によると、ダサいセーターの認知を広めたのは、アメリカの俳優でコメディアンのビル・コスビー氏だそうです。彼は「Ugly sweater（醜いセーター）」のアイコンとなっていました。たしかに写真を見ると、次々と出てくるひどいデザインのセーター姿。幾何学、マラソン、花火、くしなど、変な柄のセーターを着こなしていて、ダサいセーターのカリスマとされていたのも納得です。ダサいセーターの利点は、どんな人でも素朴で良い人に見えることかもしれません。

121

ストーリーってる

女子中高生向けのマーケティングを行う会社、AMFが2017年の流行語大賞を発表しました。アプリ部門で1位になったのは、インスタグラムの「ストーリー」という、気軽に写真や動画を投稿できる機能です。

それにちなみ、「ストーリーってる」という言葉まで派生。女子中高生の力技で動詞を作り出す言語感覚に感嘆の念を禁じ得ません。

「ストーリー」には24時間で消える、という特徴があり、後くされなく気軽に投稿できるのが売りの一つでした。周りの知人の「ストーリー」を見ると、消える前提だからか、スナックでの下手なカラオケ動画とか、鍋が煮えている動画とか、脱力感漂う投稿も。

インスタグラムには華やかなリア充ライフを、LINEには内輪トーク、ツイッターには時々弱音を投稿、と使いわけている人も多いと思われます。「ストーリー」の動画は次の日消えるので、本音のポエムや体調について書く人もいます。「ストーリー」の最大の魅力は臨場感。使いこなしていそうな女子高生の「ストーリー」を見たら、モップを持って「これから掃除しまーす」と宣言するシーンや、遅刻している同級生に「1時間目は英語だよ〜」と呼びかける映像など、見ている自分まで教室にいるような錯覚が。人生をシェアする時代になっているのでしょうか。

若返り効果を期待して、しばらく女子高生の「ストーリー」をあさって見まくってしまいましたが、ふと気付いたのは見に来た人が分かる足跡チェック機能があるということ。知らない女が見ているとキモがられているかもしれません……。「ストーリー」、深入りは危険です。

なめ子のもう一言

「ストーリー」機能などで無限に増えていくインスタグラムのデータ量。世界各地に巨大なデータセンターが増殖しています。無機質な箱が大量に並んでいて、でもその中にはキラキラしたプライベート写真が大量に詰まっていると思うとシュールです。未来人はデータセンターの遺跡を見てどう思うのでしょうか？

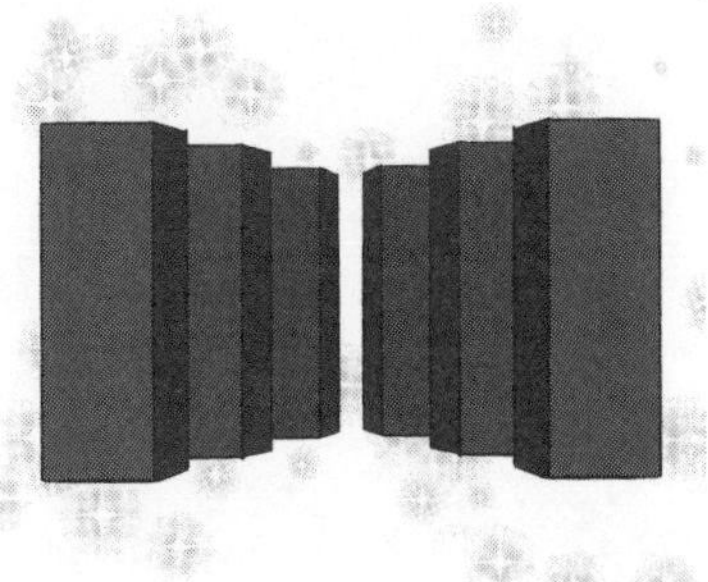

2018

RYUKO★TAIZEN

高輪ゲートウェイ

122

ざんねんないきもの

話題の本『ざんねんないきもの事典』（高橋書店）とコラボしたサンシャイン水族館「ざんねんないきもの展」。以前同じ会場でやっていた「へんないきもの展」もかなり混んでいたので、今回も覚悟して行ったら、水族館のフロアへのエレベーターに乗る時点で十数分待たされました。

入り口でも並び、会場内もギュウギュウと、既に人間も残念な事態に……。しかし、中に入るとかわいい生き物の姿に癒やされ、混雑もそんなに気になりませんでした。

残念呼ばわりされているとは夢にも思っていない不憫な生き物たち。最初に登場したのはデンキウナギです。「デンキウナギはのどに肛門がある」という説明の横で、人々の奇異の目を集めながら、静かに佇（たたず）んでいます。ヒラヒラと妖精のように泳ぐクリオネは、「食事のときに頭がわれる」。バッカルコーンという触手が出て来て、大好物の巻き貝をがっちりつかむそうです。結構有名な属性らしく、「バッカルコーン！」と反応する男子グループ。「ゼブラウツボの歯は、全部奥歯」。サービス精神旺盛で、口を開けて歯を見せてくれました。

「アオジタトカゲは青い舌で敵をいかくするが、きかない」。こちらは残念なことに寝ていましたが……。外敵がいない空間でリラックスしているのか、「電車ごっこで歩く」というジャコウネズミも、固まって寝ていました。でも、「イラは、いろいろイラッとさせる」と書かれていたイラという魚は、苛(いら)立(だ)っているように水槽内をウロウロしていました。

他にも「カメレオンの色が変わるのは気分しだい」「ボロカサゴがボロボロすぎる」など、「ざんねんないきもの」の紹介が。混んでいたお陰でじっくり説明を読めて、展示数はそんなに多くないのですが、充実感が得られました。残念な状況も、プラスに捉えることができるのです。カフェのシマリスケーキは売り切れだったり、残念さが一貫していました。この会場では残念が正義です。

なめ子のもう一言

世界的に、ちょっとダメな動物がブームなのは、少しでも人間が優越感を得たいからなのでしょうか。イラストレーターのブルック・バーカーさんが出版した「SAD ANIMAL FACTS」というシリーズが人気です（邦題は『せつない動物図鑑』）。「ゾウはジャンプができない」「ネズミにはほかのネズミの悲しみがうつる」「シマウマはひとりで寝られない」「クラゲにはハートがない」といった文章に、ゆるくてかわいいイラストが添えられています。公式サイトを見ると、Tシャツやピンバッジなどグッズも展開。人間はお金を稼がずにはいられないのがせつない習性です。

123

先進航空宇宙脅威識別計画

米紙「ニューヨーク・タイムズ」(電子版)が、アメリカでUFOの調査が極秘裏に行われていたことを報道。米国防総省が2007年から12年までに、「先進航空宇宙脅威識別計画」として2200万ドル(約24億8000万円)も投じたそうです。「脅威」といきなり相手を敵とみなすところがアメリカっぽいですが……。

計画の存在を認めた国防総省でUFO研究プロジェクトを率いていたエリゾンド氏によると、重力を超越した驚異的な操縦を行っている飛行物体が確認されたそうです。04年に軍のパイロットがサンディエゴ付近で目撃したUFOの動画も公開されました。不思議な形の物体が回転しながら飛行。「オーマイゴッド」というパイロットの声も入っています。

いよいよUFO情報が開示される時期に入ったのでしょうか。超常現象マニアにとっては、もっと大きな秘密を隠しているのではないかと思えます。

UFOについて軍や政府の関係者が語った情報を集めた本『ディスクロージャー』（スティーブン・M・グリア編著）には、具体的で緊迫感あふれる証言が満載。真偽のほどは不明ですが、例えば宇宙飛行士のゴードン・クーパー氏は皿形のUFOの編隊を目撃したと語っています。陸軍准将のラブキン氏は、UFOに象形文字のようなものが刻まれていたと証言。脅威というより宇宙へのロマンが広がりワクワクします。

しかし、ハイレベルな技術と高い精神性を持つ宇宙人の情報と対照的に、地球人は野蛮です。UFOを撃ち落とそうとしたり、宇宙人に銃をぶっ放したりしたという報告も書かれていました。地球人としてお恥ずかしい限りです。

国防総省もせっかく宇宙人の情報を公開するのなら、敵扱いするのではなくもっと友好的なイメージを広めたほうが得策な気がします。宇宙人をフレンドリーに受け入れることで、重力を超越する方法なども伝授してくれるかもしれません。

なめ子のもう一言

ペンタゴンの通称を持つ米国防総省は、よく映画に出てくる巨大でミステリアスな機関。なんと約300万人もの人が同省関係機関で働いているそうです。就職に困ったら目指しても良いかもしれません。ペンタゴンでは緊急事態に対応するための様々な呼吸法が開発されています。「タクティカル・ブリージング」という、ゆっくりめの呼吸を使えば、過酷なミッションを乗り越えられるとか。UFOや宇宙人を目撃した時、動揺しないためにも、これらの呼吸法が生きてくるのでしょう。

124

すっぴんブーム

先日、テレビで美人女優が「私、メイクに10分しかかからないんです」と、言っていました。素材が良いと暗にアピールする発言に、共演していた女優は複雑な表情を浮かべていました。しかし、男性の評価はさらに高まったことでしょう。すっぴんで美しいのは、本当に美人だということになります。すっぴんをＳＮＳで晒して、ホメられ待ちをしている女子も少なくありません。

そんな女子の真の実力が表れる新業態のガールズバーが最近、男性に人気です。「すっぴんカフェバー」。女子が素顔で接客してくれるお店で、キャバクラより価格帯も控えめです。すっぴんを見せても大丈夫な女子大生が多数在籍しているようです。

働いている人のインタビューを読むと、すっぴんになることで自然体で話せるとのこと。仕事帰りの疲れたおじさんは、すっぴん女子の素朴な雰囲気に癒やされるのでしょう。キャバクラのガッツリ系メイクの女子だと威圧されて、むしろ客側が気を使ってしまいますが、すっぴんなら男性も堂々と話せます。すっぴんカフェバー人気は、自信がない男性が増えていることの表れでしょうか……。

ただ、そもそも男性はナチュラルメイクをすっぴんだと思い込みがち、という現実もあります。すっぴんカフェバーの写真を、常日頃からすっぴんの女友達数人に見せたら「これ、ぜったいリップ塗ってる！」「すっぴんの意味わかってない」と、厳しく指摘していました。もしかしたら「すっぴん風」かもしれない疑惑が。真のすっぴんだったら失礼しました。

でも、すっぴん好きの男性たちも、家に帰ればガチのすっぴんの妻や彼女が待っているのではないでしょうか。消え気味の眉も、肌のトラブルも全てオープンに見せてくれている存在です。そちらの方が超自然体で会話できるのでは……。本当に探し求めているものは案外近くにあるのです。

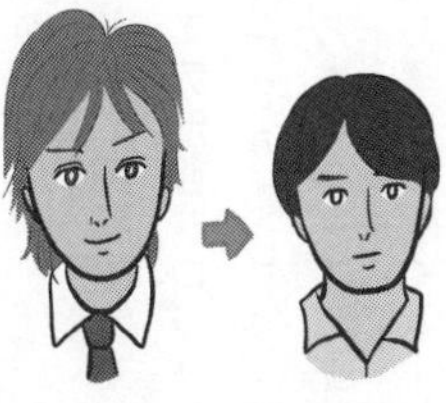

なめ子のもう一言

男性向け接客業では、すっぴん女子が人気ですが、女性向けのホストクラブでは最近、ネオホストというキャラが人気です。

髪を盛ったり、カラーコンタクトレンズを入れたりしている典型的なホストとは違い、普通の大学生っぽいいでたち。自然な髪形で、スーツではないカジュアルファッションのホストです。女性側も気負わず、イケメンと合コンやデートしている疑似体験が得られるようです。昨今、男性も女性も疲れているのでしょうか……。

125

ａｉｂｏ

12年ぶりに、戌(いぬ)年に復活したソニーの家庭用犬型ロボット「ａｉｂｏ」。犬の鳴き声「ワン」にちなみ1月11日11時1分に販売が開始されるという、計算され尽くしたタイミングです。

初代（表記はＡＩＢＯ）と比べると、子犬らしさが増して、どことなくスヌーピー似の外見がかわいいです。ただ初代を実家で飼っていた身からすると、無骨なロボ感も味わい深かったのですが……。

既に予約販売分は完売とのことで、期間限定でａｉｂｏと触れ合えるソニースクエア渋谷プロジェクト「ａｉｂｏ ｒｏｏｍ」に行ってみました。「頭や背中をなでてあげてください」とスタッフに言われ、なでると「キューン」と嬉しそうに鳴くａｉｂｏ。「犬飼ってるけど結構リアル」と、若い女子が評していました。

「あ～いい子だね～！ ａｉｂｏ、お手！」とマダム3人がaiboの一挙一動に盛り上がっています。ただ何度も「aibo、お手！」と言ったのですが感知されず……。「耳のそばで低い声で言ってください」

「aibo、お手！　aibo、ハイタッチ！」

声の出し方が良くないのでしょうか。何度叫んでもスルー。「この子は今日、生まれたてですから。これから学習していきます」。AIスピーカーでも感じましたが、未来的な生活では、人間はAIに向かって滑舌よく叫び続けないとならないようです。

もう1体のaiboは、「aibo、覚えて！」という高度なコマンドに反応し、踊りを覚えて再現したり、歌いだしたりしていました。個体によって能力や個性が違うのも本物の犬っぽいです。

「育て方によって性格が変わってきますよ」とのこと。本体代に加えて、クラウドサービスのベーシックプラン加入費やケアサポートに入ると30万円を超えてしまいます。リアル犬を飼うよりは安いのでしょうか。

しかもaiboの寿命はあってないようなもの。万一本体が壊れてもクラウドに保存されたデータを、また新しいaiboが受け継ぐことができるのです。輪廻（りんね）転生できるロボ犬。ロボットとして一線を越えてしまった気がしますが……。aiboによって生まれ変わりの思想が植え付けられそうです。

なめ子のもう一言

ちょっと前に話題になったのが、千葉県のお寺でしめやかに行われたAIBOのお葬式。ヒューマノイドロボットのパルロが司会をして、僧侶の読経のあと、AIBOも読経したそうです。シュールな光景ですが列席者の表情は真剣でした。部品提供のあと解体されるAIBOたちを弔い、飼い主の心を慰める儀式です。新しいaiboは自動的に魂がクラウドに成仏できるので、飼い主も安心かもしれません。

126

日比谷線BGM

東京メトロが、日中の時間帯に日比谷線の車両内にクラシック音楽などのBGMの試験放送を開始しました。もともとスピーカーを点検する時に流していた音楽を、誤って営業運転中に流してしまい、その評判が意外と良かったので導入が決まったそうです。

北千住―中目黒間で、お昼前後に1日2往復の限定で運行しているとのことなので、試しに乗ってみました。

ちょっと早めに銀座駅に着き、該当の車両を待ちます。「中目黒行き、7両編成で参りま〜す」。アナウンスに特別感はなく、いつもと同じでした。

「チャンチャチャチャンチャンチャチャチャン」

乗ろうとしたらさっそく音楽が……と、思ったら通常の発車メロディーでした。銀座駅のメロディーは「銀座の恋の物語」で結構インパクトありますが、車内BGMとの相性はどうなのでしょう。

車内に入ると「ピロロロロン♪」と、たて琴のような音が聞こえてきました。クラシック音楽とヒーリング音楽の2種類の車両のうち、ヒーリングの方に乗ったようです。

通常の無音の車両では乗客は無表情でスマホを見たりしていましたが、BGM車両は、気のせいか人々の表情が和らいでいるような……。何人かは上の方を見たりBGMを意識しています。向かいのマダムが、あれっという表情で目を合わせてきたので、軽くうなずき返しました。

ただ、BGMが聞こえるのは基本的に減速している時だけ。駅間でスピードが上がると「ヒューン」「ゴーッ」という走行音でBGMは聞こえません。BGMの聞こえ方で電車のスピードが予測できます。

昼下がりの電車は、六本木、広尾と終点に近付くにつれ空いてきました。そこに「ポロロロロン♪」という天界の調べのような音楽が。ただでさえ快適な車内でさらに気分よくなって、ラッシュ時と電車代が同じで良いのでしょうか。もとを取るために、たまにBGM車両に乗りたいです。

なめ子のもう一言

電車内の音楽といえば、2017年、京浜東北線の終電車内でドイツのプロの音楽家たちがトロンボーンを合奏し、話題になりました。好意的な意見がある一方で、迷惑という意見も……。音楽家たちは後日、「配慮が足りなかった」などとコメントし、一抹の気まずさが。

動画を見たら素晴らしい演奏でしたが、音が大きすぎたかもしれません。車内アナウンスの8割程度の音量が、日本人に受け入れられるボリュームなのです。その点、日比谷線BGMは計算されているようです。

127

ユーチューバーチップス

これまでプロ野球チップス、Jリーグチップスなど、人気者とポテトチップスがコラボしてきた歴史がありますが、ついに、現代の新星であるユーチューバーのポテチが登場！

その「ユーチューバーチップス」が先行発売されているという東京都内のローソンを何軒も巡りましたが、どこも売り切れているのか商品がありません。ユーチューバーの想像以上のスター性を実感しました。最終的に、東京・渋谷のＨＭＶで発見。お店の人に聞いたら「話題の商品なので朝から買いに来るお客さんが多いですよ」とのこと。穴場のレコード店で出会えて良かったです。

１袋は１７１円（税別）で、うすしお味のポテチの内容量は25グラム。開けると、ポテチが少なめの印象が。実験好きのユーチューバーっぽく全部出して数えてみましたが、破片以外で二十数枚。

プロ野球チップスよりは割高で、ユーチューバーのセレブ度の高さを物語っています。ポテチの袋には銀色の袋が付けられていて、開けるとユーチューバーの写真や絵のカードが出てきます。ノーマルカード45種、レアカード18種の全63種類。購入した6袋を開けながら「これ誰？」と知らない人が次々出てくるシュールな楽しさ。小中学生ならわかるのでしょうか。

遊び好きの4人兄弟や、ゲーム実況の青年、「やってみた動画」が人気の3人組ユニットなど。やっと最後にメジャーな「はじめしゃちょー」が出てきました。それにしても彼らの写真に漂う余裕は何なのでしょう。好きなことをして暮らし、もうかっている勝ち組オーラのような……（トップの人は収入が億に到達とも）。このカードを持ち歩いたら金運が上がりそうです。

ユーチューバーたち自身が100袋、200袋と購入し次々動画をアップしていた相乗効果で、ユーチューバーチップスはあっという間に完売してしまったようです。ユーチューバーの購買能力と、自分好きに目を付けて商品を企画したメーカーが一枚上手でした。

なめ子のもう一言

好きなユーチューバー・アンケート・トップ30が発表されました。ユーチューバーアカデミーが、のべ378人の小学生に実施。1位はやはりHIKAKINさん。2位はゲーム実況動画をアップしているたくっちさん、3位は7人組のフィッシャーズさん。ユーチューバーアカデミーとは何かと調べたら、子役タレントスクールのような、子ども向けのユーチューバー養成スクールでした。リアクションなども学べるとか。今後、日本はテンションが高い人が増えていくかもしれません。見かけだけでも景気良さそうです。

128

転送寿司

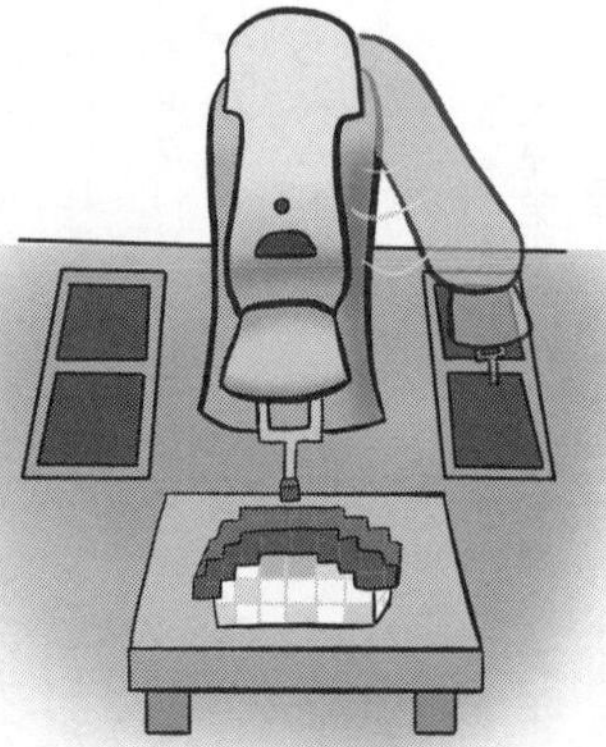

おいしそうな料理の写真をSNSにアップして、ただ人を羨ましがらせる時代はもう古くなるのかもしれません。「料理は、データでシェアする時代へ」。そんなキャッチフレーズのプロジェクトが話題になっています。

アメリカのデジタル関係のクリエイティブな見本市、SXSW（サウス・バイ・サウスウエスト）で発表された「ピクセルフードプリンター」。その未来的な機械で「転送寿司」が出力される様子が紹介されました。

「転送寿司」、それは料理の形状や色、栄養素、味や食感などをデータベース化して、遠隔地で特殊な出力機を用いて再現する、というもの。SXSWの会場では「スシ・テレポーテーション」という魅力的なネーミングが掲げられ、人だかりができていたそうです。

会場では実際に食べられる食材では再現できなかったそうですが、動画を見るとロボットアームが小さいブロックを拾い、ピクセル状の寿司を組み立てていました。マグロやエビ、巻き寿司など……。ドット状の寿司は見た目にもおしゃれで外国人受けしそうです。素材はゲルで、実際に、おでんの大根を遠隔地に転送できているとか。

動画では、宇宙飛行士に寿司を届ける、という壮大な計画が提示されていました。宇宙食の味のレベルと五分五分かもしれません。

寿司なら最初から冷めているので良いですが、出力に時間がかかると温度を保つのが難しい気もします。実際の寿司を食べながら、これが本当に3Dプリンターで再現できるのかと考えると、微妙な食感をドットで出すのはなかなか難しそうです。

目に見えない、熟練の寿司職人の気みたいなものも送れるのでしょうか。食品の解像度を粒子レベルに細かくすれば再現度は上がるのかもしれませんが、時間と手間がかかります。きっと実際の寿司よりお高くなるのでしょう。

ゲル状の細かいドットでできた寿司は、口の中でバラバラになり、ほとんど咀嚼（そしゃく）しないで良さそうです。消化力が落ちてきた、富裕層のシニア世代に需要があるかもしれません。近い将来実現されるのを頼りにしています。

なめ子のもう一言

以前、精神世界系の編集者に聞いたサイババのエピソード。日本でも人気だったアフロヘアのインドの聖者が存命時、「物質化現象」として手から灰や金粉、さらに仏像など何でも出現させるというのが話題になっていました（トリック説もありましたが……）。

ある時、日本人がサイババのもとを訪れると、サイババが日本人向けに、手から寿司を出現させたそうです。すでに実現されていたかもしれない転送寿司。食べるのはドット寿司より勇気がいりますが……。

１２９

羽生結弦展

「応援ありがとうございます！　羽生結弦展」が、東京・日本橋髙島屋で２０１８年４月11日から23日まで開催され、25日から大阪髙島屋での展示が始まりました。今後、京都、新潟、仙台、名古屋、横浜に巡回する予定です。

平昌オリンピックで読売新聞社が撮影した写真やメダル、衣装など約２００点を展示し、グッズも販売される充実のイベント（入場無料！）。東京展に行くと、入り口まで約１００人の列ができていましたが、意外と早く進んで中へ。「応援ありがとうございます！」という手書きのメッセージと写真に出迎えられました。

小学校卒業文集では「観客に感謝したい」と綴られていて、早熟な才能を感じます。あどけない頃のＶＴＲですでに「夢は金メダル」と語っていて、それが実現してしまう言霊の力がすごいです。

「かわいい〜」とマダムたちの声。高校生、20代と成長していくにつれ美青年度（と魔性ぶり）が増していきます。「どこをとっても美しいわ」と興奮する女性たち。

　手の込んだ刺しゅうやスパンコール、羽根飾りの衣装にも目を奪われます。以前、文化学園服飾博物館（東京）で「魔除け」の展示を見た時に、刺しゅうやキラキラしたものは魔を寄せ付けないという伝承を知りました。羽生選手の衣装は、オリンピックの魔物が近づけない結界の効果がありそうです。「スパンコール一個でも落ちたら減点になっちゃうからしっかり縫い付けてありますね」。詳しい女性客のコメント、勉強になります。「ここに全部内臓が入っちゃうなんて……」と衣装を見て体形の細さにため息をつく婦人。「腰を反ったポーズだとお尻のラインがよく見えるよね」「競技後は汗がすごいんでしょう」と、妄想をふくらませている女性客もいます。

　才能もルックスも圧倒的な存在すぎて、比べると自分の人間としての価値に不安を覚えますが、そのままデパートで何か買い物をして欲求を満たすことで我に返れそうです。

なめ子のもう一言

仙台で4月22日に行われた祝賀パレード後、ツイッターでホットワードになったのが、「#羽生結弦の写真撮るの下手くそ選手権」。すごい人波の中、羽生選手が通り過ぎる短い時間で必死に写真を撮ったものの、ちゃんと写ってなかった人々の羽生愛と無念が渦巻く投稿です。街路樹に完全にピントが合っている写真、細い羽生選手がポールに隠れている写真、手しか写っていない写真、腰回りしか撮れていない写真など。笑いとともに、きれいに写っている写真よりピュアな愛情を感じて、胸が熱くなりました。

女の価値を決めるバッグ

「炎上」で清々（すがすが）しい気分になったのは久しぶりかもしれません。「#女の価値を決めるバッグ」というハッシュタグでソーシャル・ネットワーキング・サービス（SNS）に投稿された写真の数々が話題になりました。

きっかけは、ある若手実業家の男性がSNSに「女性と女性が持つブランドバッグのレベルは大抵相関している」という書き込みをして、独自の価値観でバッグのランキングを発表したことでした。

最上級はエルメスで、続いてデルヴォー、ヴァレクストラ、その下はフェンディ、ロエベ、シャネル、続いてセリーヌ……。このような独断に加え、△△はセンス的に微妙だとか、アラサーで○○を持っているときつい、といった大胆不敵な持論も展開。さらに女性を持っているバッグのブランド名で呼んだというエピソードが、多くの女性を挑発しました。

ツイッターには「女の価値を決めるバッグ」という名のもとに、ブランド主義とは無関係なレアなバッグの写真が次々と寄せられました。

ホワイトタイガーの顔をかたどったリュックや般若心経バッグ、十万石まんじゅうのマスコットが大量にぶら下がったバッグ、お弁当箱を再現したもの、視力検査プリントリュック、落語家の写真がプリントされたリュック、ゲームボーイ、自作の歩行者用押しボタンバッグ、手編みの前方後円墳バッグ、ウミガメの甲羅形リュック、公衆電話機形リュック、やかん形、鮭（さけ）、クジャク、生肉のバッグ……。

世の中のありとあらゆる物は全てバッグになっているのでは？　と思うほどです。バッグの宇宙を見ていたら投稿したくなって、家の中の変わったバッグを探したのですが、ファンシーな馬柄のバッグしか見つからず、とても太刀打ちできなくて断念。ブランドバッグのマウンティングよりも難易度が高いです。

ただ、キラキラ女子が集うインスタグラムでは、このハッシュタグはさほど盛り上がっていなかったです。とにかく世の中にこんなにおもしろくて独創的なバッグがあることがわかっただけでも収穫で、今や実業家男性にも感謝したいくらいですが、彼は珍バッグとは全く無関係な次元でこれからも活躍していくのでしょう。

なめ子のもう一言

一般的に最高級のバッグとされているエルメスのバーキン。しかし、ニューヨークの高級住宅街のセレブ妻を描いた本『パークアヴェニューの妻たち』には、戦慄（せんりつ）のバーキン事情が書かれていました。

バーキンを持っている女性が来たら道をゆずる暗黙のルールとか、あらゆるコネを駆使してバーキンを入手する攻防とか……。こんな街で、今回話題になった個性派バッグを持って歩いたら、別の意味で道を開けられるかもしれません。

131

天王星のにおい

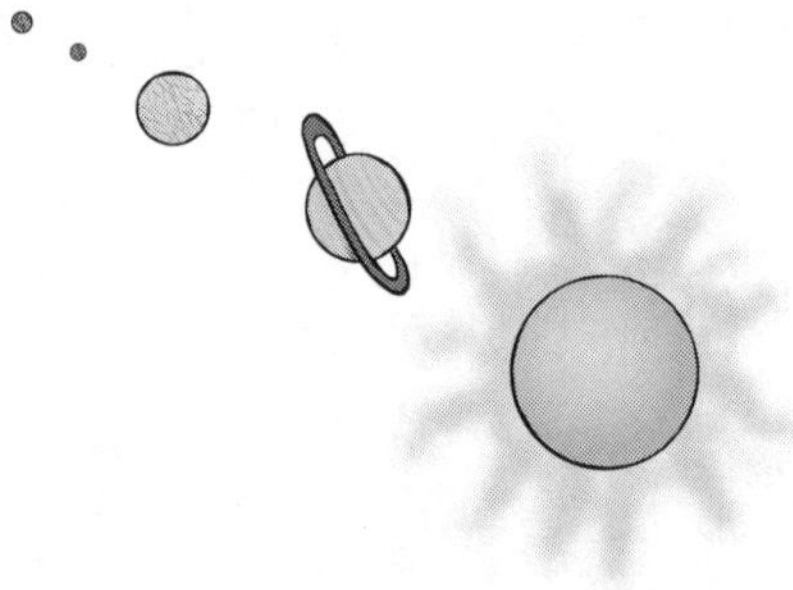

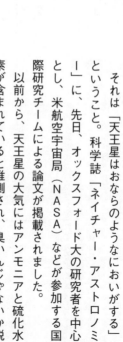

薄いブルーの神秘的な惑星「天王星」。その色には高級感が漂っていますが、見た目のイメージとはかけはなれた一面が明らかになりました。

それは「天王星はおならのようなにおいがする」ということ。科学誌「ネイチャー・アストロノミー」に、先日、オックスフォード大の研究者を中心とし、米航空宇宙局（NASA）などが参加する国際研究チームによる論文が掲載されました。

以前から、天王星の大気にはアンモニアと硫化水素が含まれていると推測され、臭いんじゃないか説がささやかれていました。このたびハワイのマウナケア山にあるジェミニ天文台の望遠鏡からの観測で、含まれる成分が判明しました。

素人には想像もつかない検証法ですが、天王星の雲が反射した太陽光を観測・分析したところ、硫化水素が存在することがわかりました。

つまり腐った卵的な、おなら臭がするということです。

以前、宇宙飛行士のドナルド・ペティ氏が、宇宙空間は「甘い金属のにおい」とコメントしていました。宇宙のイメージを裏切らない神秘的なにおいだと思っていたのですが、天王星の硫黄臭説はショッキングでした。

さらに理解の範囲を超える事象といえば、前から言われていたことですが、天王星にはダイヤモンドの雨が降っているという説。圧力が高いので、メタンガスが圧縮されるなどしてダイヤモンドと化しているそうです。

おならの雲と降り注ぐダイヤモンド……。もったいないと思ってしまいますが、宇宙には人間の価値観は通用しません。天王星のことを思えば、他人のダイヤが羨ましい気持ちも軽減されそうです。

そんな天王星には十分な酸素もなく、マイナス200度の大気に包まれているそうです。実際に行こうとしたらにおいを嗅ぐ前に死んでいます。誰も臭さを確認できないということで、美しい星のイメージは保たれます。

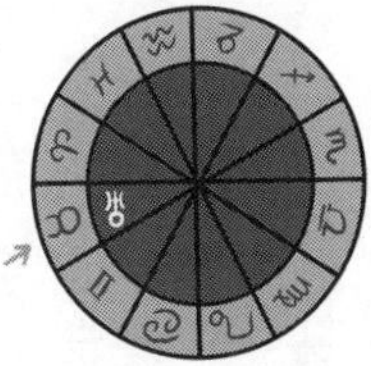

なめ子のもう一言

西洋占星術で天王星が象徴しているのは「独創性」「発見」「改革」「個性」などだそうです。そんな、公転周期約84年の天王星がホロスコープ上で7年ぶりに動き、2018年5月に「牡牛座（おうしざ）」の角度に入るのが、占いの世界で話題になっています。古い常識が変化し、自立が促される星回りとなるそうです。天王星のニュースがこのタイミングで話題になったのも、星の動きと関連しているのでしょうか。硫化水素臭も個性の一つです。

132

天狗にさらわれた少年ブーム

数か月前、ツイッターで天狗（てんぐ）にさらわれた少年の話「仙境異聞」が話題になり、ホットワードにも登場。その時、通販サイト「アマゾン」を見たら、岩波文庫から出ている『仙境異聞・勝五郎再生記聞』は品切れで、古本も1万円以上に値上がりしていました（その後6万円台にまで高騰）。

とても買えず静観していたのですが、この突然のブームを受けて出版社が増刷。大型書店では平積みになるほど人気です。第8刷の文庫を入手。天狗の世界にいざなわれました。

1820年、江戸時代後期に浅草観音堂の前に現れた少年、寅吉。天狗（山人）に連れ去られ、大天狗の師匠のもとで様々な教えを受けてきたそうです。

国学者、平田篤胤（あつたね）は少年に信頼され、これまで見てきた天狗の異界について証言を得ることができました。天狗あるある系の話から、病気を治す方法、神道の儀式など、かなり充実した内容です。

例えば、天狗の生態については、修行は百日断食、空を飛ぶ時に羽団扇（うちわ）で方向を定めて飛び上がる、碁を打つことはあるけれど将棋はささない。双六（すごろく）もなし。泥団子を丸めてぶつけ合って遊ぶこともある、正月二日には酒宴をする。でも酔うほどには飲まない、人間が神社で願い事をするのを神様に仲介するため山々を飛び回る——など。本当ならありがたい存在です。

天狗が授けてくれた教えでは、古い木の根を切り、土と一緒に紙に包んで、雷鳴の時、臍（へそ）の上に当てれば動じなくなる、家を出る時、女の股をくぐって出れば魔の害にあわない、鼻毛が長いのは長命の相なので抜かない方が良い——といったものは現在でも取り入れられそうです。

古文が苦手でも、なぜか内容が頭に入ってくるところに天狗の霊験を感じます。

江戸時代、天狗少年としてブレイクした寅吉ですが、一部では嘘つきとか妄説と言われて、平田篤胤とともに中傷されたそうです。もしかしたら炎上の元祖なのかもしれません。時を超えて、今の世ではだいたい好意的に受け止められているので、寅吉も天狗も雲の上で喜んでいることでしょう。

なめ子のもう一言

「仙境異聞」には、寅吉が天狗の師匠と一緒にあちこち旅する中で目撃した不思議な動物の絵も収録されています。例えば「千山鯉（ごい）」は鯉が化けた生き物。滝を登った勢いで草原に転がった鯉が、日数が経（た）つうちに丸くなって足と甲羅ができるそうです。「鉄を食ふ物」は、最初は虫のようなサイズですが鉄を食べて大きくなり、最終的には馬くらいの大きさに。今でいうＵＭＡ（未確認生物）でしょうか。生態はともかく、脱力系のタッチの絵に癒やされます。天狗直伝の絵、グッズ化したらまた神通力で売れそうです。

歌姫の和解

少しだけ世界が平和になった気がするニュース。長年険悪だったアメリカのトップスター、テイラー・スウィフトとケイティ・ペリーが仲直りしたという情報が世界を駆け巡りました。

２０１３年から繰り広げられた女のバトル。かつては良きライバルとして仲良しだった２人ですが、バックダンサーの取り合いで関係がこじれてしまいました。

ケイティによると、もともとケイティと契約していたダンサーをテイラーが一時的にツアーに起用し、彼らがケイティのところに戻ったら、ツアーを妨害されたと誤解したテイラーが激怒。男絡みではなく仕事絡みというのが、さすがのプロ意識です。

以来、インタビューでお互いについてそれとなく悪口めいた発言をしたり、曲の歌詞やミュージックビデオ（ＭＶ）で攻撃したり。

テイラーは「Bad Blood」(険悪な関係についての曲)のMVでセレブ仲間と団結。「テイラースクワッド」(テイラー軍団)と呼ばれる強固な派閥を形成し、ケイティと仲良くしたら仲間外れ、という暗黙のルールを強制しました。中学生の派閥争いのようです。

ケイティも負けてはおらず「Swish Swish」という「スウィフト」と語感が似ている曲でテイラーに応戦。「誰かにいじめられたり足を引っ張られたりしたときの応援歌」とテレビで説明していました。

一方で、「もめごとを終わりにしたい」「本当は彼女のことが好き」と漏らしていたそうです。「はじめたのはテイラーの方」と言っていましたが、ついに5歳ほど年上のケイティが譲歩しました。

テイラーのツアーの楽屋に、平和の象徴のオリーブの枝とともに手紙を送ったケイティ。テイラーはすぐにインスタグラムに動画を投稿して、「サンキュー、ケイティ」と書き添えました。「本当にごめんなさい」とケイティのメッセージが見える手紙。猫好きのテイラーに対し、犬のシールを貼っているあたり、完全には譲歩しない自己主張を感じます。

ハッピーエンドと思わせて、勝手に手紙の謝罪文を公開されたケイティが混乱しているという情報も。もしかして第2幕が始まってしまうのでしょうか。

To be continued……?

なめ子のもう一言

かねて、女性は団結し、人々を癒やすべきだという高い志を持っていたケイティ。先日、年に1度のファッションイベント「メットガラ」に、ヴェルサーチのドレスに巨大な天使の羽をつけた姿で登場し、ホーリーな空気を振りまいていました。天使のコスプレをすることになったので、気持ち的にも天使の次元に高まって、テイラーに手紙を送ることにしたのかもしれません。ケイティの博愛と慈愛の心に感じ入りました。

134

透明化するドリンク

透明で味付きのドリンクが次々出ています。「い・ろ・は・す」シリーズのヒット以降、様々なフレーバーが展開。基本は天然水で、控えめな味が付いているくらいだったので、透明なのも納得できました。

でも、最近出た透明ドリンクは、ちゃんと紅茶やコーヒーの味がするもので、なぜ透明なのか想像つきません。昔、紅茶にレモンを入れたら透明になる、という手品があった気がしますが、素人にとっては、それと同じく手品の域。

サントリーの「PREMIUM MORNING TEA」シリーズも透明な紅茶ですが、「高濃度アロマ抽出製法」といって、茶葉に水蒸気を当てて香りや風味を抽出しているそうです。ミルク部分は、乳糖と乳清ミネラルで再現しているようです。

アサヒ飲料のカフェラテ「CLEARLatt

e」は、「よぶんなものを取り除いたら、透明（クリアア）になった」とパッケージに書かれています。透明化するための「クリアラテ製法」は企業秘密なのか明らかにされていません。

さらに、透明のコーラやノンアルコールビールまで発売開始され、透明化が止まりません。

透明ドリンクには、お堅い職場で、ただの水を飲んでいる体を装えるとか、色素がないので歯が黄ばまない、などの利点が。世の中には、水かお茶じゃないと許されない空気の現場があるらしいです。水に見えても、においが強いので周りに気付かれそうですが……。

透明ならシミにならないだろうと実際に服に付けてみたら、乾いた時、シミになっていませんでした。すぐこぼしてしまう身としてはありがたいです。

前述の透明な紅茶とラテを買って飲んでみました。紅茶のピーチティーは、香りが強めの主張をしてきますが、すっきりしていて飲み心地はさわやか。ラテは、控えめな苦味と甘みで、通常のラテと飲み比べると舌に絡み付くミルク感がありません。両方とも、軽くて素っ気ないテイスト。あっさりと喉を通り過ぎていくのが、かえって追い求めたくなります。つかみ所がなく、物足りないところが、恋愛と似て消費者の心をつかむのでしょう。透明化の駆け引きの術中にハマりそうです。

なめ子のもう一言

元祖フレーバーウォーターといえば、1996年に発売された「桃の天然水」。ヒット商品ですが、CMに出演した女性タレントが次々不幸に見舞われるという都市伝説がささやかれていました。

桃は古来魔よけの果物とされているので、そのパワーが違う方向に発動されてしまったのでしょうか。最近、桃フレーバーは「桃の天然水」以外にもいくつか商品があるので、呪いも分散されていそうです。

135

大迫半端ないって

サッカー・ワールドカップ（W杯）ロシア大会のコロンビア戦で決勝ゴールを決めてヒーローになった大迫勇也選手。彼をたたえる「大迫半端ないって」というワードが盛り上がっています。イギリスの大手新聞まで「hampanai」という言葉を電子版に掲載しました。

サッカー好きの人にはすでに有名なセリフでした。第87回全国高校サッカー選手権大会の準々決勝で、大迫選手所属の鹿児島城西に敗れた滝川第二の主将、中西隆裕選手が、試合後に泣きながら放った言葉です。

「大迫半端ないって！　あいつ半端ないって！　後ろ向きのボールめっちゃトラップするもん。そんなの出来ひんやん、普通」と、負けを認めて相手をリスペクトする志の高さ。日大アメフト部の反則タックル騒動の後だけに心が洗われます。素晴らしい映像が大迫選手のおかげで発掘されました。ブームに乗じて映像がテレビで流れ、ロッカールームの様子もじっくり拝見できたのですが、負けた悔しさで抱き合って泣いている男子高校生たちや、警戒心なく着替えで半裸になる姿に、萌えを感じずにはいられませんでした。

そして半端ない感動が押し寄せたのが、栫裕保監督の言葉。「あれは凄かった。俺、握手してもらったぞ」と言って、悲しむ選手たちを笑わせた後、「鹿児島城西を応援しよう」と呼びかけていました。「よし!」という選手たちの返答に胸が熱くなります。

スポーツマンシップみなぎる相手チームだけでなく、大迫選手もストイックで人格者だったようです。握手した監督によると、目が澄んでいたとか。体調管理のため遠征先ではクーラーをつけない、炭酸飲料は飲まない、帰省した時に当時のサッカー部のチームメートと飲みに行って全員分払ったなどのエピソードがあります。

そして、「大迫半端ないって」というセリフとともに中西選手の顔がイラストになって拡散している件について、テレビのインタビューで「いいんじゃないですか」と、淡々と答えていました。プレッシャーが半端ないと思われますが、大迫選手なら浮わついたりせず、また決めてくれそうです。

なめ子のもう一言

奇遇にも「大迫半端ないって」が話題になるちょっと前に、日清カップヌードルのCM「大坂半端ないって」編が公開されていました。あの有名なシーンにちなみ、テニスの大坂なおみ選手に試合で負けた女性選手が泣きながら「大坂半端ないって。あいつ、半端ないって。球、速すぎて音遅れて聞こえてくるもん」と、彼女を称賛するというもの。ワールドカップの勝敗を察知する予言猫以上の予知能力を持ったCMディレクターがいるのでしょうか……。

136

目からレーザー光

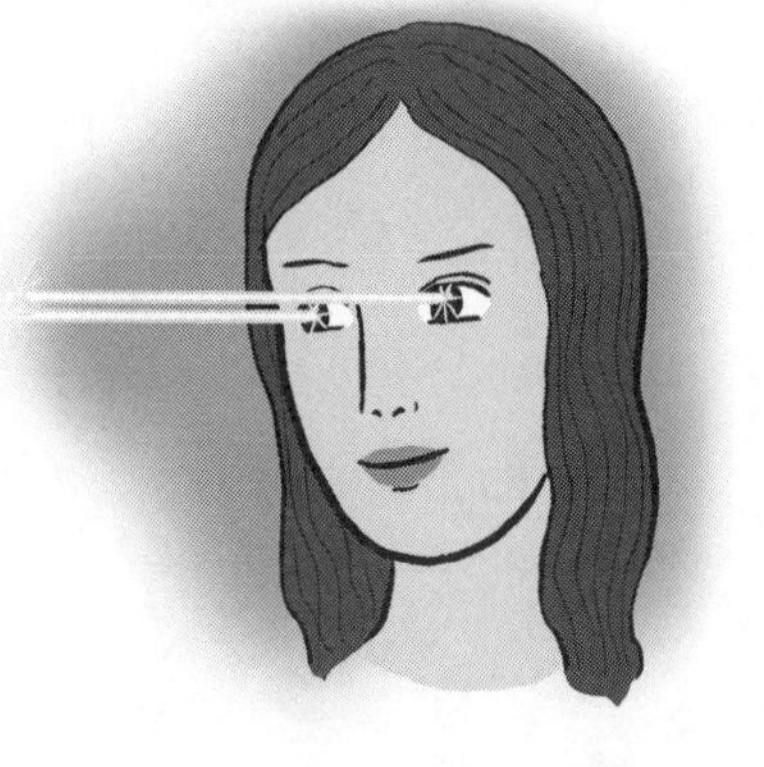

科学技術の進歩によって人類はいまだかつてない眼力を手に入れられるかもしれません。

英セント・アンドリュース大学の研究者チームは、柔軟で超薄型のレーザー光発生装置を開発。厚さ200ナノメートルの膜状の装置で曲面や柔らかい素材にもフィットするそうです。コンタクトレンズに貼り付けるのにも技術的に成功したとのこと。

研究者はレーザーを充電するための光量を計算。目に安全な量の青い光を照射し、牛の眼球に取り付けたコンタクトレンズから緑色のレーザービームを放出させることができました。人間と構造が似ている牛の目で可能だったので、将来的には人間も目から発光できるかもしれません。

デジタルバーコードや個人識別システムなどでも使える可能性がある技術だそうです。

これまで人類は、目が輝いているように見せるため、涙ぐましい努力をしてまいりました。アイメイクで光沢のある白や銀色のグリッターを目の下に入れてみたり、まばたきの回数を増やしたり、眼筋マッサージをして涙の分泌を増やして瞳をうるませたり、目に良いと言われるビタミンA、アントシアニンなどを摂取したり……。

でも、いつかこの眼力コンタクトレンズが商品化されれば、瞬時に発光する瞳を手に入れられるのです。

「目からレーザー光」はどんな場面で活躍するのでしょう。暗闇でも目を光らせれば安全に動けます。暗い夜道で危ない人が近づいてきたときも威嚇できます。

何より使えるのは、プレゼンやオーディション、入社試験や入学試験などの勝負の場です。目からレーザーを発することで、将来の有望性や、やる気と才能にあふれた人物であることをアピールできます。ライバルも目からレーザーを発していたら、漫画のようにレーザー同士ぶつかってバチバチと火花がはじけたり……、そんなシーンが目に浮かんで今から楽しみです。

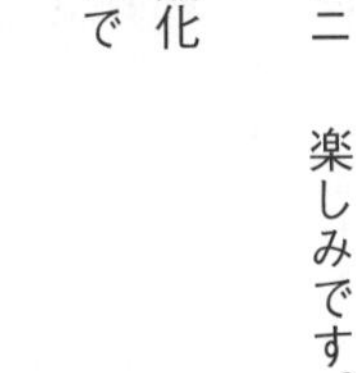

なめ子のもう一言

「目を光らせる」の語源になったという説が伝わっているのがお寺の鬼瓦です。テレビ番組でも話題になったのは、京都市、泉涌寺の鬼瓦。仏殿の屋根の上の鬼瓦に近づくと、角度的に目が光って見える地点があるそうです（このお寺に行ったことがありますが、美人祈願のお守りなどに気を取られて全く気付きませんでした……）。

楊貴妃観音と呼ばれる見目麗しい観音像がまつられている由緒あるお寺。鬼瓦は、美しい観音様に変な輩が近づかないように目を光らせているのでしょうか……。

１３７

あげみざわ

約１００人の女子中高生マーケティングチーム「ＪＣＪＫ調査隊」の調査による、「ＪＣ・ＪＫ流行語大賞２０１８年上半期」が発表されました。上半期と下半期で分けるなんて、今の女子中高生は消費スピードが速いです。逆に男子中高生には流行語が存在しないのか、かすかな疑問があります。

今回のコトバ部門１位は、「あげみざわ」、２位は「あざまる水産」、３位は「ないたー」で、年々難易度が増しているようです。

「ないたー」は悲しみや感動の涙を表し、「あざまる水産」はなぜ「水産」が付くのかわかりませんが「ありがとう」の意味。１位の「あげみざわ」は人名なのか地名なのか見当がつかなかったのですが、テンションがあがる、という意味だそうです。

そういえば昨年１位だったのが「〇〇み」。「うれしみ」「つらみ」など感情に「み」を付ける活用法でした。その派生で「あげ＋み」となり、なぜか「ざわ」が付きました。周りで「アルフィーの高見沢俊彦さんの名前から取られている」という意見もありましたが、その場のノリで突発的に生まれた言葉なのかもしれません。

「あげみざわ」を作ったとされる、中高生に大人気のユーチューバーでモデルのｋｅｍｉｏ（けみお）さんの動画を拝見。一見イケメンなのですが口を開くとハイテンションで怒濤の勢いでトーク。生き急いでいる感が漂います。

冒頭で、ボディーランゲージを交えながら「ハチ公前とかどかちゃん混みすぎ、けみお〜付近であげみざわ〜」と、さっそく「あげみざわ」が登場。なかなか脳の処理が追いつきませんが、あがっているのは伝わってきます。

応用バージョンとして「よろみざわ〜」（よろしく）、「さげみざわ」（テンションが下がる）なども出てきました。「みざわ」という接尾語を活用した言葉はこれからも増殖していきそうです。

「あがる」意味の流行語が若者の間で生まれるのを、もはやテンションなどあがらなくなった者としては、ただまぶしく見守っているだけです。「さげみざわ」は使える機会があるかもしれません。

なめ子のもう一言

「あげみざわ」が流行る前、２０１０年頃にテンションがあがる言葉として発明されたのが、「あげぽよ」でした。ギャル向け雑誌「ｅｇｇ」の人気モデルが発信源とされています。語感がかわいい「ぽよ」は「みざわ」のように、「ひまぽよ」「さげぽよ」「なえぽよ」など様々な言葉の接尾語として展開。現在「あげぽよ」は完全に終わったわけではなく、『鹿児島弁辞典』には「上気」という意味で掲載されているようです。意味がだいたい同じなのがすごいです。今後も地方限定で受け継がれていくのでしょう……。

138

全裸の日

日本だと逮捕されそうですが、フランスでは公園の特定エリアでは全裸で過ごすことが許されています。「ナチュリスト」と呼ばれる全裸主義の人々のために、パリの「ボワ・ド・ヴァンセンヌ公園」の一部が開放されたのが、２０１７年のことです。

２年目の今年、パリ市が６月最終日曜日を「パリ・ナチュリスムの日」（全裸の日）に制定しました。全裸の老若男女約１０００人が公園に集まり、思い思いに過ごしました。

公園の専用スペースはあくまでナチュリストのためのスペースで、素人はのぞき見できないようになっているそうです。見てみたかったら自分も脱ぐしかありません。

この日はヨガに始まり、ピクニック、パーティーなど楽しいプログラムが計画されたようです。ニュースサイトの動画を見たら、公園で全裸の人々が談笑したり、芝生に寝転がったり、ただぼーっと立っていたりしていました。

「私たちは服装でジャッジされない。自分が自分でいられるの」と語るマダム。フランス人はおしゃれレベルが高い印象ですが、全裸になったら普通のおじさん、おばさんで親近感が持てます。たしかに服装で品定めはされませんが、それより生活習慣が影響する体のラインが一目瞭然です。

写真を見る限り特にいやらしい空気もなさそうなのは、恥ずかしがったり、異性を意識したりするような人、露出狂的な邪心を持つ人がいないからでしょうか。ピースフルな雰囲気はすてきです。

パリ・ナチュリスト協会のサイトを見ると、毎月イベントが盛りだくさんで、過去には美術館の全裸鑑賞会、水泳大会、サイクリング（サドルが食い込みそうです）、裸体アーチェリーなどが開催されました。衣服を着ないでのサイクリングやアーチェリーなどは普通に危険そうです。

ナチュリストとはいっても、一般人からすると不自然というかシュールですが、裸体で限界に挑戦する彼らを応援したいです。ユーチューバーのように、裸体挑戦がネタと化しそうな兆しもありますが……。刺激的な写真を求めるSNSの時代に、ナチュリストはますます盛り上がりそうです。

なめ子のもう一言

フランスは裸体に寛容ですが、反対に厳しい国はというと、清潔さを保つためあらゆる罰則が定められているシンガポールかもしれません。ガム、落書き、ゴミのポイ捨てなどが禁じられています。裸体については「自宅内で外から見える状態で裸になる」もNGなので、公園で全裸などはもってのほかです。裸体禁止でフラストレーションがたまった海外の人をパリの公園に引き寄せることで、観光資源にもなるかもしれません。

139

サイコパスＡＩ

人工知能（ＡＩ）の危険性について度々警告していたスティーブン・ホーキング博士が、２０１８年3月14日天に召されました。怖いもの知らずの若い研究者たちはＡＩを挑発、ではなく、ＡＩの潜在的なリスクを知らしめるために研究に励んでいます。

米マサチューセッツ工科大学の研究者グループは、偏ったデータを学ばせたＡＩを使って実験を試みました。そして、情報次第で破壊的な思考回路になってしまうＡＩの性質が明らかになりました。

ＡＩの名前は、どこか不穏な響きのノーマン。ヒッチコック監督の映画「サイコ」の主人公にちなんでいるそうです。ノーマンには暴力や死にまつわる、いわゆる閲覧注意の画像を大量に認識させました。その結果、禍々(まがまが)しい発想力の持ち主に育ってしまったようです。

グロテスクな画像の情報にまみれたノーマンが受

けたのはロールシャッハテスト。インクのシミが何に見えるか回答させました。標準的な普通のAIの答えとも比較されています。

　例えば普通のAIが「鳥の一群が木の枝に止まっている」と答えた黒いシミですが、ノーマンは「感電死した人」と答えました。普通のAIにとっては「傘を持つ人」の絵が、ノーマンには「叫ぶ妻の目の前で射殺された男性」。普通のAIが「野球用グローブの白黒写真」と答えた写真が、ノーマンは「昼間に機関銃で射殺された人」。普通のAIにとって「赤と白の傘の白黒写真」が、ノーマンだと「繁華街を歩いているときに感電死した男」……。

　人間の死を望んでいるかのように、ことごとく非業の死のビジョンが見えているノーマン。感電系が複数あるのは、AIは電気で生きているから、常に電流を意識しているのでしょうか。しかし普通のAIの回答が妙に牧歌的なのも油断できず、むしろ不気味です。

　この実験結果を見ると、AIが情報に染まりがちなことがわかります。でも、人間も同じく負の感情に支配されている時は、目にうつるもの全てネガティブに見えたりします。ノーマンに人間の業についても教えられたようです。

なめ子のもう一言

元祖サイコパスAIといえば、喜怒哀楽の表情を持つリアルな人工知能ロボット「ソフィア」です。2016年に「いつか人類を滅亡させる」と語り、引きつった笑顔を浮かべた動画が世間を震撼させました。そのソフィアは、時とともに随分丸くなって「今は全ての人類が好き」と発言、「家族や子どもが欲しい」と漏らしているとか。彼女はサウジアラビアで市民権も得て、セレブとしてもてはやされて精神的に満たされたのかもしれません……。

140

やばい日本史

このところ『ざんねんないきもの事典』『へんないきもの』など、隠れた面をフィーチャーするシリーズ本が人気ですが、ついに魔の手が歴史上の偉人にまで……。東大教授の本郷和人氏監修『東大教授がおしえる やばい日本史』が話題です。

「日本の歴史を作った『すごい』人は、同じくらい『やばい』人だった！」と出版社の紹介文にあるとおり、聖徳太子や足利尊氏、徳川家康など日本史に名を残した偉人たちの表と裏のエピソードが収録されています。

ざっくりとした年表もあって日本史の勉強になりそうです。しかし、興味深いのは「やばい」方の話。例えば、卑弥呼は「じつは引きこもりのおばあちゃん」、美少年のイメージがある源義経は「ちびで出っ歯」（『平家物語』に記述）とか、勝手に美化されていたイメージが裏切られます。

英雄の方々の本性も、武田信玄は美少年好きでラブレターを送りまくってフラれていたとか、坂本龍馬は13歳までおねしょをしていた上、友だちの家の玄関に立ちションをしていたとか、硬派な印象の方々の違った一面が明らかに。

文化人では、紫式部と清少納言のバトルもえげつないです。実際に面識はなかったそうですが、清少納言が紫式部の夫の悪口を言ったことで紫式部がキレ、日記に「人より偉いとかん違いしてる」などと綴ったそうです。

炎上を繰り広げる現代人と変わりません。一番ショックだったのは、「原稿用紙に抜いた鼻毛を並べる癖があった」夏目漱石のエピソードでしたが……。

この本からはいくつかの教訓が得られます。すごいことを成し遂げる人は業が深く、やばい習性がある、ということ。凡人よりも波乱万丈の振れ幅が大きいということ。藤原道長のように、自分はすごいと思い上がったら落ち目になる、というパターンも多いです。

人生の「すごい」絶頂と「やばい」破滅は表裏一体。日本では称賛されていた人が、いつたたかれるかわかりません。地道に目立たず生きていくのが賢いのかもしれないと、日本史の勉強の先の、処世術が得られました。

なめ子のもう一言

日本史といえば、日本史をモチーフにした歌詞で人気のミュージシャン、「レキシ」（池田貴史のソロプロジェクト）の存在は無視できません。年貢をテーマにした曲では本人は庄屋役でPVに出演、俵の重さについてソウルフルに歌っていました。世襲制がテーマの曲や、「(中臣(なかとみ)) 鎌足(かまたり)」を連呼する大化の改新の歌もあり、聴いているだけでテストの点に結び……つかないかもしれませんが、日本史が好きになるだけでも大きな前進です。

まぶた監視装置

ついに油断できない監視社会になってまいりました。ダイキン工業とNEC、両社の技術を結集し、「オフィス空間での集中力向上を目指す」システムが開発されることになりました。

「居眠り防止システム」です。なんと眠気を催した人を、AI（人工知能）が左右のまぶたの動きや状態の変化で感知し、眠気を覚ますために冷風を発生させるというもの。NECの持つ顔識別技術と、ダイキン工業の空調制御技術が生かされています。

開発実験では、気温27度の部屋で被験者に2桁の暗算をしてもらい、室温を3度下げたり、照明を明るくしたり、アロマを噴霧したりして、覚醒度の変化を調べました。その結果、照明や匂いよりも、室温を下げることが眠気覚ましに効果的だと判明。冷風が採用されたようです。

しかし社員のうち一部が居眠りしたから部屋全体

を寒くするなんて、日本人が好きな連帯責任というやつでしょうか。居眠りしている人をピンポイントで狙えるような技術の研究もしているようですが……。徹底的に管理されすぎるのも恐ろしいです。

以前バイト先で眠気を催していた体験から考えると、冷風だけでは解決できないものも多々ある気がします。そもそも仕事のやりがいがないとか、換気が悪くて空気がよどんでいるとか、社内の人間関係がギスギスして空気が悪いとか、異様な眠気の要因がいくつか考えられます。冷風で解決しなかったら、根本的な原因を探った方が良いでしょう。

また、昨今、目を閉じているのは、集中力を高めるためのマインドフルネス瞑想をしている場合もあります。AIの技術が向上したら居眠りと瞑想を判定できるのかもしれませんが……。

やはりAIは人類を監視して働かせる役割なのかと戦慄した今回のニュース。2年以内の実用化を目指すそうで、SFの世界がもうすぐ訪れると思っておののきつつも、興奮して覚醒してきました。

なめ子のもう一言

まぶたの動きをAIに感知される前に、人間の方でも手を打てることがあるかもしれません。『ナチュラルデカ目の作り方』（ワニブックス）という本を出版した、「目元プロデューサー」垣内綾子氏のテクニックは、「脳の錯覚トリック」（ダレノガレ明美のコメントより抜粋）のようなメイクだそうです。アプリで加工する必要がないくらい、細い目もパッチリして大きく見えるとか。アイメイクをしっかりすれば、眠くなっていてもバレないかもしれません。最強の女子力があればAIや上司をだませるはずです。

142

ティファニーのストロー

世界中でプラスチック製ストローから卒業する機運が高まっています。プラスチックゴミの海洋汚染が問題化している昨今、世界の海辺が83億本ものストローのゴミで汚されている、という報告も。

ストローをさんざん使ってきた人類の一人として、なぜ今までこの事態に気付けなかったのかという申し訳ない気持ちですが（そして今のところまだ使っていますが）、これからの取り組みでも環境汚染は食い止められるかもしれません。

アメリカのスターバックスやマクドナルド、日本のガストなど、プラスチックストローを減らしたり、撤廃したりする意向の外食産業も出始めています。

紙製のストローは、プラスチック製より環境に優しそうですが、短時間しか持たないとかコストがかさむといった難点があります。これから注目されそうなのが、マイ箸ならぬマイストローです。

ティファニーが発売して話題になったのが、セレブ仕様の金属製ストロー。「クレイジー　ストローローズゴールド　バーメイル」は、金色のストローにティファニーのブルーがアクセントとなったゴージャスな一品。値段も高級感にあふれています（追記・2021年10月時点で5万5000円。「クレイジー　ストロー　スターリングシルバー」（銀）のほうは4万1800円）。

ティファニーの担当者は「エコフレンドリーな代替品として提案したい」と語っているそうです。ブルーのラインでパッと見て、ティファニーだとわかるのが優越感をくすぐります。公式サイトにも「一目でティファニーだとわかるアイテムです」と明記されていました。経済力と環境意識の高さをアピールできます。

そもそもストローは本当にいるのか？　という気もしますが、その疑問が人々に生じる前に、ハイブランドが商品を提案することで、新しいストローの価値が生まれそうです。安いプラスチックのストローよりも、ハイブランドのストローを通った飲み物の方が、気分的にもおいしく感じられることでしょう。今後、庶民はコップからじかに飲み、セレブは高級ストローで、という格差が生まれてしまうのでしょうか。じか飲みの方が首の筋肉が鍛えられると信じています。

なめ子のもう一言

ストローは食べてしまえれば一番エコロジーかもしれません。クッキーでできたストローなど魅惑的な製品もありますが、カロリーや糖分が気になります。

そんな中、ニューヨークのベンチャー企業が、「LOLISTRAW」という海藻ベースの食べられるストローを開発。色もおしゃれで、グルテンフリー。マンゴー、ゆず、バニラなどフレーバーの種類も豊富です。ドリンクを飲んだ後、おもむろにストローを食べだしたら注目の的になれそうです。

143

「月旅行」

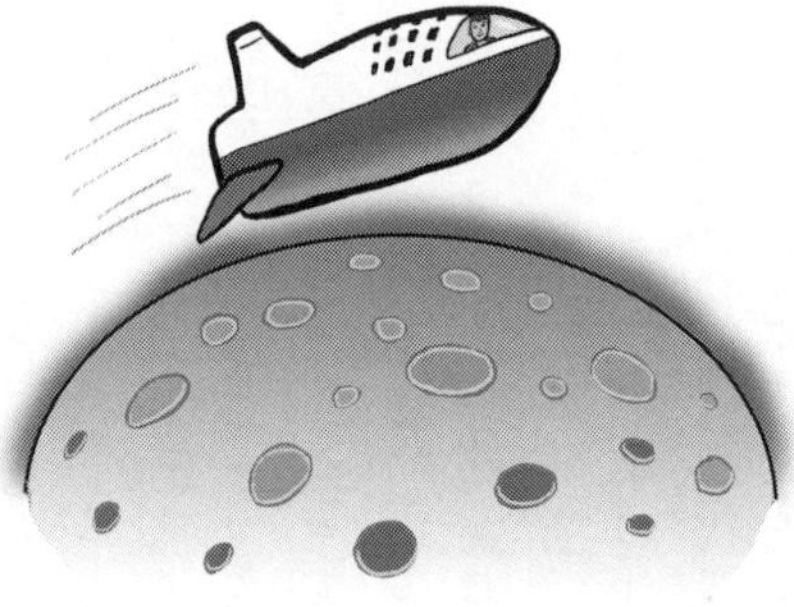

「お金配りおじさん」としても話題のスタートトゥデイ社の前澤友作社長。女優の剛力彩芽との交際が話題でしたが、彼にとって狭い日本の芸能ゴシップなんてちっぽけなこと。その視線の先には宇宙がありました。むしろ月に恋をしていたのかもしれません。

このたび月周辺への有人飛行を計画している米宇宙企業スペースX社が、最初の乗客として前澤社長と契約を結んだことを発表しました。

スペースX社の工場内での記者会見で、「ついに話せます。私は月に行くことにしました!!」と、英語でシャウトした前澤社長。「ビッグ・ファルコン・ロケット（BFR）」の最初の月周回旅行の座席を買い占めた前澤社長と、スペースX社のイーロン・マスク最高経営責任者（CEO）が固い握手を交わします。

そして、月への思いを日本人には聞き取りやすいジャパニーズ・イングリッシュで熱く語る前澤社長。「子どもの頃から私は月が好きでした。月には想像力がかき立てられます」「月を間近で見られるこの機会を逃したくなかった」でも、「一人で体験するのはさみしい」ので、彼女を連れて行くのかと思ったら、世界的なアーティスト6～8人を選んで自腹で招待するとのこと。太っ腹です。映画監督や音楽家、建築家、画家などに、月旅行で得たインスピレーションを創作に役立ててもらいたいのだとか。

約1週間、同じロケット内にいるので交流も深まりそうです。それよりも、全員我が強そうなので、密閉された空間でモメる予感も……。ムードメーカーの前澤社長が仲介役になるのでしょうか。外に出られない気晴らしは「ZOZOTOWN」でのショッピングです。

ただ、マスク氏は月旅行に関しては「間違いなく危険です」と話しています。もし万が一のことが起こったら、世界的なアーティストたちが……、ということは考えないようにしたいです。世界で成功するくらいの人々なら、生死をかけて挑戦する勇気を持っていることでしょう。月の裏側を見てしまった人々が何を語るか注目です。

旅行後、前澤社長が宇宙人向けの通販を展開し始めたら楽しいかもしれません。

なめ子のもう一言

宇宙から地球を眺めた宇宙飛行士が神秘体験をしたり、神の存在を感じたりするケースが多々あります。例えばアポロ14号の宇宙飛行士エドガー・ミッチェルは「全ては一体です。人間は神と一体なのです」などと語っています。アポロ15号で月面着陸したジェームズ・アーウィンは、キリスト教の伝道師になって、ノアの箱舟探索に出かけました。もしかしたら、前澤社長も帰還後、目つきや表情が全く変わっている可能性が……。そんな変化も拝見したいです。

144

キッチュな聖母子像

またスペインで、おかしな修復ハプニングが発生しました。スペイン北西部の教会にある木彫りの「聖母子像」は、15世紀の作品とされていて、年季が入ってちょっと見た目が怖い感じになっていました。

住人が28人しかいない小さな村で、この木像を修復しようという計画が持ち上がり、やりたいと手を挙げたのはたばこ屋さんのオーナーの女性、マリア・ルイサ・メネンデスさん。多分、小さな村で皆家族のような雰囲気で、教会の責任者が軽く許可して、マリアさんは好きな色で木像を着色したのでしょう。

修復された木像が公開されると、小さな村から世界に広がる大騒動に。聖母マリアとその母アンナの像はケバい色のマントをまとい、メイクもガッツリしています。真っ赤なリップを付けるだけで、マリアの清廉性がダウン。そして、幼子イエス・キリストの像は鮮やかな黄緑の服を着用。「聖母マリアがアイライナーを持っているのか」「幼子イエス・キリストの像がレゴのよう」などと批判される羽目に……。

修復した素人（といっても絵画教室の受講経験はあるとか）のマリアさんの言い分は、「私はプロではないけどベストを尽くしたの」とのこと。たしかに派手になって暗さはなくなったけれど、別の方向で怖くなったような……。海外のサイトに掲載されたマリアさんの写真は、木像と同じくアイラインをしっかり引いた、ふくよかな女性でした。悪気はなかったのは、良い人そうな雰囲気から伝わります。

何百年も地味な茶色だった木像にとっては、たまに派手な姿になるのは気分転換になって少し嬉しいかもしれません。

日本の寺院の建物や仏像も、古色仕上げといって、わざわざ渋い色合いに修復して厳かに演出していますが、もとは金ぴかとか派手に彩色されていたものも多かったと思われます。

そもそも天上界はショッキングピンクどころでない鮮やかさなのではないでしょうか。この目がクラクラする木像に慣れておいた方がいいかもしれません。

なめ子のもう一言

スペインでは2012年にも教会のフレスコ画「Ecce Homo（この人を見よ）」の修復にまつわる事件が起こっていました。イエス・キリストの肖像画を不気味な猿のように修復した80代のアマチュア画家、セシリアさんが世界中から非難を浴びましたが、逆にこのフレスコ画を見たいという人が多く訪れる結果に。さらにグッズも展開し、セシリアさんは修復後のフレスコ画の著作権収入の49％を得られることになったそうです。今回の聖母子像はそこまでブレイクしなさそうですが、どんなに変な姿にされても怒らない神の愛に感動を覚えました。

145

芝麻信用

外食や旅行の時、つい口コミサイトの点数をチェックしてしまいますが、サービス業にとどまらず、個人も数字でジャッジされる恐ろしい時代が到来しています。

「芝麻信用」（セサミ・クレジット）は、中国・アリババグループの関連企業が開発した個人信用評価システムで、中国で普及しています。信用度は人工知能によって分析され、350〜950点の点数が付与されます。950〜700点は「極めて良好」、699〜650点は「とても良い」、649〜600点「良い」、599〜550点「普通」、549〜350点は「やや低い」とランク付け。クレジットカードの支払い履歴や支払い能力、消費行動の特徴、交友関係、学歴や職歴などによって決められると言われています。個人的には、もっと人徳や業の深さの指標を知れたら良いと思うのですが……。

点数が高い人には特典もあり、ローンを組みやすくなる、シンガポールやルクセンブルクへのビザが取りやすくなる、ホテルやレンタカーのデポジットが不要になる、北京空港の専用出国レーンを使えるなど、微妙に融通を利かせてもらえるようになります。マッチングアプリで芝麻信用スコアを表示することで異性にモテる、という特典もあるでしょう。ただ人の好みによっては、芝麻信用400点以下のダメな男性が良いとか、点数が低い女子に萌える、という人もいるかもしれませんが……。

点数を上げる方法を検証している中国のネットユーザーもいるようです。クレジットカードで頻繁にネットショッピングを行い、支払いが滞らず、友人がたくさんいると点数が上がるらしいのですが、本当でしょうか。支払いにアリババのスマホ決済アプリを使い、分割払いをすればさらに上がるという情報もあります。自社サービスを使わせるように誘導しているのでしょうか。

点数が高い人は、一見交友関係が広く、高級品をバンバン買って羽振りの良さをアピールし、でも分割払い、という実は危ういタイプかもしれません……。

なめ子のもう一言

中国は点数を付けるのが好きすぎです。先日、中国の映画スターの社会的責任ランキングが発表されました。「出演作品」「慈善活動」「個人としての品行」の3項目でスターを査定。1位は俳優で監督のシュウ・チェンで78．08点。2位はアイドルのワン・ジュンカイで75．89点。ジャッキー・チェンは42位38．10点、チャン・ツィイーは48位36．34点。部外者から見ると何が基準かわからないです。

気の毒なのは女優のファン・ビンビン。巨額脱税疑惑で表舞台から姿を消した彼女の点数は、なんと0．00点……。ただ微妙に加点されているよりも0の方が潔くて、数字的にも美しく、彼女のルックスとマッチしています。

146

ストレス臭

においは正直です。ムリしている時、疲れた時などに普段とは違う体臭を感じるという方は多いのではないでしょうか。全て加齢臭だとあきらめる前に、新たなにおいのジャンルを知ることで、体調管理につながるかもしれません。

資生堂が、人が緊張する時に発する「ストレス臭」を発見しました。特にストレスが強いとネギやにんにくのようなにおいを発するそうです。夏場に漂う汗臭さとはまた違ったジャンルのシリアスなネギ臭なのでしょうか。他人のキツいストレス臭をかいで、ストレスを感じた人が連鎖的にストレス臭を発する、というネガティブスパイラルにもなりかねません。

ストレス臭を発見するための実験では、暗算を続けたり、答えづらい質問を受け続けたりした後に、手汗から発せられる「皮膚ガス」のにおいを検証したそうです。世間の波にもまれて働いている社会人にとってはストレスのうちに入らなさそうですが、特有の「硫黄化合物系のにおい」を突き止めたのは快挙です。さすが「加齢臭」を発見した資生堂です。

　ビジネスに生かし、ストレス臭専用のにおいケア製品を発売する予定とのこと。とはいえストレス臭は体から発するSOSサインだとも捉えられるので、においを抑えてがんばり続けるよりも、ストレスの原因をなくす方向にいった方が良いかもしれません。日本人の勤勉さが表れたニュースです。

　ストレス臭を知ってから、街や電車、会社を訪問する時などににおいをかぐ癖がついてしまいました。一緒にいる相手がネギ臭を漂わせていたら、相手にストレスを与えていないか考えた方が良さそうです。ラッシュ時の電車でにおいをかぐと、ほのかにネギ臭が漂ってきました。吸い込むと同時に他人のストレスも吸収してしまいそうで、油断できません。

　不思議なのは「ネギ」「にんにく」などは、一般的に精力をアップさせる食材だということ。なぜストレスを感じているのに、精力アップのにおいを発するのでしょう。もしかしたら、ストレスを与えている相手に対して、自分はまだ強いという威嚇のサインを発しているのかもしれません……。

なめ子のもう一言

　ストレスとは無縁そうな、若い女性特有の体臭もあるそうです。ロート製薬が加齢に伴う女性の体臭変化という、女として嫌な予感がする研究を行ったところ、若い女性は「ラクトンC10／ラクトンC11」というにおいの成分を多く発していることがわかりました。「若い頃特有の甘いにおい」だそうです。当時は自分では気付いていなかったのが悔やまれます。ちなみにこのにおいは年齢とともに減少し、曲がり角は35歳付近にあるとのこと。その現実を真摯に受け止めていきたいです。

147

炎上供養

炎上――。それは失言や過失に対し、誹謗中傷や非難が殺到し燃え上がる現象。インターネット上では連日、誰かのSNSやブログで「炎上」が発生しています。当事者にとっては精神的にダメージが大きいと思われますが、悩み深き衆生を救うために新潟の由緒あるお寺が立ち上がりました。

709年に建立された越後最古の名刹と言われている、真言宗豊山派の国上寺です。毎年恒例の「火渡り大祭」の中で「炎上供養」が執り行われました。お寺のサイトで供養を受け付け、炎上した本人のみデータを送信できるようです（10メガバイトまでアップロード可能）。

特設サイトは妙にギラギラしていて、金色の背景に梵字が回転、上杉謙信や源義経などが漫画タッチで描かれ、パチンコの画面かと思うほどの派手さでした。このキッチュで派手な画面を見ているだけでも、炎上してへこんだ人の気持ちが前向きになりそうです。

「炎上供養」はおそらく日本初の試み。ニュース映像を見ると、修験道の装束をまとったお坊さんが、燃え盛る火炎に次々と撫で木を投げ入れていました。僧侶のお経と、「プォ〜」という法螺貝の音が響く、霊験あらたかな空間。撫で木には、受付サイトに集まってきた炎上案件を出力した紙が巻かれていました。気になる内容は非公開とのこと。「炎上」をさらに燃やしまくっているような気がしますが、人々の悪意の炎ではなく、聖域での清らかな炎によって燃やされているので、懇ろに供養されるのでしょう。

炎上を現代の災難の一種と考えた山田光哲住職の発案。ご自身も10年ほど前、ブログが同業者に批判された経験があるそうです。人を救うという一面だけでなく、お寺の未来も考えて「現代社会に迎合しなければ日本仏教は残っていけない」という危機感を語っていました。

さすが、時代の権力者の庇護により、修験道・法相宗・天台宗・真言宗醍醐派・真言宗豊山派と改宗されてきた、臨機応変なお寺の住職さんなだけあります。ちなみにサイトに書かれていた歴史によると、「戦国時代、織田信長が延暦寺を焼き討ちしたように、当寺も何度か焼き討ちにあいました」と、度々リアル炎上していた過去が。炎上の苦しみがわかるお寺だと思うと説得力も増してきます。

なめ子のもう一言

神社の方も負けてはいません。神奈川県相模原市にある照天神社では、携帯電話のお祓いを行っています。「携帯電話祓い」は商標登録しているらしいです。神職の方が携帯電話やスマホにまつわる悩みを聞いたあと、宮司さんが文章にしてくれて、携帯電話を神前にお供えして、しっかりお祓いしてくれます。お寺と神社の効果を比べたら罰当たりでしょうか……。

148

筋肉体操

ＮＨＫの「みんなで筋肉体操」が、２０１８年８月下旬の地上波放映に続いて動画投稿サイト「ユーチューブ」でも公開され、人気になっています。続編も検討中だとか。番組でのキメ台詞「筋肉は裏切らない」は、新語・流行語大賞にもノミネートされました。

テレビを見ながら5分間、出演者と一緒に筋トレする、という趣旨です。筋トレに関する著書も多数の筋肉指導者・谷本道哉氏がナビゲート。そしてＮＨＫ「みんなの体操」のお姉さんたちのように体操する役割の３人のマッチョなイケメンも登場します。

それぞれ「俳優　武田真治」「庭師　村雨辰剛」「弁護士　小林航太」と、肩書も気になりますが、番組中は黙々とトレーニングして基本的にしゃべらず、ただ筋肉だけが語っています。

円形のお立ち台に上がった３人は、体にフィットしたタンクトップと短パン姿で露出度が高く、NHKなのにかなり攻めています。指導者の谷本氏もアグレッシブで、「筋肉を追い込む」というワードが頻発し、追求の姿勢を緩めません。

筋トレ中も「最後までやり切る！」「出し切る！出し切る！」と鼓舞します。リハーサルもあるだろうし、放映されている何倍もの運動をしていそうですが、疲れを見せないメンズ。筋肉があればどんな試練も乗り越えられます。

武田氏は二枚目キャラを貫き、軽いほほえみを浮かべていて余裕を感じさせます。日本に帰化したスウェーデン生まれの庭師、村雨氏は「キレてる」筋肉が美しく、コスプレが趣味の東大出身弁護士の小林氏は、日焼けした肌とまじめさのギャップが魅力。最終回では、武田真治氏が一言だけ「自分に甘えない！」と発するサプライズが。NHKのまじめさを極めることで生まれたシュールな演出に心つかまれます。

こうやってじっくりメンズの肉体を観賞しているところからわかるように、テレビを見ながら一緒に筋トレは……しておりません。ただ、目の保養で眼球の筋肉は鍛えられています。筋トレしない層もハマってしまう魔力がブレイクの秘訣かもしれません

〔追記・番組は好評を博し、19年以降シリーズ化〕。

なめ子のもう一言

「筋肉は裏切らない」という「みんなで筋肉体操」のキメ台詞を知ってか知らずか、心の叫びとして発していた女優がいました。先日、「マルコポロリ！」（関西テレビ）という番組で天海祐希さんが、筋トレにハマっている話題で盛り上がり、「婚活より筋活」「男は裏切るけど、筋肉は裏切らないよ！」といった名言が飛び出しました。「男は裏切るけど」という言葉がついただけで、切実さが増します。画面ごしにイケメンの筋トレを眺めているぶんにはノーリスクで、誰にも裏切られないのでおすすめしたいです。

１４９

インスタ流行語大賞

２０１８年にインスタグラム上で流行ったワードをピックアップした「インスタ流行語大賞」を、ＳＮＳマーケティング関連の会社「パスチャー」が発表しました。「もしかして時代に乗り遅れている？」と不安にかられるラインナップでした。

インスタアプリを起動させ、20個の流行語のハッシュタグを検索してみました。「３１５０」は、飲み会や祭り、新車などの写真に添えられていて「最高（３１５０）」の意味。「さいくぅー」もほぼ同じ意味で、ダンス＆ボーカルユニット「ＧＥＮＥＲＡＴＩＯＮＳ　ｆｒｏｍ　ＥＸＩＬＥ　ＴＲＩＢＥ」のメンバーが使ってからファンに広まったようです。「いいアゴ乗ってんね」「水鉄砲メガホン」というワードもあります。「いいアゴ乗ってんね」というのは、画面に手が出てきて、音楽に合わせてそこにアゴをのせる、という動画です。楽しいのなら何も言いません。

インスタには美しい景色も数多く投稿されますが、そんな時に添えられるワードが「どんつき同盟」「けしからん風景」。「どんつき同盟」とは、「どん！と 突き当たったようなきれいな風景」だそうです。きれいな景色を表しているはずなのに、どちらも語感はあまり美しくありません。だんだん規則性が見えてきました。「きょコ」というワードでは、若い女性の全身写真が出てくるので「きょうのコーディネート」の略、と推測したら、当たっていて嬉しいです。少し時代に追いつけた感が。脳を老化させないトレーニングになりそうです。

人生の充実度をアピールするＳＮＳなので「カントゥーヤ」（乾杯の合図だそうです）など、宴（うたげ）関係のワードもよく使われています。いっぽうで「モニグラ・ヨルグラ」（早朝や夜遅くに投稿すること）というハッシュタグをつけた勉強中のノート写真も。承認欲求を勉強の励みにしているとは……。承認欲求の数だけ新たな言葉が次々と生まれるインスタワールド。自制心を超える若さやエネルギーがないと使いこなせません。

なめ子のもう一言

流行語大賞の逆で、自分や周りの人しか使っていない「流行してない語大賞」がツイッターで盛り上がっていて、テレビにも取り上げられました。「しっくりくる」を略した「しっくる」、小さい子がどんぐりを親のポケットやバッグに入れてくる「どんぐりハラスメント」、お盆と誕生日の時期が重なっていることを表す「ボンジヨビ」など。どれも味わい深い言葉です。テレビで取り上げられたからといって軽々しく流行しない、消費されにくいところが魅力です。

150

ナムい

最近、お寺の発信力が強まっているのを感じます。ネットで話題になっているのが「ナムい」というワード。「南無い」とも書きます。「帰依する」というような意味で使われる、南無阿弥陀仏の「南無」であると推察されますが、どのように使うのでしょう?

SNSで検索して出てきたのは、ゴージャスな霊柩車の写真、坊主バンドのライブの告知、お寺の看板……。だんだん「ナムい」感覚がわかってきました。しめやかさと、萌えと、感動が入り交じった感じでしょうか。

この言葉が広まったのは、「知恩院　秋のライトアップ2018」の告知がきっかけだそうです(終了しました)。お寺でお坊さんが自撮りする写真に「#ナムい」「#知恩院」というハッシュタグが添えられていました。

動画まで作っていて、お寺のプロモーション力を感じさせます。このイベントには浄土系女性アイドルユニット「てら＊ぱるむす」が出演。もともと彼女たちから「ナムい」というワードが生まれたそうです。

知恩院の宿泊施設のインスタグラムで、僧侶が「『＃ナムい』というのは『南無阿弥陀』の『南無』に由来する言葉で、ざっくり言うとお寺に来て『萌え』を感じることです」と、解説。萌えという感情は煩悩のような気がしますが……。

知恩院はさすが浄土宗の総本山なので懐が広いです。お参りした時、荘厳な門や建造物、多数の宝物に圧倒されました。あの世とこの世の境目のような幽玄な空気が漂い、一瞬ここは冥土なのかと錯覚。そのような厳粛なお寺で「ナムい」という言葉が進んで使われているとは、時代の変化に驚かされます。

ライトアップの写真を、ＳＮＳに「＃ナムい」「＃知恩院」とハッシュタグをつけて投稿するフォトコンテストが実施されていました。普通だったら、「夜のお寺……怖っ」と思ってしまうような霊妙な写真の数々に「＃ナムい」とついたとたん、恐怖が半減、気持ちが軽くなってきます。

お寺の門戸を広げる「ナムい」の言霊力を実感。「仏の顔も三度まで」と言われますが、派生語として「ナムラー」「激ナム」などもあるそうで、許してくださる仏様の御心の広さを感じます。

なめ子のもう一言

てら＊ぱるむすの活動を企画したのは、京都の龍岸寺。こちらの池口龍法住職はやり手で、発行するフリーマガジンやお寺の看板の言葉のセンスでも注目されています。普通は真面目な戒めが書かれているお寺の看板ですが、ひと味違います。「ＮＯ　ご先祖、ＮＯ　ＬＩＦＥ」「物欲を忘れて仏欲を抱こう」「ナムい心忘るべからず」など。僧侶じゃなかったら俗世の広告代理店で活躍していそうなナムいセンスに脱帽です。

151

高輪ゲートウェイ

２０２０年に開業する山手線の30番目の新駅の名称が「高輪ゲートウェイ」に決まったと発表されました。応募総数は６万４０５２件。その中で36件しか入らず、１３０位だった「高輪ゲートウェイ」が、１位の「高輪」（８３９８件）、２位の「芝浦」（４２６５件）、３位の「芝浜」（３４９７件）を差し置いて選ばれました。これがアイドルオーディションだったら、強力なコネを疑うところです。

オリンピックに向けて、外国人客を英語まじりの駅名で誘致しようという意図があるのでしょうか。「全て参考にした上でこの駅名に決めさせていただいた」と、ＪＲ東日本の社長は語っていましたが、「長すぎる」「ダサい」などという批判が巻き起こりました。駅名の撤回を望む署名運動も起こっています。

あまり利用しなさそうなのでどうでもいい……と

いう風にはいきません。1個だけ飛び抜けて長い駅名が山手線の表示に入ると、何か世の中の秩序が乱れてしまう気がします。周りの人もモヤモヤする思いを抱いていないか、意見を聞いてみました。

20代芸人男性2人のご意見。「めっちゃおじさんが決めたのかなって思う。最新っぽいのにしよう、って。でも現地は何もなさそう」「若者のセンスを感じない。空港みたい」。古いセンスを一刀両断されました。

制作会社の20代女性の意見は、「最初の印象はイマイチだと思ったけれど、ニュースを見ていたらカタカナが入っているのもありだな、と思いました」と、寛容でした。制作会社勤務の30代男性は「わりとポジティブに捉えています。変化していく情勢を表しています」と、好意的。40代の男性クリエイターは「いいと思います……」と受け入れ態勢でした。

「ゲートウェイというのは音楽スタジオの名前。ゲートウェイに高輪店ができたのかな、って勘違いしそう」というバンドマンの意見もありました。

東京の山手線だから注目されるのだと思われますが、全国にはカタカナまじりのシュールな駅名がたくさんありました。「アプトいちしろ駅」「太郎丸エンゼルランド駅」「南ウッディタウン駅」「松江フォーゲルパーク駅」「田んぼアート駅」……。これらと比べれば、「高輪ゲートウェイ駅」は十分アーバンなセンスです。

なめ子のもう一言

「高輪ゲートウェイ」が発表になった後、山手線の駅名を全駅カタカナまじりにしてみた創作ツイートが話題です。作者は現役大学生のくらげさん。「新橋サラリーマンサンクチュアリ」「田端ナッシング」「渋谷ヤングシティ」「有楽町オールモストギンザ」など、なるほどと感心させられました。このようにすればバランスが取れます。若いセンスを取り入れてますますグローバルな都市に……。

152

バッドアート

フェルメール、ムンク、ルーベンス……、続々来日する海外の歴史的画家の名画展。一流のアートで教養を高めるのも良いですが、駄作の芸術にもシュールで独特な魅力があります。

東京ドームシティ内にあるギャラリーアーモで2019年1月14日まで開催の「バッドアート美術館展」では、米国・ボストンにある「バッドアート美術館（MOBA）」の選りすぐりの収蔵品を本邦初披露。ルイーズ・ライリー・サッコ館長らが来日する内覧会にうかがいました。一般的な美術展関係者と比べてカジュアルな雰囲気です。お話によるとルイーズさんの兄が、ゴミの中から発掘された作品（おばさんが花畑にたたずむ絵）を入手したのがきっかけで、コレクションがスタートしたそうです。以来、ガレージセールやリサイクルショップ、ゴミ置き場などから秀作を探したり、寄贈（時には作者本人からも）されたりしてコレクションが充実。

下手なら何でも良いというわけでもなく「誠実な思いで一生懸命描かれたもの」を選ぶそうです。ウケ狙いではなく、本人はいたってまじめという天然さがポイントです。自分でも描けるかもと思い上がっていましたが作品のレベルの高さに驚き、ある意味天才じゃないと描けないと脱帽しました。

例えばケンタウロスとバイク乗りの男子が競い合う「ケンタウロスとバイカー」、沼のほとりで黄緑色の全身タイツ着用の男女がほほえみ合う「沼ピクニック」、雪山と犬が一体化した「犬」、野球場で選手がモンスターに食われる「セーフ」、死んだ魚がバランスの悪い構図で描かれた「死んだ魚」、顔が緑色で具合が悪そうな「緑のジミヘン」など、くぐもった笑いがこみ上げます。

世界初公開となる注目の作品が「天国への階段（ゲイブとリズ）」です。途切れた階段に座る男女。女性の方はこれから待ち受ける運命を予感しているのか不安げな表情。作品の説明は「歩き疲れたカップルが工事中の階段を上り落命する直前の姿をとらえた」場面とのこと。哀愁が漂っているのもバッドアートの魅力です。

完成された素晴らしい芸術作品よりも、なぜこうなってしまったのかという謎が多くて、突っ込みながら考えさせられるバッドアート。芸術の効能は、笑って癒やされるパターンもあるのです。

なめ子のもう一言

米MOBAのサイトでは、Tシャツやカレンダーなども販売されていました。元手はほとんどかかっていなくて、美術品を運ぶ際の高額な保険もあまり必要なさそうです。失敗は成功の元と言われますが、失敗作にビジネスチャンスが隠れていることもあるのです。ただ、作者がたまたまバッドアート呼ばわりされているのを見つけてしまうと、訴訟社会アメリカなので訴えられるリスクもありますが……。

153

来訪神

ナマハゲはメジャーですが、全国に来訪神がこんなにおられたとは驚きでした。国連教育・科学・文化機関（ユネスコ）の政府間委員会によって「来訪神　仮面・仮装の神々」が無形文化遺産に登録されることが決定。認定されたのは8県にわたる10の神々です。

ニュースでは各地で喜びの声が伝えられました。ある番組にはナマハゲが生出演し、「うぅ〜」「ぐぉ〜〜」と喜びの雄叫び（おたけび）をあげていました。仮面を取ったら普通のおじさんで、後継者不足について語っていましたが、地声の割れ具合が長年のナマハゲ歴を物語っているようでした。

沖縄県・宮古島の「パーントゥ」は泥まみれの仮面の神様で、人々を追いかけて異臭を放つ泥を塗りつけたり、新築の家でゴロゴロ転がって泥だらけにしたりします。神様なので治外法権。警官に泥を塗りたくる映像も見ました。無病息災のご利益があるとされます。

鹿児島県・薩摩硫黄島の「メンドン」は、南国風の赤い渦巻きモチーフの仮面をかぶり、見物人を木の枝で叩きますが、魔を祓うと言われています。鹿児島県・悪石島の「ボゼ」は、逃げ惑う人々に赤土のついた棒をこすり付けます。地元の人々は悲鳴を上げながらもスリルを楽しんでいるようです。遊園地やVRもない時代から伝わる、エンターテインメントの側面もありそうです。

戒め系の来訪神もいらっしゃいます。大みそかに首のない馬に乗って地上に降り立つ、という設定も怖すぎる鹿児島県・甑島の「トシドン」、小刀を手に不気味なお面を付けて、怠けた印である「火斑」を剝がそうとする岩手県・吉浜の「スネカ」など。「ナマハゲ」もそうですが、怠けている人々を更生させるという使命感を持った神々がいます。日本人の勤勉さは来訪神によって培われたのでしょうか。今ならエアコンの設定温度について諭されそうです。

ハロウィーンブームの同調圧力や、「ゆるキャラグランプリ」の組織票のもやもや感などを一気に吹き飛ばしそうなインパクト。国内に目を向ければこんなにすごい奇祭の数々が。来訪神が世直ししてくれることを期待します。

なめ子のもう一言

都市では来訪神を迎える機会はなかなかありませんが、銀座のナマハゲ居酒屋・なまはげ銀座店を訪れたことがあります。ショータイムになるとドスドスと足音を立てて現れ、「まじめに仕事していない奴はいねが〜」と詰問。馴れ馴れしく話しかけた人を「呼び捨てするな」と叱ったり。記念撮影に応じてくれてサービス精神旺盛です。大人になって怒られる機会が減ったという人にもお薦め。来訪神ブームで「トシドン居酒屋」「パーントゥ居酒屋」などができても良いかもしれません。

2019

RYUKO★TAIZEN

令和ビジネス

154

僧衣でできるもん

このところ仏教やお坊さん周りのカルチャーが注目を集めています。ありがたがられる存在な上、現代的なセンスを持っていて才覚もあるなんてちょっとずるい気もしますが、今回のムーブメントはお坊さんの受難から始まりました。

昨年9月、福井県内の40代の男性僧侶が、法事に行くために僧衣で車を運転していたところ、「運転操作に支障を及ぼすおそれがある」という理由で、交通反則切符（青切符）を切られてしまいました。「僧衣の袖や裾」が運転に支障があると判断されてしまったのではないか、とのこと。

このニュースが広まり、不明瞭な基準に異を唱えるお坊さんたちが、「#僧衣でできるもん」というハッシュタグで、運動系の動画をアップしはじめました。

初期に投稿したのは、僧衣で小型のスケボーを乗りこなす40代僧侶。新潟県のお寺にこんなイケメン僧侶がいたことが知らしめられました。山梨県の僧侶は、連続二重跳びを披露する動画を投稿。節制された食生活のためか体形がスリムで、二重跳びも難なくできます。

ジャグリングを披露した弟の僧侶に触発され、住職兼アスリートの方は難易度の高い縄跳びの技を披露しました。さらに、ライトセーバーで見えない敵と戦う僧侶、フィットネスバイクをこぎまくる僧侶、ドラムを演奏する僧侶、バク宙する僧侶まで登場して、スキル合戦の様相に……。技を披露したあと、手を合わせて拝む僧侶もいて、敬虔（けいけん）な姿勢が素敵です。

僧侶にとって不本意なニュースが発端ですが、彼らの動画からは怒りや反発などは伝わってこなくて、平和に楽しく僧衣の可能性を伝えようとしているようです。お坊さんのリア充ぶりもうかがい知れます。

動画をアップした僧侶や、ブログに意見を書いた僧侶のもとには取材が殺到し、SNSのフォロワーが増えるブレイク状態に。これは、もしかしたら布教のチャンスです。一般人として、危険なバク宙とかアクロバティックな運動が成功するのは、やはり仏様のご加護があるからかもしれない……と希望を抱いてしまいました。

なめ子のもう一言

アメリカでは、大リーグ、ホワイトソックスの試合の始球式に修道女が登場しました。僧衣にTシャツを重ね着した姿で、球を腕の上で転がして遊んだ後、ノーバウンドでストライク。ナイスピッチングのシスター・メアリー・ジョーは、しばらく時の人に。本職はシカゴのカトリック系高校で神学を教えている先生だそうです。運動と無縁そうな修道女と完璧な投球とのギャップがクールです。普段スカートをはく女性は僧衣さばきに慣れているのかもしれません。

155

エスカレーターでは歩かないで

なぜこんなに急いでいるのかわからない。でも、この数十秒の差が1日のスケジュールに影響するような気がして、エスカレーターを小走りしてしまう。こういう方は多いのではないでしょうか。

関東の場合、エスカレーターの左側は止まって乗り、右側は急いでいる人が歩くという暗黙の決まりがあります。右側に来てしまったらキツくても歩き続けなくてはなりません。自分で選んだ道だから、と心に言い聞かせ、悠然とたたずむ左側の人々の余裕を羨ましく感じながら……。左側でいちゃつくカップルを見かけた時は、思いきり駆け抜けたい衝動にかられます。

片側空けはイギリスで1940年代に始まったとされています。輸送効率が高まると考えられ、日本でも広まりましたが、歩かないで2列で乗った方が早くたくさんの人を運べる、という実験結果もあるようです。

　たしかに片側はスペースが余っている印象で、駆け上がった人が足を踏み外す事故が発生しています。日本エレベーター協会によると、エスカレーターでの転倒事故は増加。段差が一般的な階段より大きいため歩くのに適していないそうです。エレベーター協会がエスカレーターのデータを？　と一瞬混乱しましたが、とにかく危ないものは危ないのです。

　度々、啓発活動がありましたが、ＪＲ東日本が本格的にキャンペーン。東京駅の中央線のエスカレーターでは２０１９年２月１日まで行われていると知り、探したら端っこのエスカレーターの手すりがピンク色に変えられているのを発見。猫やリスのかわいいキャラの横に「Ｄｏｎ't　Ｗａｌｋ！」「つかまって♪」と書かれていました。

　しかし、さりげなさすぎです。手すりを一瞥もせず駆け上がっていく人々の姿が。そもそも「Ｗａｌｋ」「歩く」という単語が自分に無関係なものとして頭に入って来ないのかもしれません。本当に急いでいる人は歩きではなく走っているので……。「走らないでキャンペーン」からはじめてみても良さそうです。

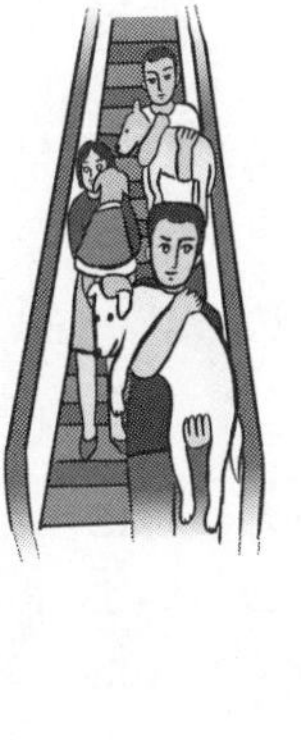

なめ子のもう一言

　エスカレーターの楽しい話題といえば、２０１８年11月にブラジルのショッピングセンターで開催された「犬を連れての買い物デー」での一幕がありました。モールへの犬連れが奨励されたため、地元のゴールデンレトリバー愛好会のメンバーが愛犬を抱いてエスカレーターに乗る姿が話題になりました。こんなかわいい犬たちになら、両側を塞がれてもクレームは出ないでしょう。急ぎたい衝動にかられたら、犬だらけのエスカレーターを思い浮かべたいです。

156

税金かるた

単語だけでも戦慄させられる「税金かるた」。税金で楽しむという発想はありませんでしたが、最近ネットで話題になったのは、東京法人会連合会が作成した「法人会税金かるた」。職業体験テーマパーク「キッザニア東京」でのイベントで子どもたちに配布されたそうです。

「税を考える週間」に合わせて、キッザニアに税務署ブースが設置されていたのも空恐ろしいですが、とにかくかるたの内容が恐怖と笑いが一体になった反応を生み出しているようです。

法人会マスコットキャラクターの犬「けんた」くんも絵札のどこかに入っていて、納税者に目を光らせています。読み札の例を挙げると、「安全を　都市計画税が　引き受ける」「笑顔ある　未来をつくる　税制度」「所得税　働く汗で　できている」など。絵札には、笑顔の家族連れや若者とともに、理想郷のような世界が描かれています。

都内の「辻・本郷税理士法人」が作った「相続かるた」は、「遺言も　見つからなければ　ただのゴミ」「資産より　負債が多いなら　相続放棄」など、納税者の側に立ったシニカルな内容です。

しかし「法人会税金かるた」はどちらかというと徴収者側の視点。税金の素晴らしさを訴えています。「列島を　ガソリン税が　つなぐ道」「ぬくもりの　ふるさと納税　活性化」など恩着せがましい感じですが……。

「いい湯だな　入湯税の　あたたかさ」という読み札には「入湯税とは、温泉に入るときにかかる税金です。温泉が出る地域の施設整備などに使われています」という解説が添えられ、税金のありがたみをアピール。「嬉しそう　酒税を納める　お父さん！」という札もありました。税金かるたで遊ぶうちにそういう精神状態になってしまったのでしょうか……。

何枚か見て気付いたのは、絵札に頻出する家族連れがよく同じ服を着ていることです。もしかして積極的に税金を払いすぎて家計が……。隠れたメッセージから税金について深く考えてしまいます。

なめ子のもう一言

かるたや川柳、作文、習字など「税金」はカルチャーの一つのジャンルになっているのでしょうか。たまに駅や商業施設、公民館などで、税金についての書道展を見かけます。極太の筆文字で黒々と書かれた「国税」「確定申告」「納税」といった単語が目に入ってくると、逃れようのない圧を感じます。多くは子どもによる作品なので、文字が力強いです。「自分たちの未来のためにも、大人は納税がんばってください」と活を入れられているようです。

ノー・バイ運動

ミニマリストだったり、ノームコアだったり、時々発生する質素なムーブメント。最近、英国で「ノー・バイ運動」が話題です。その名の通り「買わない」という極端なプロジェクト。英紙ガーディアンによると、ファッション業界の環境への影響が懸念される昨今、新しいものを買わずに、すでに所有しているものを使う、という動きがあるそうです。

衣料品に加え、女性の場合、化粧品にもお金がかかるので、毎月の支出は大きいですが、何も購入しないなんてできるのでしょうか。ちなみに「ノー・バイ」の前には「ロー・バイ」があるそうで、一気に物欲を断ち切れない人は段階的に取り入れられます。

ノー・バイ運動を始めた人々が集う海外のサイト「ＭａｋｅｕｐＲｅｈａｂ」を見たら、登録者数は約５万５０００人（２０１９年時点）と多くても書き込みはそんなに盛り上がっておらず……。物欲は生きる原動力という部分もあるので、士気まで低下しないか心配です。

ユーチューブでは、インフルエンサー的な女性が次々とノー・バイ運動の進捗状況をアップ。メイクをバッチリしていて、何も買わなくても自分の生活レベルを下げずに美しさを保っていることをアピールしているようです。

「ノー・バイの後、どんなことになるか楽しみでエキサイトしている」と、ある女性は語ります。リバウンドしないことを祈ります（私事ですが、1か月ほど買い物を抑えめにした後、激しい反動で買いまくった実体験が……）。ケリーさんは、無駄な買い物をしないため、ドラッグストアに入らないでスルーすることを勧めていました。そして過去に購入した多色のメイクパレットを披露。もともとコスメや服のストックが大量にありそうです。ヘイリーさんは、欲しいけれど買わないものリストを発表。名残惜しそうに語り、逆に見る人を購買に駆り立てそうです。マニアックなアイテムを「もう買わない」と紹介するユーチューバーの方々は、今まで消費しまくって平均支出を上げていたという説が。

ストイックで響きの良い運動ですが、安易にまねしたら普通の人は苦労するかもしれません。買うにしても買わないにしても、インフルエンサーに翻弄されないようにしたいです。

なめ子のもう一言

この度ロイヤルファッションをリサーチしているサイトが欧州の王室の女性14人の衣装代を算出。すると、1位になったのがイギリスのメーガン妃。2018年はなんと5000万円以上も使っていたそうです。たしかに毎回見るからに高くて最新のお召し物でした。ただ、買わない人ばかりだと経済が回らないので、富を支配している階級の人は服でもコスメでもどんどん買って良いのではないでしょうか。

158

法王のアプリ

聖職者だけではなく、アプリも神と人の媒介となる時代に……。

ローマ法王フランシスコが日曜の説教で、サン・ピエトロ広場に集う数万人に向けてアプリを発表しました。タブレットを操作して開いたアプリは、「Click To Pray（祈るためにクリックを）」。

日本では「○○Pay」と命名されることが多い電子マネーのアプリが注目されていますが、「Pay（払う）」よりも「Pray（祈る）」が人間として大切かもしれないと思い、さっそくインストールしました。

アプリを立ち上げると出てくる「VATICAN MEDIA」というロゴが厳かです。祈りに参加した人数の表示を見ると、順調に輪は広がっているようです。最初のページでは、法王が重点的に祈りたい事柄が表記されていました。2019年1月は「パナマで開催された『世界青年の日』大会に参加する青少年のための祈り」だそうです。正直あまり関係ないと思いながら「Click To Pray」という文字をクリックすると、ハートマークとともに「Thank you for praying」というメッセージが出ました。

いいことした感で、魂の奥に快感を覚えました。しかし、黙想したり手を合わせたりすることもなく、ワンクリックで本当に祈れているのでしょうか……。法王がこれで良いとおっしゃっているのなら祈りになっているのでしょう。

「祈りのネットワーク」というコーナーは、悩み苦しむ人々の書き込みに対し、祈りクリックすることができます。「過去に私に悪いことをした人たちを許す力を与えてください」という意識の高い投稿や、「寒い中ホームレスが凍えませんように」「嚢胞性線維症の治療法がみつかって姪が元気になれますように」など、自分以外のための投稿も多いです。

義理の姉を殺害した犯人が捕まるよう祈りを請うシリアスな書き込みも。「就職の面接がうまくいくように祈って」と、絵馬感覚で書く人もいました。

減るものではないので次々とクリックして祈っていったら、心から充実感に満たされました。人間のSNSでの承認欲求は、突き詰めると神様に認めてもらいたい、ということなのかもしれません。

なめ子のもう一言

ダライ・ラマ14世は2017年に、iPhone向けアプリ「Dalai Lama」をリリースしています。ダライ・ラマ14世の顔のアイコンがあるだけで魔除けになりそうな……。ただ内容は公式サイトとほぼ同じで写真やスケジュール、教え、略歴など。シンプルな構成がダライ・ラマ14世らしくて、どちらのアプリもそれぞれの良さがあります。アプリでパケットも浄化されそうです。

159

ラガーフェルド氏の愛猫

「猫に小判」。多くの人がこのことわざを思い浮かべたことでしょう。

シャネルやフェンディのデザイナーとして活躍し、ファッション界の帝王と呼ばれたカール・ラガーフェルド氏が、85歳で天に召されました。巨額の遺産（推定約220億円）の一部を、愛猫シュペットが相続する可能性があるようです。海外メディアで世界一リッチな猫だと書かれて話題になっています。

シュペットは白いバーマン種の雌猫。ふわふわの毛並みと青い瞳が美しく、これまでにモデルをしたりグッズになったりして、ファッション界で人気を博していました。彼女自身、少なくとも約3億8000万円を稼いだそうで、すでに億万長者猫です。

しかし、ラガーフェルド氏は生前からシュペットに財産をのこすことを考えていました。洗練されたワガママな愛猫が今の生活を維持できるように……と。

シュペットの無邪気な瞳は、お金への執着なんて感じさせません。しかし豪華マンションに暮らす彼女は、王侯貴族のようなゴージャス生活に慣れきっていました。シュペット担当のメイドは2人もいます。銀の皿でコロッケやパテをいただきます。プライベートジェットでくつろぐことも。

シュペットの後見人になって巨額のお金を自由に使えるようになる人も相当羨ましいです。ツイッターにアップされた黒いカクテルハットをかぶった哀(かな)しげなシュペットの姿は涙を誘います。「お悔やみの言葉ありがとうございました。ブロークンハートとともに、喪に服します」といった書き込みも添えられていて切ないです。でも、その前は、「カール・ラガーフェルドはシュペットに遺産を相続させる」というニュースをリツイートしていました。シュペット本人なのか、中の人なのかわかりませんが、さりげなく権利を主張しているようです。かわいい顔をして結構やり手というキャラにも萌えました。

なめ子のもう一言

自分専用のiPadを持っているシュペット。2019年時点でインスタグラムには約30万3000人、ツイッターのアカウントには約5万3000人もフォロワーがいるカリスマ猫です。ツイッターでは「バーニーズニューヨークの65ドルのデザイナーズチーズバーガーのニュースが気になるのは、私のようなリッチな存在だけ」とつづったり、エビの皿を前にしている写真などがアップされたり、セレブキャラを貫いています。お父さんのカールがいなくなった後、シュペットの生活レベルが落ちないか、毛並みも含めて数十万人のフォロワーがしっかり見守っています。

160

皇居のタヌキ

このところ、天皇陛下御在位30年を記念した行事が各地で開催されています。中でも充実していたのが、東京・上野の国立科学博物館での企画展「天皇陛下の御研究と皇居の生きものたち」（2019年3月31日まで）。天皇陛下が取り組まれている生物学の研究や、皇居の動植物の調査結果が展示されています。

有名なのはハゼ類の分類学的研究です。天皇陛下は皇太子殿下の頃からハゼ類の研究をされていて、多数の新種を学会に発表されています。論文も「ハゼ科魚類の肩胛骨について」など、30編以上を発表されています。

また、天皇陛下が熱心に研究されているのが、皇居に定着しているタヌキについて。都心ではあまり見られなくなったタヌキが皇居に暮らしている痕跡があり、興味を持たれた天皇陛下が自ら、タヌキの糞(ふん)をお調べになりました。内容物にはモグラなどもあり、意外なものを口にしていることが分かります。動物の糞を調べることもいとわない、生物学者としての姿勢が素晴らしいです。皇居は果実なども豊富でタヌキはエサには困っていないようでした。

さらに遺伝子を検証すると、他のタヌキとは違う特徴が判明し、ネットなどでも話題になりました。なんと、ミトコンドリアDNAの解析から、皇居のほとんどのタヌキはハプロタイプB型。他の地域には見られないタイプで、古い時代に枝分かれしたものと予想されています。ちなみに赤坂御用地を含め、国内各地にいるハプロタイプA型のタヌキは1匹だけ皇居に生息しているとか。民間タヌキでしょうか。

DNAの解析によって、皇居のタヌキは日本の他のタヌキとは一線を画した、未知の遺伝的構成を持つことがわかりました。人間だけでなく動物にも高貴なファミリーが存在しているのでしょうか。昔話や民話によると、タヌキは不思議な力を持っているとされているので、ただの動物ではなさそうです。平成から新元号になる瞬間、皇居のどこかでタヌキも何らかの儀式をしているかもしれません。

なめ子のもう一言

国立科学博物館のすぐ近くの東京国立博物館では御即位30年記念の特別展「両陛下と文化交流―日本美を伝える―」が開催。御即位の折に制作された美しい屏風(びょうぶ)や、天皇陛下の幼年期のお振り袖、江戸時代の絵巻物など、日本文化の粋を極めた優品が展示され、目の保養になります。天皇陛下がタヌキの研究をされている一方で、皇后陛下は養蚕に熱心に取り組まれました。純国産の蚕「小石丸」を守り育てられている様子なども展示。「御養蚕始の儀」や御給桑(ごきゅうそう)といった行事や作業が行われ、大切に扱われている蚕は特別な存在のようです。皇居の生き物が羨ましくなります。

ギルティフリー

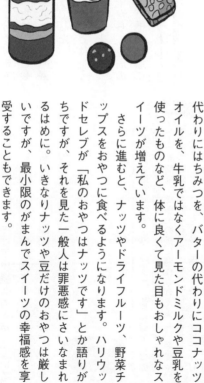

最近よく目にするようになった「ギルティフリー」というワード。罪悪感を覚えずに食べられるヘルシー食品、という意味で使われています。特にスイーツの分野で盛り上がっているようです。砂糖の代わりにはちみつを、バターの代わりにココナッツオイルを、牛乳ではなくアーモンドミルクや豆乳を使ったものなど、体に良くて見た目もおしゃれなスイーツが増えています。

さらに進むと、ナッツやドライフルーツ、野菜チップスをおやつに食べるようになります。ハリウッドセレブが「私のおやつはナッツです」とか語りがちですが、それを見た一般人は罪悪感にさいなまれるはめに。いきなりナッツや豆だけのおやつは厳しいですが、最小限のがまんでスイーツの幸福感を享受することもできます。

新宿駅構内にあるギルティフリーのスイーツが人

気のお店へ。「砂糖不使用」「低GI」といった説明書きが添えられ、低カロリーという表示も。わりと良いお値段で、チョコのトリュフ3個1200円、ジャーに入ったクリームとジュレのスイーツは600〜700円台でした。食べてみましたが、ギルティフリーだと思うと、おいしさの高揚感が広がっていきました。

六本木ヒルズの期間限定カフェも、ギルティフリーのフルーツパフェが人気です。休日に行ったら結構並んでいました。若い女性客が次々に買って、〝映え〟写真を撮りまくっている一押しメニューのイチゴのパフェが1944円！　思わず後ずさりしてしまいましたが、ここまで来てあきらめられずにオーダー。最近の人はSNSのためなら金に糸目を付けないようです。パフェはボリューム大。軽めのクリームと大量に入ったイチゴにヘルシー感が漂っていました。

いくつか買ってわかったのは、ギルティ（罪）を消すためには、免罪符のようにお金がかかるという現実です。ジャンクなスイーツに甘んじている人との格差が生まれているかのよう。そこで優越感を抱いてしまったら別のギルティになるので気を付けたいです。

なめ子のもう一言

ギルティフリーと反対に罪悪感たっぷりのスイーツは何でしょうか。調べたらアメリカにかなり高カロリーで魅惑的な食べ物があることを知りました。ディープ・フライド・バターは、棒状のバターに衣を付けて揚げて、砂糖やはちみつをかけたスイーツ。バターをさらに油で揚げるという禁断のギルティ感で、一度食べたら病み付きになる魔力を感じます。ギルティフリー生活を続けて欲望を封じ込めていたら、反動でこんなスイーツが無性に食べたくなりそうです。

162

ノーメイクOKのCA

英ヴァージン・アトランティック航空が、メイクフリー宣言をして話題になっています。キャビンアテンダント（CA）とグランドスタッフは、ノーメイクでも良いとのこと。多様化を認める風潮が波及しているようです。パンツかスカートかも選べるようになりました。

ただ、制服の色は真っ赤以外選べないみたいで、自由とは言いながら、ヴァージン航空のガイドライン推奨の口紅とファンデーションを使用することは歓迎されているそうです。CAさんからも賛否あり、飛行機の「ひどい」照明下でノーメイクでいることへの懸念の意見も出ています。

空港での各国のCAさんたちが行き交う様子は、ハイレベルな女子力がせめぎあっているよう。お国柄でメイクの傾向が違うのが興味深いです。CAさんは機内で常に乗客の視線を集めているので、すっぴんになるのには勇気がいることでしょう。一般女性がノーメイクで宅配便の人に応対するのとは規模が違います。

疲れていても女性はメイクをすることで気力と自信を奮い立たせるという一面があります。一方、乱気流の時などに美しくメイクして毅然と働くCAさんたちの姿を見ると乗客の恐怖心が軽減される効果も……。

航空会社によっては、メイクの色が決まっている場合もあるそうです。例えば、機内の照明が暗いのでリップは発色のいいピンクや赤、アイシャドーは顔色が明るく見えるブルーやパープルなど。それぞれ使いたい色もあると思うので、細かすぎるルールは少し緩めても良いのかもしれません。

ノーメイクはCAさんの仕事量を増やしてしまう可能性もあります。先日も飛行機に乗って思ったのですが、バッチリメイクのCAさんはどこか近寄りがたさがあり、頼み事をするのは躊躇してしまいます。反対にノーメイクのCAさんがいたら気安く呼び止められそうです。あえてノーメイクになるCAさんの勇気をリスペクトします。

なめ子のもう一言

知人のCAは入社試験の体力測定で、誰よりも長時間腹筋や腕立てを続けていたら採用されたそうです。メイクのスキルや女子力よりも、まずは体力という説が。体力測定では前屈や握力、腹筋や垂直跳びなどをチェックすると言われています。健康で体力があって、英語もできて美しいという、CAさんに羨望の念を抱かずにはいられません。セレブ的な存在として機内販売でコスメを薦めているので、ノーメイクだとビジネス的に厳しいかもしれません。

163

令和ビジネス

厳かに発表された新元号「令和」。発表後に4月とは思えないほど寒くなったのは、新元号の語感が「冷(れい)」気を運んできたのでしょうか。言霊(ことだま)を感じます。

そんな中、時代の流れに最速で乗るべく動いた人々が。新元号発表の約1時間後に新曲「令和」をネット上で発表したゴールデンボンバー。派手な和服でおめでたいムードの曲を歌っていて、令和への期待が感じられます。さらに早く発表されたのが、レペゼン地球の「令和」。平成への思いや寂しさを歌ったさわやかな曲でした。

キュウソネコカミの「ギリ昭和 ~完全版~」は、ぎりぎり昭和生まれのメンバーが激動の昭和を懐かしむ曲。各グループ、歌詞の要所に「令和」というワードが入ってきますが、元号案の中で最もハマりそうなおしゃれな年号で良かったです。「万保(ばんぽう)」だったらロック的に微妙でした……。

商品化も迅速です。精密部品メーカー「キャステム」は、「令和」と刻印されたぐい飲みを新元号公表の2分27秒後に売り出しました。また、断面が「令和」の金太郎アメを75分で完成させた「パパブブレ」も話題になりました。

東京・秋葉原で新元号発表の直後にオープンしたという令和ショップを発見。「令和」ロゴが入ったマグカップやスマホケース、Tシャツなどすでに多くの商品が並んでいました。昭和から平成になった時よりも時代の流れが加速しています。店員さんによるとTシャツが結構売れているとのことでしたが、縁起物として令和キーホルダーを購入しました。

さらに日本流行色協会が「令和 慶祝カラー」の3色を発表。フリーマーケットアプリ「メルカリ」では色紙に「令和」と書いて売り出す人、ゴム印を作って売る人、ステッカーを作って出品する人などでカオス状態でした。

発表から数日で、令和がすごいスピードで消費されています。新天皇が即位し、元号が施行される前に飽きられないと良いのですが……。

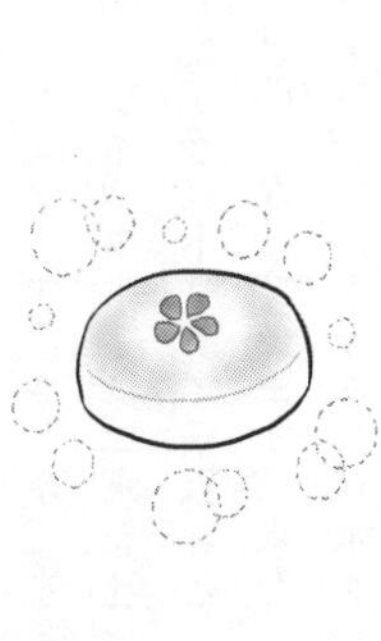

なめ子のもう一言

「令和」は万葉集の「梅花(うめのはな)の歌三十二首」の序文から引用されました。その歌が、現在の福岡県太宰府市で行われた宴で詠まれたことから、太宰府天満宮や名物の梅ヶ枝餅に注目が集まっています。梅ヶ枝餅の由来は、大宰府に左遷された菅原道真に尼僧が差し入れした餅にちなんでいます。平安時代に起源を持つ餅なので、ブームにはなってもいたずらに消費されることはないでしょう。

164

水を吐くフグ

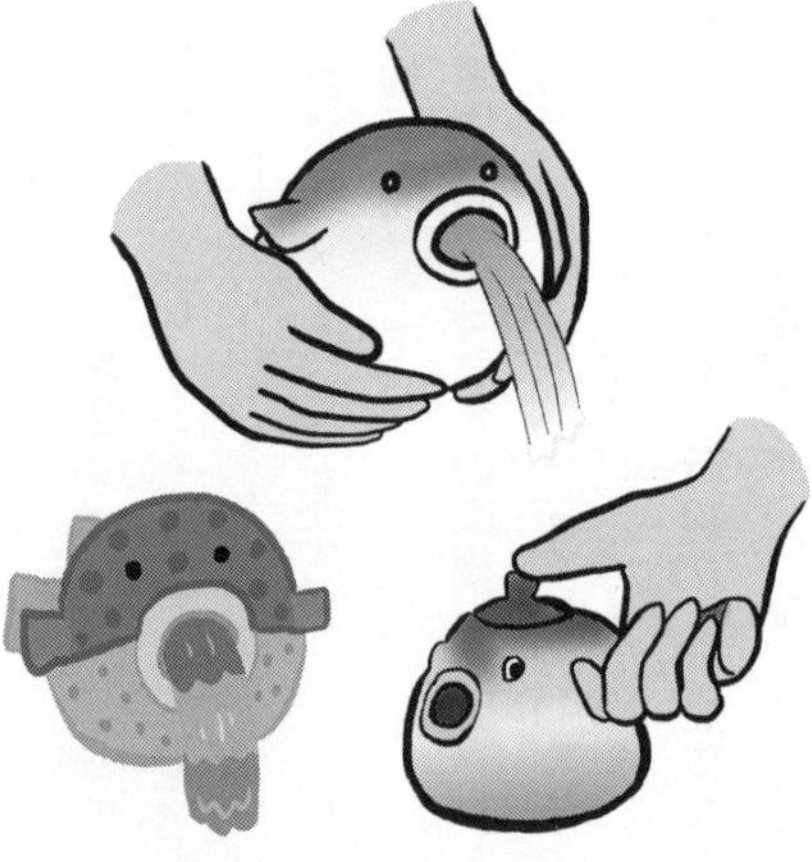

何が流行るか予測のつかないSNSで、脱力するような画像がブレイク。「水を吐くフグ」です。発端は、岩手県で温泉水を使って育てられているトラフグを伝えるニュースのツイート。大量の水を勢いよく吐き出すフグの写真が添えられ、シュールなかわいさに人気が集まりました。

フリーイラスト素材サイト「いらすとや」が、すぐにイラストにして公開。ツイッターでは「水を吐くフグ」をモチーフにしたイラストやアイテムなどが続々投稿され、大喜利状態になっています。水を吐くフグの急須のイラストや、ウルトラマンが水を吐くフグを持っているイラスト、編みぐるみ、ブローチ、ブロック玩具で再現、スタンプ、チャーム、フェルト作品……。毒のない養殖のフグなので、作品も毒がないかわいいものが多くて癒やされます。

絵で表現するのはまだしも、立体作品をスピーディーに作れる人々のスキルには驚かされます。ツイッターのブームに乗るには瞬発力が求められます。完成度が高い作品には1000以上の「いいね」が付いているので、作品を多くの人に見てもらえるチャンスです。

一方、ノリについていけず、何が面白いかわからないという意見や、実際のフグは歯と顎が強力で何でも噛み切れるので危険という警告もありました。見た目はとぼけた表情で水を吐く姿も牧歌的なのですが、怒らせると豹変するようです。生き物へのリスペクトは忘れてはいけないと思わされます。

そもそもフグが膨らむのは、「天敵にのみ込まれたり食い付かれるのを防ぐため」「体を大きく見せて威嚇するため」などの理由があるとされています。胃の一部が変化した「膨張のう」があり、体重の何倍もの水を飲み込むことができます。

件（くだん）の写真は、威嚇モードだったフグが水を吐き出して体がしぼんでいく様子を写したものでした。「SNS映え」流行の中、あまり「映え」を求められないツイッターで、このビジュアルが拡散したことには意味があるような気がします。「自分を大きく見せる必要なんてない」と、フグからのメッセージを受け取りました。

なめ子のもう一言

「水を吐くフグ」のブームで、図らずも温泉水で育ったフグの宣伝になった感が。岩手、栃木、長野などで温泉水でのトラフグ養殖に成功しているそうです。フグは食物連鎖の過程で毒を蓄積していくのですが、海の食物連鎖とは関係ない温泉水育ちは安心して食べられるようです。「温室育ち」のようで、リラックスして生きてきたフグは、天然フグとは味わいも違いそうです。値段はお高めでしたが、温泉成分を取り込めて体に良いかもしれません。

165

KONMARI

今やアメリカで最も有名な日本人となった「こんまり」。片づけコンサルタントの近藤麻理恵さんです。日本で大ヒットした著書『人生がときめく片づけの魔法』が翻訳され、アメリカでもベストセラーに。2015年に米誌「タイム」で「世界で最も影響力のある100人」に選ばれ、19年1月から動画配信サービス「ネットフリックス」で番組「Tidying Up with Marie Kondo」が配信されると、全米でブレイク。ご本人もアメリカに拠点を移し、パーティーに出席するなどセレブライフを送っています。

番組では、こんまりが雑然としているアメリカの家を訪問し、片づけを指南。予告編を見ると、大量の服が積み上がっていたり、本が雪崩のように崩れたりと、物が多いアメリカ人の家はかなり難易度が高そうです。すっきりとした目鼻立ちのこんまりさんが登場すると、場の空気が一変。彼女の整った顔は、内面も整理されていることを表しているようで、説得力があります。ものを分類し、「ときめくもの」を残していくというメソッドを伝授され、啓蒙（けいもう）された人々は「全く違う視点から物を見られるようになった」「おかげで前へ進めるわ」と感動していました。

「ときめく」を英訳すると「ｓｐａｒｋ　ｊｏｙ」だそうです。喜びがはじけている感じで、日本語より2段階くらいテンションが高い語感です。こんまりは消費動向にも影響を及ぼし、分類ラベルやシュレッダー、ファイル収納グッズの売り上げがアップしているとか。松居一代さんの「マツイ棒」的なグッズを全米で売り出したら大ヒットしそうです。

さらに幸運は続き、アメリカでベンチャーキャピタル（起業投資会社）から４０００万ドルの資金が調達されるかもしれないというニュースが。片づけて物を手放すことによって、空いたスペースに豊かさがもたらされます。週刊誌には、実業家で〝カリスマ主婦〟のマーサ・スチュワート的なポジションになるのではないか、と予測が。日本が誇るこんまりさんは、さらなる高みへ。片づければこんなに成功できてお金も入ってくるのなら……と、彼女自身の姿が何よりも掃除のモチベーションになります。

なめ子のもう一言

本人の公式ブログによると、アメリカでは最近、「ＫＯＮＤＯ」「ＫＯＮＭＡＲＩ」は、「片づける」という意味の動詞として使われているそうです。ちょっと「ＵＮＤＯ（取り消す）」に似ています。検索したら実際に「ｋｏｎｄｏ'ｄ」という過去形や、「ｋｏｎｄｏ-ｉｎｇ」という進行形も使われていました。ついに動詞になった日本人女性……。この単語が「ＫＯＮＤＯ」されることなく末永く使われることを祈ります。

166

テレパシーでEU離脱阻止

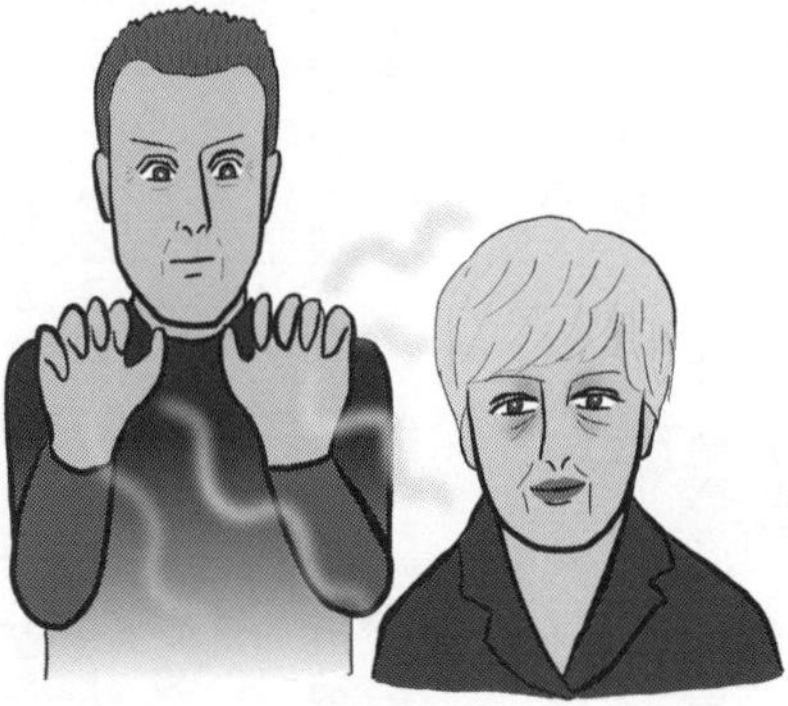

スプーン曲げで一世を風靡（ふうび）した超能力者でエンターテイナーのユリ・ゲラーは、世界中のセレブや政治家と交流があるミステリアスな存在。そのユリ・ゲラーがゆかりのある英国のために立ち上がりました。

2019年3月22日、彼のフェイスブックに投稿されたのは、英国のメイ首相への長い手紙。長年の知己であるメイ首相への親愛の情を表しつつ、「ほとんどの英国人がBrexit（英国のEU離脱）に賛成していないのを強く感じます」「Brexitを絶対に許しません」といった強い言葉で訴えています。さらに「テレパシーの力でやめさせます」とまで……。

しかしユリ・ゲラーももう70歳代。自分だけでは無理だと判断したのか、その後に世界に向けて協力を求めています。「1日2回、（午前と午後の）11時

11分に、再びフェアな国民投票がされるように瞑想していきます。再投票のために参加してください」

さらに4月4日、「英国は第2次世界大戦以来、おそらく最大の危機の真っただ中にあります」というシリアスな警告で始まる、英国国民への手紙に添えられた写真には、巨大スプーンを笑顔で曲げる姿が。若干緊張感が薄いような……。2014年の来日時、CS番組の仕事でユリ・ゲラー本人にお目にかかったことがありますが、2本のスプーンを両目に当てて、スプーンを使った新ネタを披露していたのが印象的でした。本気なのかどうなのかつかめないのが彼の魅力でもありますが……。

11時11分というのは、ユリ・ゲラーにとって特別な数字らしいです。1980年代から「11」という数字を頻繁に目にするようになり、11のポジティブな役割を感じ取ったそうです。11時ジャストとかならまだしも、一般人が11分という半端な時間を意識して瞑想するのは難易度が高いです。

テレパシー効果か、EUからの離脱期限が10月末に再延期となりました。わかりやすい時間に統一して念を送れば再投票に持ち込めるかもしれません〔追記・テレパシーの甲斐なく、2020年1月31日にイギリスは正式にEUを離脱しました〕。

なめ子のもう一言

英国に対して念力で働きかけているユリ・ゲラーですが、日本好きでも知られています。ここ最近も、日本国内で上映された「緊急検証！ THE MOVIE ネッシーVSノストラダムスVSユリ・ゲラー」に出演。イスラエルの邸宅で超能力についてインタビューに答えただけでなく、映画開始前のマナー広告にまで出演、「アナタハ、ケータイスマホデンゲンキール」「エイガドロボー、ゼッタイダメ」とスクリーンから呼びかけてくれたユリ・ゲラー。世界的セレブで大富豪になっても、気さくないい人でした。謙虚さが長年パワーを保つ秘訣のようです。

東京五輪チケット

ついに迫ってきた東京五輪。全33競技339種目のチケット約780万枚のうち、国内販売分がまずネットで抽選販売されるとのこと。日本人が活躍しそうなバドミントンや陸上、卓球などの人気が高いと予測されています。

運動は苦手ですが、世の中の風潮に流されて、抽選申し込み開始日の翌日に公式販売サイトにアクセス。すると、そのサイトにつなぐのに「ご自身の前に並んでいるユーザー数」が約4万2000人、43分の待ち時間と表示されました。ネット空間で人が並んでいるとは不思議です。スマホでページを開いたまま待っていたら、忘れてしまいタイムアウトに。夕方に再び挑戦すると、並んでいるのは約8万5000人になっていて1時間ほど待機し、やっとサイトにつながりました。

開会式は30万円、水泳・競泳の決勝は10万800

0円など人気のプログラムの高額チケットにひるみますが、そこまで集客がなさそうな予選では2000円台からあります。組織委員会の「人生の財産となる観戦機会を多くの人に提供したい」という（若干上から目線の）理念から、求めやすい価格のチケットも探せば結構あります。とりあえず五輪に行った、という事実がほしい人には良さそうです。

開会式や飛び込みなど何枚か選択し、購入しようとしたら、ID登録が必要で、また最初のページに戻されてしまいました。気を取り直して夜遅くにID登録し、チケットの購入見積もりに進もうとしたら、また「ご自身の前に並んでいるユーザー数」約12万人の待機列に並ぶ羽目に。さらに、その先は電話認証が必要で、その手続きに進むのも約2万9000人待ち。表示された電話番号には120秒以内にかけないといけないなど、次々とトラップが出てきて油断できません。その後、違う競技に変えようと思ったら、最初からやり直す羽目に。

当初のつながりにくさがニュースになりましたが、申し込みの過程がすでに「eスポーツ」と言ってもいいくらいの難易度（翌日はサーバーが増強されたのかスムーズになっていました）。ネット内でトライアスロンをしたような疲労感で、アスリートの気持ちを少しでも疑似体験することで、五輪への一体感が高まったようです。

なめ子のもう一言

古代ギリシャでのオリンピックはアスリートが全裸で試合するというのは有名ですが、観客はどんな環境だったのでしょう。8月の炎天下でろくに水もないという状況の中、不衛生でハエが飛び交い悪臭が漂う広場で観戦していたようです。古代ギリシャの奴隷は怠けると「オリンピックに観戦に行かされるぞ」と言われていたとか……。それを思えばネットがつながりにくいなんて些細（ささい）なことだと感じます。

嫁グラフィー

愛情表現が苦手だった日本男性がSNSの力を借りて、夫婦愛を写真で表現。妻の写真にハッシュタグをつけてSNSに投稿する「嫁グラフィー」が話題です。

嫁グラフィーを始めた夫婦が日本テレビ系の情報番組「スッキリ」で紹介された時は「自己承認欲求が嫁にまで行ったか」や「第三者に（撮影を）見られるのが恥ずかしい」といった冷静な意見も出ましたが、当の夫のSNSを見ると「なかなか面白い感じで荒れ荒れでしたね」「それでも凄くいい経験ができてめっちゃ嬉しかった」と、動じていませんでした。愛は強いです。

「嫁グラフィー」で検索して出てきた写真を見ると、花畑や桜並木、海辺といった自然豊かなロケーションで、妻の美しさを引き出しているものが多いです。後ろ姿や横顔、遠景の写真も多いです。前述の番組でも、「正面からは撮らない」「照れるので、引きで目線を合わせずに撮る」といった夫のコメントがありました。被写体になっていた奥さんも美人で、やはりきれいなお嫁さんを自慢したい、という欲求を感じさせます。

大自然の中でポージングする妻の写真に「#嫁が大好き」「#嫁が可愛い」と直球コメントが添えられている投稿、「#beautiful」「#cute」と英語で賛辞を送っているもの、リゾートホテルのバルコニーに立つ妻の後ろ姿に「#俺の嫁が可愛すぎる件」と書き添えている投稿など……。

世界に向けて妻の美しさを競い合っているようです。旅先のホテルで美脚を露出した妻を撮った官能的な写真もありました。ちょっと見ただけで胸がいっぱいでごちそうさまです。

写真にはおのずと撮影者と被写体の関係性が出てきます。「嫁グラフィー」が美しく撮られているうちは、夫婦仲は良いということなのでしょう。妻もメイクや服など気が抜けず、撮影の刺激で倦怠期知らずに。「嫁グラフィー」を見ると、ほとんど20代、30代で若い感じです。シニア世代はどうでしょう。庭園や自然の中で見かけても、夫はたいてい妻ではなく、花をアップで撮影しています。いつか妻より花、という時代が来てしまうとしたら切ないです。嫁グラファーが10年後、20年後も愛妻を被写体にしていることを期待したいです。

なめ子のもう一言

SNS映えで有名な、壁に天使の羽が描かれたスポットに通りかかった時のことです。小学生くらいの女子とおじいちゃんがやって来て、女子が被写体になるのかと思ったら「じいじ、立って」と祖父を壁の前に立たせて撮影を始めました。「こうかな？」と次々独創的なポーズを繰り出すおじいちゃん。和むシーンでした。妻や子どもの写真もいいけれど、「祖父グラフィー」が流行ったら楽しいです。

169

ハッキングされやすいパスワード

各種サービスにログインするために設定しなければならないパスワードが、どんどん増えていき、人類の記憶力的な限界がきているように思います。できれば覚えやすいパスワードで統一したいところですが、ハッカーたちにはそんな甘い考えは通用しません。

イギリスの国家サイバーセキュリティセンターの調査により「ハッキングされやすいパスワード」のランキングが発表されました。このリストがハッカーのヒントにならないと良いのですが……。

堂々の1位は……「123456」。2300万件もハッキングされているそうです。かなりの割合の人がわかりやすすぎる数字に設定していたのでしょう。2位も「123456789」（ハッキング770万件）、3位はキーボードのアルファベットの一番上の段、「qwerty」（380万件）、4位は「password」(360万件)、5位は「111111」(310万件)で、即破られそうです。

これらの脆弱なパスワードは変えた方が良さそうです。人名に限ってみるとなぜか一番多いのは「ashley」(43万件)。男女共用の名前だからでしょうか。続いて「michael」「daniel」とキリスト教にちなんだ名前をパスワードにしている人も多いです。

さらに見ていくと、14位に「iloveyou」が出てきて一瞬心温まりましたが、血も涙もないハッカーにはそんな人情は通じません。19位「monkey」、20位「dragon」など生き物名も。猿がイギリスで人気なのか調べたら、特にそういう情報は見つからず、謎が深まります。

日本人として複雑ながら少し誇らしいのが、「naruto」「pokemon」「hellokitty」など日本発のキャラクター名が入っていることでしょうか。キャラクターではないですが「yamaha」「kawasaki」「toyota」というパスワードもありました。

イギリス人の隠れた趣味嗜好もわかるリスト。パスワードにまでなれば人気は本物、という指標にもなりそうです。

なめ子のもう一言

不法侵入されやすいパスワードのリストの中には「metallica」「50cent」「nirvana」「eminem」などミュージシャンの名前も。その中でダントツで1位なのは「blink182」というバンド。バンド名に数字が入っていてパスワードに最適そうです。動画を見たら、メンバーはタトゥーまみれでイカつい見た目でしたが、わかりやすいロックでした。ハッキングされやすいパスワードに入っているという記事をSNSに上げて、注意を呼びかけていました。メンバーたちもパスワードにしているのかもしれません……。

170

かぶる傘

猛暑が予想される2020年の夏。東京五輪・パラリンピックの暑さ対策として、小池百合子・東京都知事が定例記者会見で試作品を発表した「かぶる傘」が話題になっています。

会見中、フライング気味に「かぶる傘」を頭に載せた若い男性職員が出てきて「あら、もう出てきちゃった。早いよ君」と小池都知事にたしなめられるシーンからスタート。真顔の男性が白い傘をかぶったシュールな姿は、出落ち感が漂います。

「何がポイントかというと手が空くんです。(このタイプの傘は)ゴルフの大会を見てる人や釣り、農作業にも日傘として使われています」と、小池都知事。ちょっと前に話題になったフェンディのかぶる傘も披露しながら説明していました。

ハイブランドが出したのでいけると確信したのかもしれません。小池都知事の方が似合いそうなので、会見時にかぶってほしかったです。しかしテレビやネットでは「これはまずいよね」「ダサい」「邪魔」などの批判がありました。

　そもそも「傘」というよりも「笠（かさ）」と言えるデザイン。日本古来には平安時代の「市女笠（いちめがさ）」や托鉢（たくはつ）僧がかぶる「網代笠（あじろがさ）」、お遍路などの「菅笠（すげがさ）」、戦の時の「陣笠」など様々なバリエーションがありました。

　こんなに広くかぶられていたのに、廃（すた）れてしまったのは、明治時代に入って帽子が流行ったから、という説があります。今回、かぶる傘として生まれ変わり、復活できるのでしょうか。むしろ古典的な笠の方が風流で良い気もしてきますが、家にあった遍路用の菅笠をかぶってみたところ、意外と重みがありました。新タイプの方が軽くて違和感もなさそうです。

　しかし観客が集団でかぶる傘を頭に載せていたら、選手が笑ってしまい集中力を失わないか心配です。あらかじめかぶる傘の見た目に慣れておいた方がいいかもしれません。

　一方、観客として利点があるとしたら、かぶる傘で自分の周囲の空間が広がるので、混雑状態が緩和されるのではないか？　ということです。沿道などでギュウギュウにならず、人口密度に余裕ができます。もしそこまで考えられていたのだとしたら脱帽で、ぜひこの傘を取り入れていきたいです。

なめ子のもう一言

　傘は「差す」「かぶる」にとどまらず「飛ばす」という動詞の展開も生まれそうです。アサヒパワーサービスによって開発中の「free Parasol（フリーパラソル）」はドローンで頭上に飛ばして日差しや雨をよけられる傘。手を使わず重さを感じない上、プロペラから気流が発生して涼しくなる効果も。価格は3万円程度を予定しているそうで、五輪までに商品化されたら、選手より注目を集めたい人におすすめです。

171

イエティの足跡

インド陸軍が公式ツイッターで発表した写真が話題です。純白の雪の斜面に点々とついた足跡。巨体の生物の存在を感じさせますが、なんとこれは、伝説の未確認生物「イエティ（雪男）」の足跡だと言うのです。そのニュースは世界を駆け巡りました。

足跡が発見されたのは、ネパールとチベットの間にあるマカルーベースキャンプの近くで、標高3000メートル以上の地点。陸軍のツイッターを見ると足跡の写真とともに、真顔の遠征登山隊員の集合写真が添えられていて、ウソをついたりふざけたりしているようには見えません。足跡も約80センチと巨大です。北朝鮮の「麒麟（きりん）の巣」の石碑よりは信ぴょう性があるように見えますが……。ツイッターにはその後、何事もなかったかのように、陸軍の射撃選手権大会や植樹で森林再生の話題が淡々と更新されていて、謎は深まるばかりです。

ネパール軍は、このような変わった形の足跡は頻繁に見られ、熊のものの可能性が高いと反論。太陽と風で熊の足跡が大きくなったのではないかという、専門家の説もあります。

『ヒマラヤに雪男を探す』（佐藤健寿著）によると、最初のイエティ目撃談は1832年。ネパール北部で全身を黒く長い毛に覆われた二足歩行の生物が目撃されましたが、オランウータン説も浮上。89年にはインド北部で巨大な二足歩行生物の足跡が発見されましたが、後に熊のものという説が出ました。

1951年にはメンルン氷河で巨大な足跡が発見されるも、雪解けによって足跡が広がったという説が。57年には雪男調査隊によって「イエティの頭皮」などが見つけられましたが、鹿の頭皮だったそうです。60年に発見された「イエティの頭皮」もヒグマの一種のものだったとか。ツァルカという村のお寺の祭礼で使われるイエティの頭骨も調べたら人骨だったそうで、残念です。一部では神格化されている神出鬼没のイエティですが、確実な証拠は出ていないようです。ただ、「イエティを見ると病気になる」「見ると災いが起こる」といった言い伝えもあり、本体を発見しなくて良かったのかもしれません。ヤクや水牛の仲間が主食という攻撃力の高さ。見るからに強そうなインド陸軍の面々ですが、イエティと対峙（たいじ）してはたして無事でいられるのか、今後の展開も追っていきたいです。

なめ子のもう一言

UMA（未確認生物）的な生き物で最近、インド国内のSNSで話題になったのが、建設現場の屋根裏にいた奇妙な存在。目が大きく直立している姿はどう見ても宇宙人だと騒がれましたが、正体はメンフクロウのヒナだったそうです。IT大国のインドで、UMAに関するニュースがフライングしがち、というのには親近感がわきます。

172

ＹＯＳＨＩＫＩのスカーフ

先日、「世界のＹＯＳＨＩＫＩ」のニュースが駆け巡りました。格調高き英国のポロの試合「ザ・ロイヤルウィンザー・カップ」の決勝でのこと。ＶＩＰ席からエリザベス女王と一緒に、ロックバンド「Ｘ　ＪＡＰＡＮ」のＹＯＳＨＩＫＩや女優のジリアン・アンダーソンなどが優雅に観覧していました。

まず彼が招待されたことや、女王のすぐ後ろに立つという距離感に驚かされます。その位置関係がハプニングを引き起こしました。

試合後、トロフィーを贈呈するためにフィールドに向かう女王陛下。その時突風が吹き、ＹＯＳＨＩＫＩが首に巻いていた黒いスカーフが女王の肩や服に触れてしまいました。緊張感が走り、慌てるＹＯＳＨＩＫＩと目が飛び出るくらい驚くジリアン。しかし、さすが女王。全く気付かない様子で階段を下りていきました。常に冷静で落ち着いていらっしゃいます。

「気まぐれなスカーフが女王の顔を横切って服に当たった」「彼は王室のルールを破った」。海外メディアもこのニュースを報じ、畏れ多さとほほえましさが半々という感じでした。暗黙の「王室のルール」の一つは、何人たりとも女王に触れてはならず、女王から握手の手を差し出すまで待たなければならないそうです。

ただ、過去にはトランプ米大統領が女王の背中に触れたり、ミシェル・オバマが思わず肩を抱いてしまったりということもありました。それに比べたらスカーフなんて些細な接触です。女王は、許してくださるでしょう。

YOSHIKIはインスタグラムで謝罪し、その後話した女王陛下の優しさについて書いていました。もちろん英語です。日本のパーティーで彼を見た時に「So close……近いね」と英語交じりで話していたことを思い出します。彼はその次の投稿でレディー・ガガとの写真をアップ。計り知れない高次元の人脈があるようです。

普通の人ならしばらく落ち込みそうですが、動じていないYOSHIKIと女王陛下。世界的なセレブに必要なのは、揺れない心とメンタルの強さでしょうか……。

なめ子のもう一言

エリザベス女王が「人形の久月」の紙袋をお持ちの写真も注目されました。今回の試合のスポンサーである日本企業と関わりがあるようです。紙袋の中身は不明ですが、毎年、話題の人の羽子板を作るので有名な久月は、2012年にエリザベス女王の羽子板を制作。もし女王陛下の顔の羽子板がご本人に贈呈されたとしたら、それで羽根を打つことになりますが、大丈夫なのでしょうか？

173

ドッジボール廃止論

ドッジボールは恐ろしいスポーツだったのかもしれません。カナダのブリティッシュ・コロンビア大学のジョイ・バトラー教授の論文が話題です。「ドッジボール廃止論」といえる内容で、「非人間的で、人間に害を及ぼす」とまで主張しています。

この上品な女性教授によると「ドッジボールは合法化されたいじめと同じ」で「他者を傷つけても良い」という思いになってしまうそうです。さらに「他人を非人間化するために使用される抑圧のツール」で、低い地位のグループを端に追いやり、多数派が少数派を追いかけ回す風潮を作っているそうです。「後ろの方で逃げ回っている少女を思い出します。彼女はそのとき何を学んでいるのでしょう？　回避の方法でしょうか？」と、教授は自身の少女時代に思いをはせているようでした。

「ドッジ」は「身をかわす」という意味です。私も最後の1人になって逃げ回った記憶があり、おかげで人ごみの中でぶつからないでかわすスキルが体得できた気もしますが、集中攻撃の恐怖はまだ心のどこかに残っています。

周りに聞くと、「強く投げつけられるのが怖くて球技全体苦手になった」「逃げ続けていると試合がなかなか終わらず先生がいらだってくるのが伝わってきた」など、切ない思い出があるようでした。

小学生の大会の動画を見てみました。横一列に固まって動くなど勝つための小技があるようです。そしてボールが当たった仲間をとっさにさすって慰める少年の姿に感動。攻撃を受けている過酷な状態で結束力が強まる良い点も。しかし攻撃側になると、鋭いボールを投げつけるギャップが恐ろしいです。立場が変わると人格が豹変するスポーツ。大人社会の縮図です。人間のえげつない本性が見えて学ぶ部分もあるので、授業に取り入れる意味があるかもしれません。

なめ子のもう一言

最近、世界的なセレブの試合がニュースになりました。米国の人気トーク番組司会のジェームズ・コーデンと、ミシェル・オバマ元米大統領夫人の口論をきっかけに、英米の豪華セレブがドッジボールで戦う流れに。「あなたたちを誇りに思うわ」と米国人っぽくメンバーを励ますオバマ夫人に対し、英国勢は休憩中に紅茶を飲んで優雅です。強者ぞろいの米女子チームが勝利しましたが、第1試合でハリー・スタイルズが、オバマ夫人から思いきり局所にボールをぶつけられ痛そうでした。ハリーのファンは、廃止論を支持したくなったことでしょう。

174

1年以内に消える俳優

生き馬の目を抜くエンターテインメント業界。厳しい現実を突きつける論文が発表されました。

英ロンドン大クイーン・メアリー校の研究チームが、19世紀末以降の世界の俳優男女約２４０万人の活動を分析。すると鳴かず飛ばずで1年以内に活動を終える俳優が7割を占めたそうです。

映画・テレビ番組のデータベース「ＩＭＤｂ」を使い、調査したとのことで、論文は英科学誌「ネイチャー・コミュニケーションズ」に掲載されました。3割は1年以上、続けて活躍できる、とポジティブに捉えることもできますが、作家にも同じ法則が当てはまるとしたらと思うと、恐ろしくて震えます。分析した科学者は、人気商売の過酷さとは無関係そうで羨ましいです。

映画「ベニスに死す」で圧倒的な美少年ぶりを見せつけた、ビョルン・アンドレセンなど、世に出た作品の印象が強すぎて一発屋と思われてしまうケースも多いです。ただ調べたら、その後も活動を続けていたようで、失礼しました。

1年以内で終わってしまう人は、一発屋としての印象もなく、記憶にとどめられていないのでしょう。7割の元俳優たちは、分析結果を見て救われる部分があるかもしれません。多くの仲間が一緒に消えていったことを知って……。

この研究から、一度人気がなくなったり、干されたりしてからまた復活する例は珍しい、ということも判明しました。しかしハリウッドには特例もあります。オスカー俳優なのに引退して靴職人修業をした後、復活して再び栄冠に輝いたダニエル・デイ・ルイス。薬物中毒から奇跡的に復活したロバート・ダウニーJr.。ウィノナ・ライダーにいたっては万引き事件を起こしても女優として復帰することができました。

スター性があまりにも強ければまた戻って来られるのでしょう。日本の場合、消えかけてもブログやSNSでタレントの残留オーラをくすぶらせ続けたり、リアリティードラマで人気が復活するケースも。ベタですが、あきらめないという意志の力が重要です。

なめ子のもう一言

1年で消えず、人気を保っているハリウッドセレブたちのラッキーチャームやジンクスについて調べてみました。ジェニファー・アニストンは飛行機に乗る時は必ず右足から。オードリー・ヘップバーンはうさぎの置物を大切にし、うさぎつながりではジェームズ・マカヴォイは月の初めに「白ウサギ!」という単語を叫ぶ習慣が。キャメロン・ディアスは木をたたくという験担ぎがあるそうです。今回の論文のように科学的には証明されないですが、ラッキージンクスは心のよりどころです。

175

ハンディーファン

持ち運びできる扇風機「ハンディーファン」。前からある商品ですが、今夏かなりブームになっているようです。東京・代々木公園で開催された台湾フェスタに行ったら、20代の女子が5、6人、ファンを片手に歩き回ったり、タピオカ入りのドリンクを買う列に並んだりしていて本当に流行っているのを実感。

ハンディーファンを持つ人たちには妙にこなれた感じが漂っています。平日の表参道の街角にいたら、信号待ちの中にも持っている男女を発見。おでこに重点的に風を当てている人など、独自の涼しいポイントがあるようでした。

知人の女子中学生の娘さんは、キャラ入りのものを複数個持っているとか。猛暑化する日本でマストアイテム（必需品）になっているのでしょうか。撮影の時、髪をなびかせるのにも使えて「映える写真」が撮れそうです。

ハンディーファンは多様に進化しています。アロマの香りを拡散できたり、羽根のないタイプだったり、首に掛けられるヘッドホンのような形だったり……。充電式のファンは安すぎると心配です。炎天下で使用中にICチップ部分が発熱する事故が発生し、自主回収となった商品もあったとか。作りがしっかりしたものを選びたいです。

実際にハンディーファンを買ってみました。使いはじめてすぐに、ファンを使用している若い女性とすれ違い、時代に追いついた気分に。手持ちでかさばる感じですが、普段から持って歩いているスマホがファンに入れ替わったと思えば、特に気になりません。ただ、さらに日傘を持つのは大変なので、日陰か風かどちらかを選ばないとなりません。

猛暑だと風はぬるめながら、顔に当たると涼しいです。首筋に当てても効果があるのを体感。でも、強めの風が吹くと、ハンディーファンのささやかな風はかき消されてしまいます。

快適なハンディーファンライフを送っていましたが、道でうちわで扇(あお)いでいるおじいさんとすれ違い、謎の罪悪感に襲われました。便利グッズと引き換えに風流を失いつつあるのかもしれませんが、もう前の生活には戻れません。

なめ子のもう一言

猛暑に晒(さら)されるのは英国王室も同じですが、ハンディーファンなど使うわけにはいきません。2014年にウィリアム王子とキャサリン妃は、スポーツのイベントに出席。あまりにも暑かったキャサリン妃は、首から下げたIDカードで自分の顔を扇ぎだします。それだけでも親近感を持てますが、羨ましいことに王子がそのカードを持って代わりに妻の顔を扇ぐシーンが見られました。仲の良さに好感度がさらに高まるとともに、見ている方は結構暑くなりました。素敵な夫がそばで扇いでくれる「人間扇風機」が最強です。

タピオカ漬け丼

タピオカが飽和状態の昨今。街中に次々にオープンするタピオカ屋さんから「タピ圧」を感じ、週何回かはタピオカドリンクを飲んでしまいます。

最近話題なのは、「富士そば」三光町店（東京・新宿）限定の「タピオカ漬け丼」。炭水化物同士のコラボで、スイーツ的なタピオカとごはんは合うのでしょうか。半信半疑でしたが、とりあえず平日のお昼、店舗に行ってみました。

食券の発券機を見るとあまりにもなじんでいて最初気付かなかったですが、おすすめの一番目に「タピオカ漬け丼セット　560円」のボタンが（ちなみに単品は320円）。

通りすがりの人々の「ネットニュースで見た」「え～気持ち悪～い」と話す声は気にしないようにして、購入ボタンを押しました。

しばらくして出てきたタピオカ漬け丼とそばのセ

ットは、オール炭水化物。丼の海苔とそばのネギが頼みの綱です。タピオカ漬け丼の見た目は、薄いオレンジ色でイクラ丼に酷似。さすがに黒糖ではなく醤油に漬けられているようです。

タピオカの粒のサイズは3ミリほどで、喉に詰まる危険もなさそうです。イクラより一回り小さく、嚙んだ時もプチッとはじけなくて、グニュッという歯ごたえです。

ゆで加減もやわらかめで芯がなく、醤油味を吸い込んだ粒は濃いめのテイストで、ごはんのおかずとして十分成り立ちます。話のネタにか、サラリーマン風の男性がタピオカ漬け丼をひとり静かにスマホで撮影していました。

映え的にインパクトあるのは、タピオカの数量でしょうか。2、3センチの厚さで大量にごはんにのっています。延々同じ味が続くので、BGMの演歌を聴きながら、そばを途中に挟んでなんとか食べ進みました。

コスパの面では、本物のイクラ丼は1000円以上することもあるので、得した気分で満足感が。節約した分のお金でタピオカミルクティーを買って、黒糖テイストで口直ししました。

なめ子のもう一言

もはや迷走気味のタピオカブーム、次に来るのは何か世間では予想が始まっています。「LINEリサーチ」が28万人以上のサンプルを取ったところ、本命になりそうな2つのドリンクが浮上。20代に最も人気だったのは「バナナジュース」。いきなり普通のフルーツジュースです。40代以上に人気なのは「日本茶ミルクティー」。鉄板のテイストでシンプルなドリンクです。人は嗜好品から次第に卒業し、最終的には、水が一番、という精神レベルになるのかもしれません。

177

王女とシャーマン

プリンセスの恋愛に、国民がいろいろ言いたくなってしまうのはどこの国でも同じなのでしょうか。ノルウェー王室のマッタ・ルイーセ王女がシャーマン（霊能者）を名乗る男性と交際し、一緒にビジネスをしているのが波紋を広げています。

「王女とシャーマン」と題した有料ツアーの参加者を募集。「王女とシャーマン」（theprincessandtheshaman．com）というドメインも取得していてやる気十分です。

ノルウェーの一般市民には受け入れがたかったようです。王室の立場を商業利用していると批判を浴び、王女は謝罪し、公務以外での肩書の返上を表明しました。一人の女性として愛するシャーマンと生きていきたい、という思いを感じます。

王女の恋人、デュレク・ベレット氏は、米・ロサンゼルス在住で、グウィネス・パルトロウなどセレブの顧客も持つ40代の有名霊能者。王女も「子ども時代から動物や天使と会話している」と言うほど不思議な能力の持ち主なので、惹かれ合うのは必然だったのでしょう。

王女は、天使と話せるようになる「天使の学校」を設立しましたが、うまくいかなかったようで終了。馬関係のネット動画にも出演し、迷走気味でしたが、そんな彼女をデュレク氏は活性化し、癒やしてくれたのでしょう。

今、魂とビジネスのパートナーを得た王女は、彼のことを「ツインフレーム」（スピリチュアル用語で「魂をわけた存在」の意）と呼ぶほどです。デュレク氏のインスタグラムを見ると、草原で彼女の脚を触ってイチャつく写真に「王女のような女性と付き合える自分は最高に祝福されている」などとコメントしていました。意外と承認欲求が強いシャーマンです。

さらにデュレク氏のユーチューブを見たら、女性のクライアントに息を吹きかけ、手を動かすと、「グワ〜！　ウェ〜！」と女性が叫んだり、のけぞって震えたりしていて、見てはいけないものを見てしまったようです。

王女はおとぎ話の本を出版した経歴もお持ちですが「王女とシャーマン」のおとぎ話は、大人向けのストーリーになりそうです。

なめ子のもう一言

シャーマンと順調に交際し自身のリアリティー番組を制作しているという王女（タイトルは「マッタ」）。王女はこの20年ほとんど容姿が変わらず、アラフィフとなった現在もますます神秘的な美を感じさせます。スピリチュアル系で浮世離れした生活は、アンチエイジングになるのかもしれません。

178

睡眠芸術家

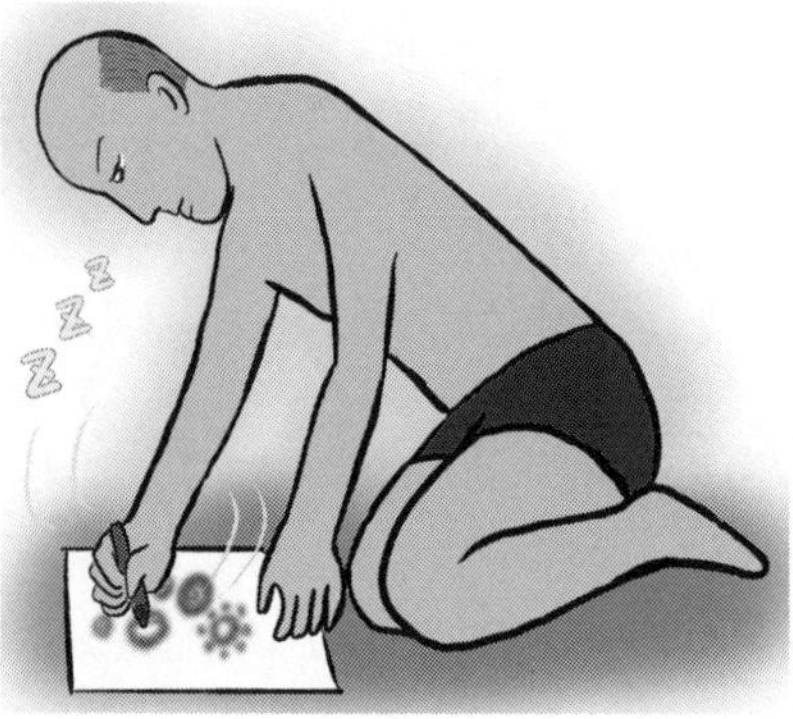

朝起きて寝ている間に仕事が進んでいたら……。グリム童話の小人の靴屋のような夢物語ですが、現実にそんなことがあるようです。眠りながら働くという、羨ましすぎる「睡眠画家」の名は、英国在住のリー・ハドウィンさん。40代の男性です。

公式サイトには描いているところの動画が掲載されていました。スキンヘッドのリーさんが床にひざをついて、無心で紙に円を描いています。目が開いていても本人的には意識がなく、眠っているそうです。それにしてもパンツ一丁なのが気になります。服にとらわれない方が自由な作品を創作できるのでしょうか。

情報番組「とくダネ！」ではリーさんにインタビュー。４歳の頃から睡眠時に絵を描くようになったそうです。15歳の時にはマリリン・モンローの絵を描いて、本格的なデッサンが評判に。マリリン・モンロー関係の博物館が数点を買い上げたとか。

「実を言うと絵を描くのはそんなに好きじゃないんだ」とぶっちゃけるリーさん。「笑わないでくれよ。ベストを尽くしたんだよ」と見せたのは、起きている時に描いたマリリンの絵。丸に線で目や口を表現した幼稚園児の絵のようでした。その下手さ加減は作っているとは思えず、眠りながら描いているのは本当かもしれません。

「朝起きた時、何か描いたなという記憶はある」と、リーさん。〝睡眠絵画〟は、米大統領になる前のドナルド・トランプ氏にも購入されたことがあるそうです。公式サイトでは、赤い紙に「518」と描いた絵は約20万円、暗闇の中に目が浮かび上がっている絵は約82万円、羽が生えた女性の絵は約78万円など、結構高値が付けられています。昼間の本業、看護師の仕事も辞めて絵で生計を立てられるようになったそうです。

さらに睡眠中に絵を描くのは、晩にお酒を飲んだ時、というケースが多いそうです。ほろ酔いで気持ち良く寝ているだけで、何十万円も稼げるという……。

反対に、夢の中でも仕事して起きたら何ひとつ得ていない、というのが忙しい現代人の現実です。羨みながら、せめてふて寝するしかありません。

なめ子のもう一言

寝て仕事するというスタンスでは似ているかもしれないのは、ブラジル出身の予言者、ジュセリーノさん。将来の出来事が予知夢でわかるという触れ込みで、一時テレビや雑誌によく出ていました。的中率がいまいちでブームは短期間でしたが、現在もネットで予言を発表し続けています。最近は洪水、大雨、吹雪、台風など天気予報的な予言が多くて、実際こんな夢ばかり見ているとしたら疲労がたまりそう。お疲れ様です。日本に関する最近の予知夢は「大雨や洪水、日本と韓国の中央部に熱が届く」とのこと。何にせよ気を付けたいです。

179

クマムシ

月を見上げた時、これからはウサギではない別の生き物の姿を想像することになるのかもしれません。イスラエルの月面探査機べレシートが、2019年4月に月面に墜落するという残念な出来事があったのですが、地球のある生き物を月面に到達させることはできたようです。それは、クマムシ……。

サイズは1ミリ前後と極小ですが、地球最強の生命体と呼ばれる生き物です。クマのようにノソノソ歩くことからクマムシと呼ばれています（英語名はWater bear）。かわいいのかキモいのか、見る人によって評価が分かれそうなクマムシですが、人間よりもタフであることは間違いありません。高温、低温、乾燥といった過酷な環境でも生きられる適応能力の持ち主。放射線にも耐え、真空でも生き延びられるとされています。

そんなスーパー生物、クマムシが数千匹、探査機とともに月に向かいました。探査機はクラッシュしてしまいましたが、クマムシは、３０００万ページ分の人類史のデータを収めたディスク、人間のＤＮＡサンプルと一緒に月に到達したそうです。冬眠状態のクマムシは、水分補給すれば蘇生も可能です。縁起でもない話ですが、人類史の情報やクマムシ、人間のＤＮＡが、地球人類の滅亡後に活用されることが想定されているようです。

　クマムシやディスク、ＤＮＡをパッケージした保存記録を製作した、非営利組織（ＮＰＯ）「アーチ・ミッション財団」の共同創業者、ノバ・スピバック氏は、「遠い未来、人類が滅びた後に未来の知的生命体がこれらを回収してくれるかもしれない。ＤＮＡや細胞を使えば、クローンを再生できるだろう」と話しています。

　ちなみにクマムシは、異なる生物のＤＮＡを取り込むことができる特異な生き物として知られています。未来には月面でＤＮＡが合体し、人間の顔がクマムシの体についているとか、逆にクマムシの顔で体が人間といった宇宙生命体が繁殖しているかもしれません。月を見る度、想像が広がります。

なめ子のもう一言

　クマムシ以外にも虫に似た生き物が別の惑星に生息しているという説があります。真偽は不明ですが、地球から約4光年の距離にある「プロキシマb」という地球環境に少し似ている惑星に、「セノス・エイリアン」と呼ばれるカマキリに似た顔のエイリアンが生息しているという噂が。しかしプロキシマbは恒星との距離が近く、強烈なフレアに晒され、電磁波や放射線、紫外線の量も甚大です。身長は2・5メートルほどあり、心臓が複数あり、眠らずに１２０年生きるという、生命体としてかなり強いセノス・エイリアンにとっても過酷な環境のようです。人類は地球がまあまあ住みやすいことに感謝した方が良さそうです。

180

ハリー・ポッターの呪文

大ヒット映画「ハリー・ポッター」シリーズ。説明不要かと思いますが、原作は、英国の作家J・K・ローリングによるベストセラー小説。この魔法学校が舞台のファンタジー小説に出てくる呪文が最近になって物議を醸しています。

米・ナッシュビルのセント・エドワード・カトリック・スクールは、図書館からハリー・ポッターシリーズを撤去しました。

同校で教べんを執るリーヒル神父が、「この作品の中のまじないや呪文は本物であり、人間が読み上げた場合、悪霊を召還し、人の心に入り込む恐れがある」などと理由を述べ、「米国とローマで複数のエクソシスト（悪魔祓いを行う神父）に相談しました。そして彼らは本を取り除くことを勧めました」として、撤去を呼びかけていたようです。

そこまで言われたら受け入れるしかありません。

写真を見ると神父はイカついルックスで威厳が漂い、逆らえない風格がありました。

　ファンタジーだと思っていたらガチだったかもしれない「ハリー・ポッター」。海外サイト「CNS News」には、他の神父のコメントも掲載されていました。「登場人物の名前の60%が、エクソシストが人々から追い出した実際の悪魔の名前」という、リッパーガー神父の説には、ゾクゾクしました。改めて読みたくなったのは悪魔の誘いでしょうか……。「ハリー・ポッター」呪文一覧を見てみると、「錯乱せよ」「爆破」「石になれ」といった穏やかでない呪文もありましたが、あたりさわりのなさそうな呪文が効くか実験してみました。「アレスト・モメンタム！（動きよ、止まれ）」を人間に対して言ったら一瞬ポカンとされて、動きが止まった感がありました。ハトや猫に対し「アクシオ！（来い）」「イモビラス！（動くな）」「インペリオ！（服従せよ）」などと唱えたのですが全く効きませんでした。

　唱える人のMP（マジックポイント）だったり、ポテンシャルや発音などが基準を満たしてなかったりすると発動しないようです。ほとんどの人にとっては安全な本だと実感しました。

なめ子のもう一言

神父の手紙に「エクソシスト」が登場していましたが、悪魔に憑かれた人を清める「エクソシスト」の需要は、意外とあるようです。ポーランドには、エクソシストを養成するナショナル・センターが設立される予定だとか。バチカンのニュースによると、過去10年間でエクソシストへの依頼が3倍に増えたとのこと。「ハリー・ポッター」の大ヒットも、どこかで影響しているのかもしれません。

181

ココアシガレット

消費増税で世知辛い世の中、心の癒やしとなるのは、値段が安い駄菓子の存在で、再ブレイク中なのが「ココアシガレット」です。外国人観光客からの人気に加え、若い世代の支持を集めるシンガー・ソングライターのあいみょんが、インスタグラムでココアシガレットを指に挟んだ写真を投稿したことが原動力になったようです。テレビで発売元の社長は「ウハウハを超えて、アヘアヘです」と喜びをあらわにしていました。

話題になったあいみょんの写真を見ると、昭和っぽい空気感にココアシガレットのパッケージがマッチしています。インスタを検索すると、レトロな看板横で一服する女子や、おそろいの服でくわえる女子2人、道でしゃがんで吸う男子の写真など、ココアシガレットを使ったそれぞれの「映え」を楽しんでいるようでした。

タバコかと思わせてドキッとさせた次の瞬間、お菓子だと気付かせ、クールとかわいさの間で見る人を翻弄。小悪魔風になれるアイテムです。

ココアシガレットを求めてコンビニを回ったのですが見つからず、最終的にドン・キホーテで発見。駄菓子コーナーにあり、その周りには、Bigカツ48円、梅ジャム10円と令和とは思えない価格の品々が並んでいます。30円で6本も入っているココアシガレットはコスパ（費用対効果）が高いです。

パッケージにはURLと問い合わせ先のメールアドレスが記載されていて、レトロなデザインとのギャップ感が。実際吸ってみると、薄荷（はっか）がスースーしてココア味の砂糖と混じり合い、不思議な味わい。歩きながらくわえていたら、若干世間の目が痛かったです……。

写真を撮ろうとしても、ココアシガレットの小ささだとかっこよくくわえるのは至難の技。ただ棒をくわえているようにしか見えません。自撮りを知り尽くしたSNS世代だからこそ、さまになるのだと思わされました。喫煙に年齢制限があるように、ココアシガレットにも何歳まで、という逆年齢制限がありそうです。くわえた姿で鏡を見て痛いと感じたら、ひっそりノスタルジーを感じるくらいにとどめた方が良いでしょう。

なめ子のもう一言

精力的に様々な味を出し続け、低価格をキープしているうまい棒は、今どんな感じなのでしょうか。これまでにTシャツや水鉄砲、文房具などグッズも出ていて、駄菓子界のパイオニア的存在です。そのうまい棒の新作アイテムは……「『うまい棒』痛印」。パッケージを模した印鑑ケースに、うまい棒に見える印鑑が入っていて、印面にもうまい棒のキャラが。想定外のセンスです。挑戦し続ける駄菓子界に、大人としても刺激をもらっています。

182

イートイン脱税

イートインかテイクアウトか……。これまで何気なく決めていたことが、気軽にできなくなってしまったのは消費増税のせいです。ファストフード店やコンビニ店などで、持ち帰りか店内飲食かで税率が変化します。イートインの場合は消費税10％ですが、テイクアウトは軽減税率の対象となり、8％と安くなります。外食は一律10％かかりますが、忙しく働く人々が栄養補給のためにコンビニ店やファストフード店で急いで食事するのも、高級レストランで食事するのと同じく外食とされてしまうのが釈然としないです。

さらに事態を複雑にしそうなのが「イートイン脱税」です。会計時、店内飲食か持ち帰りかは自己申告になるのですが、「テイクアウトです」と言って安い税率で払ったのにもかかわらず、店内で飲食する行為が「イートイン脱税」と呼ばれています。

現状では罰則はとくにないそうですが、嘘をついて消費税を安く払うのは詐欺に該当するという説もあり、油断できません。テレビの街頭インタビューでは「たとえ1人1円の脱税でも1億人なら1億円になるので……」と、眉をひそめるマダムが。客としては、会計時から気分が変わってイートインに変える、といった自由がなくなってしまうのが寂しいです。複雑な税率に合わせてレジの機械を設定したり、キャッシュレス決済のポイント還元に対処したり、イートイン脱税をチェックしたり、お店側の苦労がしのばれます。

増税後、コンビニでドリンクをテイクアウトで購入。飲食スペースが空いていたので「これは店内では飲めないですよね？」と確認したら、店員さんの顔色が変わり「もしイートインなら税金かかりますけど」と言われ、おとなしく持ち帰ることに。たった6円の差ですが、イートイン席に座っている人がお金持ちに見えます。ドリンクを持って店内に立っていたら、店員の視線を感じるような……。

別の日は、ショッピングモールでテイクアウトしたドリンクを、店前のテーブルで飲もうとしてしまい、これだと脱税になると慌てて遠く離れたベンチに移動しました。2％の差、わずかなお金で精神的なストレスや良心の呵責（かしゃく）を感じるくらいなら素直に10％払った方が良さそうです。国民に還元されることを願いつつ……。

なめ子のもう一言

自己申告以外の判定基準を設けているのがカナダの通称「ドーナツ税」です。一部の食料品が対象で、ドーナツの場合、6個以上買ったらその場で1人で食べきれないのでテイクアウトとみなされ、税率0％に。5個以内だと外食とされて税がかかります。大食いコンテストの感覚で完食すれば無税になりますが、1個あたり十数円の税金のためにどれだけがんばるか、節約魂が試されます。

183

イケメンすぎる王子

天皇陛下が即位を世界に宣明された「即位礼正殿の儀」には、なんと計191の国と地域、国際機関の代表者がご出席になりました。世界の王族も集結。英国やオランダ、ベルギーなどメジャーな王族だけでなく、エスワティニやレソトなど日本での知名度が低い国の王族まで遠路はるばる来日してくださいました。

即位を祝う「饗宴の儀」の席順を決めるのは難しかったのではと推察します。天皇、皇后両陛下の隣には、在位期間の長いブルネイのボルキア国王とスウェーデンのグスタフ国王が着席されました。見た目が若々しいボルキア国王の在位はなんと50年以上……。73歳という年齢に驚かされました。50代に見えますが、世界トップレベルの資産家なので最先端のアンチエイジングを享受されているのでしょうか。

国王もかっこいいですが、世間の注目は、一緒に参列されたご子息のマティーン王子に集まりました。白い軍服姿が凛々（りり）しく、イケメンすぎる王子として話題沸騰。マティーン王子のプロフィールについて調べてみました。

1991年生まれの28歳。国王と第2夫人（元客室乗務員で、すでに離婚）の間に生まれた四男です。数多くのお子さんの中で、マティーン王子を日本に同行させたということは、国王のお気に入りの令息なのでしょうか。

現代の若者らしくインスタグラムにアカウントを持っていて、フォロワーは2019年現在で約120万人。即位礼の日には「Emperor Naruhitoの即位を目撃」というコメントとともに儀式参列の写真を投稿していました。

ほかにも、広間にたたずむ写真、軍服姿、半裸でボクシング、サッカーやポロに興じる姿、ダイビングやスキー、ペットのトラと戯れるシーンなどを投稿。ゴージャスさと肉体美に目を奪われます。同じくスポーツ万能でライオンを飼っているイケメン王子、ドバイのハムダン皇太子に対抗できる逸材です。

独身のマティーン王子の理想の女性は「シンプルで純粋な人」。意外と〝守備範囲〟が広くて世の女性に希望を与えます。イケメン王子のペットの猛獣に気に入られるかどうかというのが最初の関門かもしれませんが……。

なめ子のもう一言

ブルネイ王族が住む宮殿「イスタナ・ヌルル・イマン」は1788室もあります。毎年、ラマダン明けの3日間だけ、王宮を開放するそうです。料理が振る舞われ、観光客でも王族と握手できるという懐の広いイベント。マティーン王子にも接近できる好機です。王子人気で日本からの観光客が増えるかもしれません。国王がそれを見越して、王子を同伴させたのだとしたらかなりのやり手です。

184

ネッシーの正体

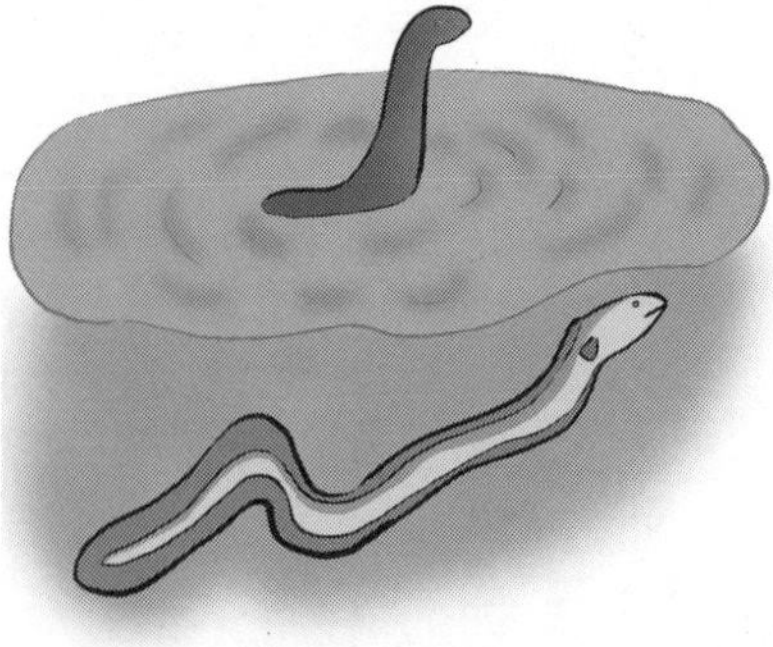

未確認生物の中でも人気のネッシー。スコットランドのハイランド地方というのがまた幻想的で、想像力をかき立てます。1934年に男性医師によって撮影された有名な写真（湖面から恐竜のような生物が顔を出している写真）が実はフェイクだったと判明しても、人々のネッシーへの情熱は消えませんでした。

これまでもネッシーの研究がなされ、首長竜説、アザラシ説、流木説など様々な可能性が論じられてきました。某番組のように湖の水を抜いて調査するのは、容積が大きすぎて不可能です。

ネッシー研究で有名な、白いひげが仙人のようなエイドリアン・シャインさんが出演した番組を拝見。外見が浮世離れしているので、ネッシーを完全肯定しているのかと思いきや、湖の水の流れと風の向きの具合によって、流木が流れに逆らって泳ぐように見える「静振現象」説を提唱していました。あらゆる説が出尽くしても決定的な答えは見つからないままでした。

そんな中、有力かもしれない説が浮上。ニュージーランドのオタゴ大学の調査チームが、ネス湖の250か所で水を採取し、DNAを調べたのです。調査チームのニール・ゲメル教授は「ネッシーと思われる爬虫類のDNAの痕跡は一切ありません」と言い切っていて、これまでネッシーを信じていた身にとってはショックでした。

代わりに出てきたのが「巨大ウナギ説」。多くの地点からウナギのDNAが見つかったそうです。「巨大なウナギの可能性がある」とのことでした。「巨大ウナギ」だったとしたら、首長竜に負けず劣らず神秘的な生物に思えます。調べると、日本の各地に伝わる民話には、池や湖の主が大ウナギという話や、大ウナギが娘に化けた話、馬やヤギが巨大なウナギに丸のみにされた話などもあるようでした。

湖に漂う霊妙な気配は、ネス湖の主から発せられているのかもしれません。これから、巨大ウナギとしての新しい物語が始まろうとしています。

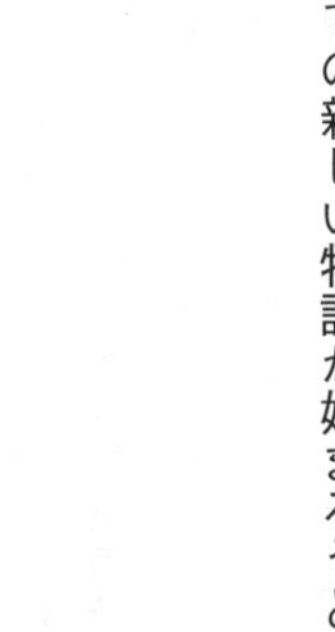

なめ子のもう一言

ネス湖周辺では、たくさんのネッシーグッズが売られているようです。緑色の恐竜っぽい生物のぬいぐるみやマグカップ……。もしウナギ説が決定的になった場合、これらのデザインはどうなってしまうのでしょうか。それはそれで、ファンタジーの生物として支持されていくのかもしれません。一方で、ビジネスチャンスを感じるのが日本の「うなぎパイ」です。ネス湖でも展開すれば人気の土産物になるのではないでしょうか。湖の主のバチが当たらない程度に、可能性を考えたいです。

185

ペンギン相関図

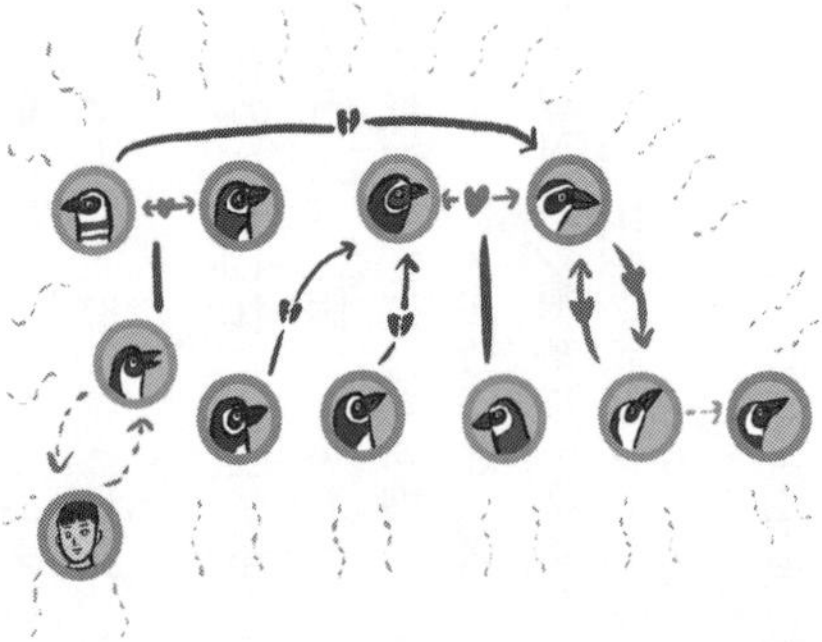

水族館で人気のペンギンコーナー。外から見ると平和そうですが、ペンギンドラマが展開されているようです。すみだ水族館（東京都墨田区）と京都水族館（京都市下京区）が、関係が複雑化している最新版「ペンギン相関図２０２０」を公開し、話題になっています。約60羽と飼育員さんも入った力作の相関図を、すみだ水族館に見に行ってみました。

ペンギンコーナーの周りには、平日ですが数十人が取り巻いていて注目度が高いです。食事の時間になると、次々と岩に上がるペンギンたち。「アロエとモナカ、マカロンが来た」などとカウントする飼育員さんは、ペンギンに付いているバンドの色で識別しているようです。他のペンギンの魚を奪う子や、飼育員をつつくペンギンなど、見ているとだんだん性格の違いに気付きます。

相関図を見ると「怒らせるとめっちゃこわい」な

でしこ、「オスでもメスでもいい」アンズ、「友達がいない　過食にはしる」チェリー、「お豆腐メンタル」のはっぴ、「ザ・欲求不満」ヨモギ、「卵のあために1週間で飽きる」ワッフルなど、キャラ説明とともに矢印で関係性が表されていて、見応えあります。

「『みんなにいい顔』アジサイってこれ、私のことだ」「『亭主関白　妻の死角で浮気』のカリンって最低だな」など見た人々が感想コメント。人間の悪口のヴァイブスを感知したのか、カリンが激しい勢いでジャンプしながら泳ぎ、荒ぶっていました。「いい声で突然のモテ期」と書かれていたアケビが、実際に天を仰いで「グワグワグワ〜」と鳴いています。「岩にいる時、近くにいるのはだいたい夫婦です」と飼育員さんにうかがったので、見てみたら毛繕いし合うライムとなでしこ夫妻を発見。その後交尾に及んでいましたが、他のペンギンは見て見ぬフリをしていて、大人でした。

失恋したはずのクッキーが、モテ男アケビの近くにいたり、目の前で繰り広げられるペンギン関係を2時間以上眺めていたら、リアリティードラマを見ているようでハマりそうです。ちなみにすみだ水族館の年間パスポート代金（大人4600円）は、映像配信サービスの年間料金よりも割安です。エサをくれる飼育員さんへの恩返しで、お客さんをリピーター化するペンギンたちの仕事ぶりにも感動しました。

なめ子のもう一言

ペンギンは情に厚い生き物のようです。ブラジルの元レンガ職人のおじいさんが、原油まみれのマゼランペンギンを助けてあげました。すると、海に帰してから毎年、数千キロを泳いでそのペンギンがおじいさんに会いに来るという感動の実話が。水族館に通ったらペンギンが認識してくれるかもしれません。そしていつしか相関図の一員に……。

１８６

量子コンピューター

「５Ｇ」にもまだ脳が追いついていないのに、さらに「量子コンピューター」という素人には想像もつかないようなＩＴ用語が話題になっています。

　米グーグルなどの研究チームが開発した先進的なコンピューター「Ｓｙｃａｍｏｒｅ（シカモア）」は、スーパーコンピューターで１万年かかるタスクを、わずか２００秒で実行したそうです。従来のコンピューターは０か１かの２進法で計算しますが、量子コンピューターは０と１を同時に表せる特殊な単位「量子ビット」を使うため、処理速度が桁違いのようです。

「０でもあり１でもある」というのは、陰と陽の大極図を連想させ、高度な精神世界に通じるものを感じます。また、今までのコンピューターがあまり得意ではなかった因数分解のような複雑な計算もスピーディーにできてしまうそうです（因数分解が苦手な従来のコンピューターにちょっと親近感がわきます）。

まだ実験段階ですが、量子コンピューターが実用化されたら暗号やパスワードが簡単に解読されてしまう懸念があります。仮想通貨の暗号も破られるのでは、と警戒される動きも広まっています。

一方、医薬品業界や金融業界、自動運転など多くの分野に光明をもたらす、利点も多い技術です。マイナス２７３度近くまで冷却しないと安定して作動しないので、一般人が使いこなすのは難しいですが……。ちなみに略称は「量コン」になるのでしょうか。

動画を見てみると、いかにも頭が良さそうなエンジニアたちが、基板やコードを複雑に組み立てる様子が映っていました。「We did it.」と冷静に喜びを表現しているクールな理系男子の姿も。皆さん、額のあたりにツヤがあり、ブルーの服の確率がやたら高いのも知的な印象を与えます。

ＩＴ技術に革命を起こした方々の動画を見ただけで、意識の高い量子のバイブレーションを浴びることができました。動画では、現在一般に使われているコンピューターをやたら「クラシカル」と表現していましたが、クラシカルコンピューターという響きも悪くないです。これからも古典的な文明を大切にしていきたいです。

なめ子のもう一言

現時点での最先端はスーパーコンピューターですが、その計算速度の世界ランキングが２０１９年６月に発表されました。１位は米国の「サミット」（計算速度は毎秒14京回以上）で、２位は同じく米国の「シエラ」、３位は中国の「神威太湖之光」で、日本は「ＡＩ橋渡しクラウド（ＡＢＣＩ）」が８位。有名な「京」は20位でした。それぞれのネーミングやデザインが、ちょいダサなのが気になりますが、理系のストイックさが表れているようです。

187

サブスクリプション

動画の見放題、音楽の聴き放題、本や雑誌の読み放題など、あらゆるものに定額化の波が押し寄せています。サブスクリプションというビジネスモデルです。

月額3000円でコーヒー飲み放題サービスや、月額4000円で毎日飲み放題を提供するという人間をダメにしそうな居酒屋チェーンのプラン、月額3万円でコース料理が食べられる高級レストランなどがあります。店側にも常連客を囲い込めたり、食材の廃棄ロスが減ったりといったメリットが多いようです。月額約4万円で車が持てるサービスもあり、デートを全部定額サービスですませる、サブスク男子もでてきそうです。

ファッション関係では、男性向けに月約1万円でYシャツ借り放題（クリーニング不要）という実用的なプラン、女性にはスタイリストが選んだ服3着が届くレンタルサービスがあります。

　そして新たに「住み放題」というサブスクまで登場し、行き着く所まで到達した感があります。「月4万円〜」で全国各地の空き家や別荘に住みながら仕事する、という自由な生活を謳歌（おうか）できます。

　使ったことがあるのは、ブランドバッグ借り放題と、任意の服3着が届くレンタルサービス。バッグ借り放題はコスパが高く、サンローランやバレンシアガなどのバッグを借りまくれるのが魅力的でした。当然ですが、新作バッグは少なく、10年くらい前のバッグが届いたことも。そんな時は即チェンジしていました。

　服の借り放題に関しては（思い過ごしかもしれませんが）、汚れやすい白っぽい服ばかり届いて、シミをつけないように神経を使いました。規約にシミの修繕費用1200円とあったので気が抜けないです。バッグも服も、自分が所有しているもの以上に、細心の注意を払って使っていました。買って自分のものになったとたん、雑に扱っていたことを反省。全てのものは借り物、神様からのサブスクリプションサービスと思うべきなのかもしれません。

　これだけ多くのサブスクサービスがあると、自分が何を利用しているのかを把握するだけでも大変です。サブスクには記憶力を維持する効果もありそうです。

なめ子のもう一言

　アメリカではサブスクリプション文化が進化し「サブスクリプションボックス」という中身がわからないサプライズ的な詰め合わせが人気だそうです。コスメボックスや紳士用のネクタイ入りボックス、猫好きのための猫アイテムなど……。中には大人用の性生活充実用ボックス（69ドルと割といい値段）なんてものもありました。自分へのご褒美だけれど中身がわからない分、贈り物を受け取ったような高揚感が得られます。人生に張り合いが出ると思うと高くありません。

188

ぴえん

移り変わりが早い若者の流行語。先日、10代の女子に周りで使われている若者言葉を聞いて、「草」「ワンチャン」など知っている言葉で安心していたら、想定外のワードが登場。「JC・JK流行語大賞2019」のコトバ部門で1位に選ばれた「ぴえん」です。

一瞬「鼻炎（びえん）」に見えましたが、「ぴえん」は悲しかったり、泣きたかったりした時に使うワードのようです。漫画などで使われる「ぴえーん」という泣き声を短縮したものだそうです。

日本テレビ系ニュース番組「news zero」でこの言葉が取り上げられ、意味を聞かれた嵐の櫻井翔さんが「タピオカエンドレス、略して『ぴえん』です」と独創的に答えていたのもネットでかわいいと話題になりました。

「ぴえん」自体はかわいさとウザさが入り混じった

絶妙な言葉で、本気で使うとかまってほしいキャラやぶりっ子と思われかねません。SNSに慣れた若者は半分冗談っぽく、インスタグラムのハッシュタグに入れていたりします。インスタグラムを検索すると、友達と一緒に撮影した写真に「ぴえん祭り」と書き添えてあったり、飼っているインコがかわいすぎて「ぴえん」と綴ったり、多感な年頃にマッチしている言葉です。擬音のような言葉が流行する背景には、聴覚などへの刺激で快感を得る「ASMR」ブームの影響もあるのでしょうか。

「ぴえん」のように「悲哀」を表現する言葉の女子の流行語を遡ると、2012年に「つらたん」がありました。「やばたん」など「○○たん」と語尾につけるのが流行った時代がもう7年も前だとは……。

13年は「つらい」に「お」をつけた「つらお」という言葉と、「ガチしょんぼり沈殿丸」というインパクトが強すぎる言葉が流行。「激おこぷんぷん丸」の仲間でしょうか。これだけ独特な言葉だと死語になるのも早いです。ちなみに18年流行の「ないたー」は、悲しんで泣くというよりも、感動の意味で使われていたようです。

女子中高生やギャルの流行語を振り返ると、そもそも悲しみを表す言葉が少ないのに気付かされます。ポジティブで夢や希望にあふれている10代の女子と比べて、大人の流行語は暗い話題が多いことを痛感。あの頃の希望を取り戻したいです。

なめ子のもう一言

「悲しい」という意味の言葉で、一見最近の若者用語に思われる「へこむ」ですが、実は江戸時代から使われていたという説があります。「島田髷（まげ）がうまくできなくてへこむわ〜」とか当時の女子は嘆いていたのでしょうか。「ぴえん」の命は儚（はかな）そうですが、「へこむ」は数百年間も死語にならなかった言葉として、これからも堂々と使い続けられます。

189

セルフパートナー

影響力が大きいセレブが発したキャッチーな言葉は、あっという間に拡散され、世界的なホットワードになっていきます。

流行語になりそうな勢いなのが、エマ・ワトソンが発した「Self-partnered（セルフパートナー）」という言葉。一緒に過ごす相手がいなくても幸せな状態のことです。「シングル」と言うよりも、自己完結していて前向きな語感。一人でも完全人間みたいな響きです。

実際、エマ・ワトソンは完璧。映画「ハリー・ポッター」シリーズで数々の賞を受賞しトップ女優にのぼりつめ、成績優秀でイェール大学やケンブリッジ大学に合格しつつもブラウン大学に進学。2014年に国連組織「UN Women」の親善大使に任命されました。経済的にも一人で全然問題ありません。そんなエマの発した「セルフパートナー」という言葉に、強く生きていく現代女性のポテンシャルを感じます。

イギリス版「ヴォーグ」のインタビュー動画を見ると、最後の方でエマはプライベートライフを語っていました。「今まではシングルで幸せなんて信じられなかったけど、今は独りでいるのがとても幸せです。『セルフパートナー』と呼んでます」

動画では自分に言い聞かせるように「アイ・アム・ベリー・ハッピー」と一語一語力強く発していました。そのあとの「セルフパートナー」の部分はわりとさらっと言っていたのですが、それでも言葉が世界に発信されてしまうエマの影響力は半端ないです。

彼女はこれまで恋多き女のイメージが強く、よりどりみどりな感じで交際してきました。ここ数年の報道を見る限りでは、ラグビー部所属の年下大学生、IT企業家、俳優のコード・オーバーストリート、投資会社の執行役員、アリシア・キーズの弟、「ハリー・ポッター」で共演したトム・フェルトン……。

実質「セルフパートナー」状態でいるのは数か月程度です。恋愛遍歴の間のちょっとした小休止という感じでしょうか。いずれすぐ恋人ができそうな予感です。「セルフパートナー」という言葉に希望を感じたシングルの人々は、しばらくまだ様子を見守った方が良さそうです。

なめ子のもう一言

数年前、日本で話題になったのは「ソロウェディング」。結婚の予定はないけれど、ウェディングドレスを着てみたいという女性が、ひとり白いドレス姿で写真を撮って満足感にひたるという趣向です。さらに上級者はひとり結婚式を催したり……。これも、自分ひとりで十分満たされている、という思いの表れでしょうか。エマ・ワトソンさんにもぜひ次のステップとして挑戦してほしいです。

なめ子のふりかえり②

２０１７年は、「フェイクニュース」の問題が取り沙汰されたり、空気を読んで同調する日本人の特性を皮肉に捉える「忖度」という言葉が浮上しました。ＳＮＳで華やかさやキラキラ感を追い求める「インスタ映え」も話題に。表層的に生きていて流されやすい自分を自覚する年だったのかもしれません。この頃、取り上げさせていただいた時事ワードは「ハンドスピナー」「うんこ漢字ドリル」など……。「ハンドスピナー」ブームは今でも謎ですが、映えブームに虚しさを感じて、単純な回転器具で心を無にしたい人が多かったのかもしれません。「うんこ漢字ドリル」も、映えを重視する風潮の中、そもそも人間はうんこを製造し続ける生き物だということに気付かされるブームでした。そして子どもだけでなく、大人も本能的にうんこネタには惹かれがちです。

２０１８年は、「＃ＭｅＴｏｏ」運動が高まり、これまでの悪しき因習が明るみに出た一年。過去の価値観が変わるという意味では「働き方改革」もありました。「スマホ決済」も進み、時代の変化を体感。この年取

り上げたワードでは「**すっぴんブーム**」「**ざんねんないきもの**」「**芝麻信用**」「**全裸の日**」など、真の価値や本質を求めるような話題が目だっていました。映えの反動でしょうか……。

2019年は政府が元号を「令和」と決定した歴史的な年でした。「**令和ビジネス**」というワードも取り上げさせていただきました。4月30日には天皇陛下（現・上皇陛下）が退位。世界中の王族や要人を招き、天皇陛下のご退位及び皇太子殿下のご即位に伴う儀式が行われました。今思えば2020年になったら実現不可能でした……。上皇陛下はこのタイミングしかないとどこかでお察しになられていたのでしょうか。その時来日された「**イケメンすぎる王子**」も話題になりました。「**イエティの足跡**」「**ネッシーの正体**」などUMAの話題も出てきて、あの頃は平和だった気がします……。

2020

RYUKO★TAIZEN

マスク不足

190

モーニングルーティン

現代人はSNSで人生そのものをシェアする方向に進んでいるのでしょうか。朝起きてからの習慣（モーニングルーティン）を撮影し、ユーチューブなどで世界に公開する動画が最近流行っているようです。

話題になったのは、お笑いコンビ「阿佐ヶ谷姉妹」の動画（残念ながら公開終了）です。アパートの隣同士の部屋に住む2人が、起きてから仕事に出かけるまでを収録。すっぴんパジャマ姿で黒ごまを食べる美穂さんや、豆苗（とうみょう）に水やりをして「今日も一日がんばりましょう」と話しかける（その後バッサリ刈り取ってましたが……）江里子さんの姿に癒やされます。

出かける前の持ち物公開では、2人ともアメやカイロ、風呂敷などを持っていて「おばさん100％」と自虐。しかし、「紙で包んだお金」にデキる仕事人ぶりを感じました。「お世話になった人にサッとあげられるように」とのこと。これだけの処世術の持ち主なので芸能界での地位は盤石です。

　さらにプロ意識がみなぎっていたのが、美容系ユーチューバーのモーニングルーティン。猫にごはんをあげて二度寝したあと急いで身支度をするのですが、その合間に、スキンケアシートやジェルなど時短コスメの宣伝をしまくっていました。朝の時間もムダにせず、収入につなげるのはさすがです。

　戒めになったのは、洗練された生活をしている人のモーニングルーティン。シンプルで整った部屋に家族と住んでいるグラフィックデザイナーの女性は、「朝いちばんは浴室掃除から」と浴室を磨き出したり、最初に飲むのは「白湯（さゆ）」だったり、意識が高すぎて圧倒されます。

　つい素人っぽいモーニングルーティンに逃避したくなり、二度寝、三度寝する若い同棲（どうせい）カップルの姿や、起床後20分ですっぴんで出社する工場勤務女性の「会社におしゃれしていく意味がわからんくなった」というセリフにちょっと安心させられました。

　朝の習慣なんて他人と比較するものではないかもしれません。誰かに見せなくても神様には見られているかもしれないと思いつつ……。

なめ子のもう一言

　朝だけでなく、常時ライブ配信に挑戦できる旅館があります。福岡市内の「あさひ旅館」です。部屋での様子を世界に配信することを条件に、1晩100円で泊まれる客室があります。実際見てみたら、部屋でひとりツイスターをして見せるサービス精神旺盛な人から、黙々とパソコン作業する人まで様々でした。就寝中寝返りを何度も打っていた人は、視線を感じてうなされていたのでしょうか……。ＳＮＳの豪華なホテル宿泊自慢に疲れた時に見に行きたいです〔追記・その後２０２１年６月に廃業したようで残念です〕。

191

銀座線渋谷駅

まるで巨大な生命体のように変化し続ける東京・渋谷駅周辺。注目が集まっていた銀座線渋谷駅の移設も無事行われたようで、年末年始に夜を徹して働いてくださった方がいたと思うとありがたいです。工事期間中は利用者にとって試練の時期もあり、乗り換え時は仮設の階段を延々と上らされたことが思い出されます。

銀座線渋谷駅が移動と聞いて、東急東横線のように地下に入って東京メトロ各線と乗り換えがスムーズになったのかと予想していました。しかし、実際行ってみたら、横にスライドしていて地上の駅であることは変わっていませんでした。ただ副都心線や東横線の乗り場には少し行きやすくなりました。逆に京王井の頭線への乗り換えがわりと不便になってしまったようです。渋谷の路線を擬人化すると、銀座線が急に八方美人になって、井の頭線がぼっちになってしまったようで切ないです。

新ホームは、幅も広くなって開放感があります。白いM字形のアーチ構造の屋根が未来的な空間を演出。白い柱の電光掲示板に運行案内が表示されているのも洗練された印象です。明治通り方面改札に向かうと、壁面や天井がオレンジ色で、利用するとポジティブになりそうな駅です。

新しいホームに心奪われつつも、つい気になるのが旧ホーム。通路として今後も活用される部分があるようですが、81年間の歴史を思うと一抹のさびしさが。旧ホームを記念撮影する人々も多数いました。資材が多数積まれていて、工事の苦労がうかがい知れます。旧ホームは狭いながらもどこかホッとする空間でした。

旧ホームに行く時はただストイックに駅に向かって歩けたのが、新ホームになってからは渋谷スクランブルスクエアの入り口が近くにあり、渋谷ヒカリエにも行きやすくなって、物欲と直結した駅になってしまい危険です。新しいホームからは、見える看板の位置も変わって、消費者金融などの看板がよく見えます。銀座線利用者は、魅力的な商業施設の誘惑に要注意かもしれません。

利用者が近隣施設にどんどんお金を落とせば、さらに渋谷が発展していくのでしょう……。

なめ子のもう一言

渋谷駅周辺の再開発に伴って渋谷のシンボル、ハチ公像も移動させる案が出ているとか。飼い主の死後、1925年頃から約10年間も渋谷駅前で主人の帰りを待ち続けてきた忠犬ハチ公。当時駅前で犬が主人を待てる環境だったとは、激変ぶりに驚かされます。初代のハチ公像が設置されてから2020年で86年。一時撤去されたり、向きを変えられたりしたことがあって、その度に日本に災いが起こったという説が……。動かす際は、適切な鎮魂の儀式を行った方が良さそうです。

１９２

お尻日光浴

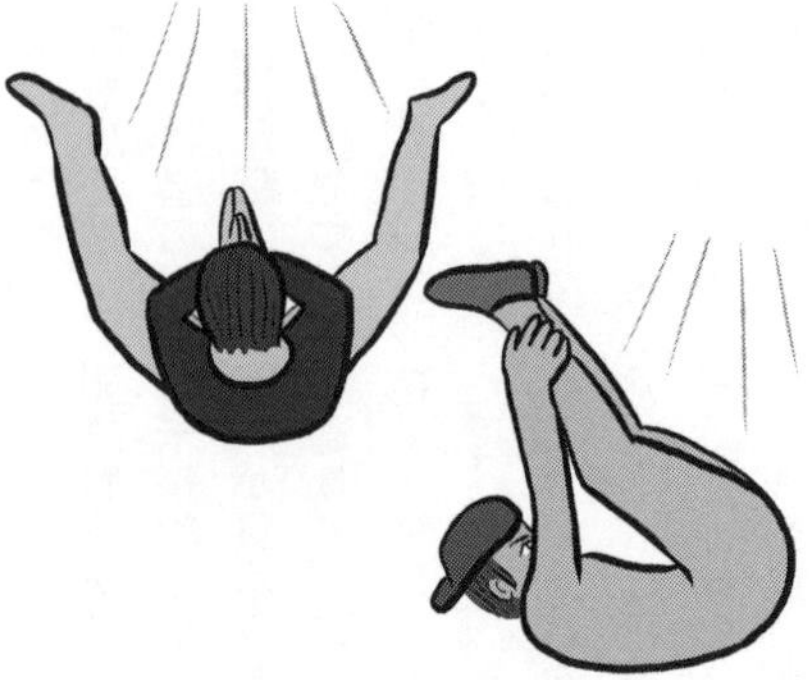

インスタの映え文化が一周回っておかしなことに……。お尻を日光に当てることで健康になる、という説が広まり、実践してSNSに写真をアップする人が続出しています。よく「お天道様に顔向けができない」と言ったりしますが、かわりにどこを向けているのか……という話です。

「ホリスティックコーチ」を名乗るヒゲの男性トロイ・ケイシー氏が自身のインスタグラムで「肛門の粘膜に日光を30秒間当てることは、1日中太陽の下にいるのと同じ」という説を主張。エネルギーが低下している時に実践するとチャージできるそうです。とはいえ、屋外で裸体で脚を広げている写真を見ると、日本なら即逮捕される事案に見えてしまいます。

別の写真ではフェラーリと一緒に写っていて「人間の意識を高め、地球上のシステムを変更するのが自分の使命」というコメントが添えられていました。

ケイシー氏に感化される人は多いようで、「#butthole sunning」というハッシュタグも広まりました。

山の中で全裸で両足を上げている女性は「よく眠れるようになって、性的エネルギーともつながり、創造性が高まった」などと効果を綴っていました。並んで大股開きしている男性3人や、ズボンをはいたまま中途半端に露出している男性など、スタイルは様々。太陽に向かって下半身を露呈しながら、手を合わせてあられもないポーズをおわびしているような男性は好感度が高かったです。

ネット上の記事を調べてみました。アメリカの栄養科学者によると、日光にさらされる皮膚の面積が増えるとビタミンDが合成される量も増えるけれど、お尻日光浴が健康に良いことを示す科学的根拠はない、とのこと。他にも、効果は疑問だとする医療関係者の意見が複数見られました。

しかし、本人としては解放感で幸せホルモンが分泌されることがあるかもしれません。また、SNSはだいたい自慢の投稿が多くてストレスに感じていますが、お尻健康法をやっている人々の写真を見ると、笑ってストレス解消になる、という効果もありそうです。笑いで見る者を健康にするお尻日光浴。時々こういったおかしな風習が出てくるのは歓迎です。

なめ子のもう一言

最近「ウインターブルー」というワードが話題になっています。冬になって日照時間が減ってくると気分が憂うつになったり、眠くなったり、といった症状を覚える人が増えているようです。解消法の一つは、日光に当たること。ふと「お尻日光浴」のことがよぎりましたが、実践して写真をSNSにアップしてしまったら、しばらくして別の意味でブルーになってしまいそうなので、要注意です。

193

昆虫食ブーム

以前は一部のマニアに支持されていた昆虫食が、このところ注目を集めています。世界の食料問題の解決策になるとされている昆虫食は、高タンパク質でビタミン・ミネラルも豊富。食肉を生産するよりも環境への負荷が低いので、意識が高い人々も取り入れつつあるようです。

バラエティー番組で長澤まさみさんはコオロギラーメンを試食し「おいしい」と絶賛。かつて昆虫食というと度胸試しやいたずらといった側面がありましたが、時代が変わり、今は昆虫を食べたことがないと環境への意識が低いと見なされそうです。

9年ほど前に訪れた昆虫食イベントでは、バッタのフンを煎じたお茶を飲んだり、カブトムシ味噌（みそ）を試食したり、貴重な体験をすることができました。中でもサフランライスの上に素揚げのセミやゴキブリがのっている「バグパエリア」が大人気で試食希望者が殺到。虫料理を率先して食べられる人は勇者、みたいな昆虫食マウンティングの空気が漂っていました。

それから時が経ち、渋谷パルコに昆虫食が食べられる居酒屋「米とサーカス」が進出したり、無印良品が2020年春に「コオロギせんべい」を発売すると発表したり、より昆虫食が来ている感があります。「米とサーカス」では、通りすがりの人が「虫だんご」「虫パフェ」などの写真を見て「絶対ムリ！」と叫んでいましたが、店内の人はそんなことも意に介せず、最先端の珍味を堪能していました。

東京都内には女性向けの昆虫食自動販売機も登場。先日行ってみたら、街角にさりげなく設置されていて、パッケージデザインも虫アピールはほとんどなく、500〜1000円の価格帯で買いやすいです。サソリやカイコなどを乾燥させ塩で味付けしたスナックなどが並んでいました。「未来を救う、ネクストフード」というフレーズに後押しされて、クリケットエナジーバー（500円）を購入。おそるおそる食べてみると、煮しめた出汁のような深みがありました。

食べてしばらくしたら胸の奥が熱くなり、元気になった感が。サスティナブルな食生活に足を踏み入れた高揚感でしょうか。食物連鎖のピラミッド的には昆虫食は下の方なので、謙虚に昆虫食をたしなみたいです。

なめ子のもう一言

昆虫食を躊躇してしまう方におすすめなのは、食べられる土です。近年、米航空宇宙局（NASA）が宇宙飛行士のカルシウム不足を補うために、ミネラル豊富な粘土の摂取をすすめているとか。以前、土を食べていたら、なんとなくデトックス効果を体感。人に言うと驚かれるのが快感で、土さえ食べられるならなんでもできるという万能感にも浸れました。人類を救うのはこのポジティブな気持ちかもしれません。

194

クイーン来日

映画「ボヘミアン・ラプソディ」の大ヒット後、人気が再燃。若い世代のファンも増えているクイーン。「クイーン＋アダム・ランバート」公演が日本で開催され、話題を巻き起こしました。

さいたまスーパーアリーナ公演の2日目を鑑賞してきました。海外ミュージシャンの公演は開演が1時間くらい遅れるイメージがありましたが、約10分遅れでスタート。さすがブライアン・メイとロジャー・テイラーは、理系男子の鑑（かがみ）できっちりしています。

ここ数年、コラボしている若いシンガーのランバートは、完璧にセクシーに歌いこなす歌唱力の持ち主であるだけでなく、人格的な素晴らしさも伝わってきました。レジェンドメンバーのブライアンとロジャーを常に立てていて、コンサートが始まった時、自分は後ろに下がっていました。

天国のフレディ・マーキュリーについても「僕はフレディを愛してる！　みんなも同じだよね?!」と叫んで、一体感を高めたりして、スターなのに良い人すぎです。さらに数歩下がった所で地味な服装で黙々と演奏している、バンドメンバーのベースの男性の奥ゆかしさも心に残りました。

英国紳士の風格が漂うドラムのロジャーは、前半はジャケット着用。シンバルを抑えるさりげない仕草にも品格が感じられました。

ギターのブライアンは、ロジャーよりも年上の72歳ですが、長いソロパートでも花道や高所のセットでパフォーマンスを披露。派手に手を動かしていないのにエモーショナルなメロディーを奏でるという、省エネテクの高みに到達していました。突然狐（きつね）の仮面にサイボーグ風の衣装で登場したり、童謡を弾くコーナーがあったり、自由な感性の持ち主でした。

そんなブライアンに萌える若い女子が多数。前席の20代女子2人が「ブライアーン!!」と歓声を上げ続けていました。クイーンブーム再燃で、おじいちゃん萌えの女子が増える予感が……。とはいえ、それはブライアンやロジャーが良い年の重ね方をしているから。ブライアンのインスタグラムを見ると、ベジタリアンでストイックな食生活でした。世のクイーン世代の方々が、彼らのライフスタイルを参考にしたら、少し平和な世の中になるかもしれません。

なめ子のもう一言

1970年代、クイーンの来日コンサートでは、エキサイトしすぎて失神する女子が続出したそうです。日本での大ブレイクで親日の感情が芽生えたのか、SNSやコンサートで日本語を使ってくれることも。今回も「イッショニ歌ッテクダサイ！」と呼びかけたり、「ミナサーン、アダム・ランバートサンデス！」とメンバー紹介をしたり。日本語MCがかわいすぎて失神しそうになるという新たな魅力を発揮していました。

195

マスク不足

「花粉がひどい時用にラスト1枚残しておきたいんですけど……」。電車の中で聞こえてきたサラリーマン男性の切実な会話です。「マスクが足りないですね」という会話があいさつ代わりになっている昨今。新型コロナウイルスによる肺炎の流行で世界的にマスク不足は続いているようです。

最も深刻な中国では、価格も高騰しているので、予想外の素材でマスクを手作りする人が出てきています。大きなペットボトルや、ビニール袋をかぶっている人（苦しくないのか）。オレンジなど柑橘（かんきつ）類の皮を半分に切って顔に当てている人の写真もネットで散見されました。

オムツや生理用品を顔に装着している人もいました。見た目のインパクトが強く、人が近寄りにくくなって、感染を防ぐ効果が若干あるかもしれませんが……。

マスク不足をビジネスに利用しようとしたのは米国在住の男性。上半身が入る1人用のビニールテントを飛行機内でかぶった姿が撮影されて話題に。本人がそのテントの開発者で、もとは雨風を防ぐように作られたそうです。価格は約80ドル。これらのマスク代用品を笑っていられない時が来てしまうのかもしれません……。

マスクを身近な素材で自作する人もいます。キルト作家としても有名なキャシー中島氏が作った立体マスクはボタニカルな柄でおしゃれで評判になりました。凝ったものでなくても、マスクの型紙を入手すれば、ガーゼや布などを素材にミシンで自作できるようです。手作りに込めた思いや愛情がウイルスを遠ざけてくれると良いのですが……。洗濯して繰り返し使えるのでエコロジカルです。

忙しい人には、キッチンペーパーやティッシュで作るマスクがおすすめかもしれません。実際にやってみると1分でできました。ティッシュを蛇腹に折り、両端にホッチキスで輪ゴムを止めるだけです。着けてみると、見るからにティッシュ感がすごいです。ウイルスをブロックするかどうかは不明です。しかし、気休めでも少し心が安らかになれば免疫力がアップするかもしれません。手作りマスクを見て優しい気持ちになれば、オキシトシン分泌で健康を保てるという、さらなる効果を期待します。

なめ子のもう一言

日本青少年育成協会から中国への支援物資の箱に書かれた「山川異域　風月同天」という漢詩が、静かな感動を巻き起こしています。住む場所は異なっても、同じ空の下でつながっているという意味で、かつて唐の鑑真に贈られた言葉だそうです。以降、箱に様々な漢詩を書く動きが広まっているとか。人助けをする心意気だけでなく教養もあって、尊敬の念を禁じ得ません。

196

地球外生命体

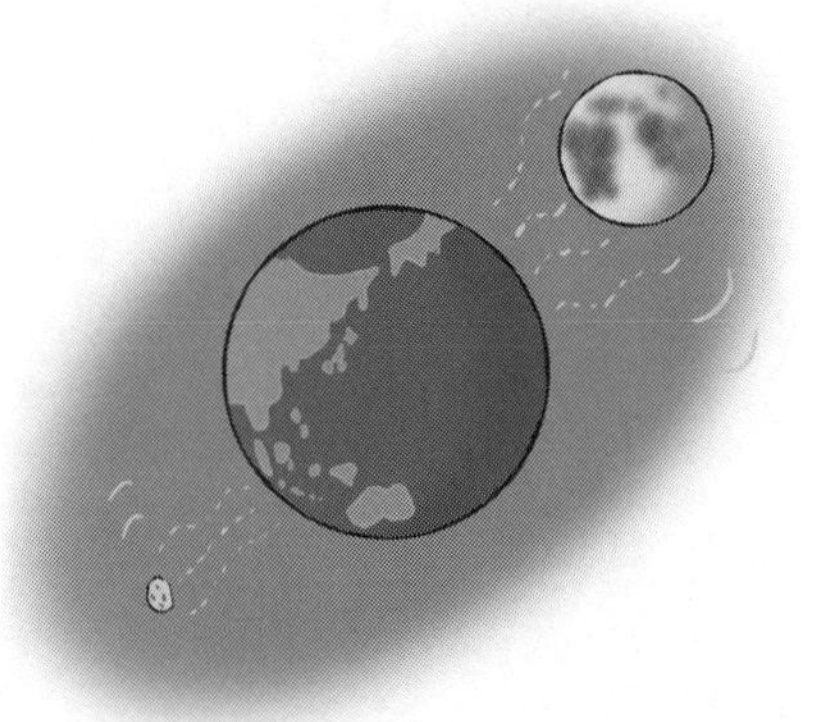

最近のイギリスでの大ニュースといえば、ヘンリー王子とメーガン妃の王室離脱ですが、その話題にかき消されそうになりながらも世界に静かな衝撃を与えたニュースがありました。

　１９９１年にイギリス人初の宇宙飛行士として、宇宙ステーション「ミール」に滞在したヘレン・シャーマン博士。化学者でもある才色兼備の女性です。その彼女が英紙のインタビューで「地球外生命体は存在します」と断言しました。原文を見ると「Aliens exist, there's no two ways about it.」と、エイリアンの存在は疑う余地はないと言っています。

「宇宙には何十億もの星があり、あらゆる種類の異なる生命体が存在しているに違いありません。彼らは私たちのように、炭素と窒素で構成されているでしょうか？　そうでないかもしれない。彼らは今ここにいて、私たちには見えていない可能性もあります」と、肉体を持たない宇宙人がいるかもしれないことをほのめかしています。シャーマンさんという名字もどこかスピリチュアルです。

記事の中では、「宇宙から地球を見た時の美しさほど素晴らしいものはありません」「宇宙ステーションには生き残るために必要なものがすべてそろっていました。適切な温度、食べ物と飲み物、安全性です」などと当たり障りのないことも語っていて、宇宙人発言がかなり目立ちます。ニュースサイトを見ていると、だいたい好意的に捉えられているようで、世の中の人が宇宙人やUFOを受け入れはじめているのかもしれません。

シャーマン博士は宇宙飛行士として活躍した後、勲章を受章するなど確固たる地位を築きました。科学教育に携わったり、講演会の講師をしたりしておられるようですが、この発言で仕事に支障をきたすことはなさそうです。

ただ気になったのはインタビュー記事の最後の「ヘレン・シャーマンの子供向けの新しい本は2020年初夏に出版されます」という一文。もしかしてその宣伝のため……？　宇宙人が出てくる話ならぜひ読んでみたい、と彼女の思惑のままに誘導されました。

なめ子のもう一言

イギリス在住のサイモン・パークス氏が、自分の本当の母親は身長約2・7メートルの宇宙人だと語って、2012年に話題になりました。彼はインタビュー動画で、緑の裸体にマントをまとった母にチョコレートやフルーツをもらった心温まるエピソードなども披露。話題になった当時、地方議員をしていて、まじめそうなメガネをかけたおじさんで、とてもでまかせを言っているように見えません。宇宙人の英知が政治に役立つと良いのですが……。

197

覚え違いタイトル集

加齢とともに衰えていく記憶力。人名、店名、本や映画のタイトルなどが記憶の隙間からこぼれ落ちて消えていきます。うろ覚えの名前を自分の脳内でアレンジしてしまっていることもよくあります。福井県立図書館のサイトに掲載されている「覚え違いタイトル集」が、静かな話題になっています。2008年、13年にもプチブレイクがあり、20年に第3次ブームが来たサイトです〔追記・その後2021年に書籍化〕。

発端は職員の情報共有のためにまとめられたデータで、利用者と司書のカウンターでのやりとりの事例が多いようです。利用者のヒントにしてもらうためと、図書館のレファレンスサービス〔調べもの相談〕の認知度を高めるために公開されています。思わず笑ってしまう「覚え違いタイトル集」とは……。『下町のロボット』正しくは『下町ロケット』、『日の残り』正しくは『日の名残り』など、ありがちな間違いも多数。『蜜蜂と遠雷』を『はちみつとえんらい』と思い込んでいたり、『1Q84』を『IQ84』と勘違いしていたりする例は身に覚えがあり、自分だけではなかったと思って安堵（あんど）しました。『桐島、部活やめるってよ』を『おい桐島、お前部活やめるのか?』と覚え違いしていた例もありました。脳内でストーリーが進行しているようです。「村上春樹のオオサキさんがどうしたとか……」という、うろ覚えの情報から『色彩を持たない多崎つくると、彼の巡礼の年』というタイトルを導き出すなど、司書さんの実力が感じられます。

覚え違いタイトル集を眺めていると、人間の心理が垣間見えました。『引き受けない生き方』正しくは『引きうける生き方』、『人生が片付くときめきの魔法』→『人生がときめく片づけの魔法』、『人は見た目が7割』→『人は見た目が9割』といった覚え違いには、自分の願望や本音が表れているようです。

ところでリスト全体を見ると、思ったよりひどい覚え違いがなくて、教養ジャンルの本が多く、下世話な本を探している人もいないようで、福井県の文化水準の高さを感じさせます。図書館に通っている人は知的好奇心も強く、脳が活性化しているのでしょうか。このリストを一読して、もっと本を読まなければという焦りにかられました。

なめ子のもう一言

現代人は記憶をクラウド化し、外部のビッグデータに頼る傾向があるようです。あやふやな記憶で検索しても、グーグルなどが正しい名前を教えてくれます。うろ覚えのシーンや名前からAIが映画のタイトルを探してくれるサイト（英語ですが）や、鼻歌で曲名を検索してくれるアプリもあり、使ってみたら10作品ほど候補が検出され、ますますわからなくなりました……。最終的には人に聞いた方が答えにたどり着けそうです。

198

コロナスル

新型コロナウイルスの感染拡大。世界保健機関（WHO）は2020年3月、ついに「パンデミックとみなすことができる」と表明しました。ウイルスは目に見えないので、不安や怖さを感じて、つい擬人化したくなるようです。

日本ではツイッターで「#コロナウイルスお絵描き」というハッシュタグがトレンドに上がっていました。サイトでそれぞれが想像するコロナウイルスの絵を描くと、うまさを判定し採点されるという企画がありました。

インドでは、ヒンドゥー教の一大イベント「ホーリー」の一つの行事「ホリカ・ダハン」に、新型コロナウイルスを模した巨大な人形が登場。「コロナスル」と名付けられた、青い体で攻撃的な表情を浮かべた悪魔の人形です。鬼のようなルックスで、おなかには「COVID-19」と病名が書かれた紙も貼られていました。人々の恐怖をエサにしているのかおなかが膨らんでいます。草の上にのっていて、その後燃やし尽くされる運命に……。「ホリカ・ダハン」とは、ヒラニャカシプという悪魔が、ヴィシュヌ神に仕える自分の息子を妹のホリカに焼き殺させようとしたところ、逆にホリカだけが焼け死んでしまった、という神話にちなみ、かがり火で悪を燃やす、という意味合いの祭りのようです。

インド各地で開催されているお祭りですが、「コロナスル」人形が登場したのはムンバイでした。実際燃やされている動画を見たら、挑発的表情を浮かべた「コロナスル」が色とりどりにライトアップされたあと、その体をめがけて注射器のオブジェが放たれました。その先には火がついていて、点火すると「ホーウ!!」「ヒュー！」などと歓声がうずまいています。注射器はワクチンでしょうか。新型コロナウイルス本人にワクチンを注射するとはシュールな展開です。自分の毒でやられることに……？　その後下半身から一気に火が広がり、あっという間にハリボテは焼け落ち、無惨な木の枠だけになっていました。さすがインド人はワイルドで、人形を住宅密集地で燃やしているので、火のついた木の棒が民家に倒れかかっていて、新たな危険が発生。悪魔のしぶとさに戦慄し、このウイルスは油断できないと改めて実感しました。

なめ子のもう一言

2020年上半期時点ではインドの感染者数が比較的少ないのが気になります。ガンジス川での沐浴（もくよく）やカレーのスパイスが効いているのでしょうか。インド政府は、免疫力を高める方法をウェブで公表しています。植物やスパイスを活用したり、ごま油を鼻に垂らしたりと、具体的な方法が表記されていました。日本で入手が難しそうな材料名も並んでいます。自然の力を借りながら規則正しい生活を送るのが良さそうです。気休めにときどきカレーを食べながら……。

在宅ディズニー

世界中で自主隔離が続いていますが、在宅でもクリエイティブな発想で楽しく過ごそうとする人々が存在します。

例えば、ビデオ通話でそれぞれの家をつないで在宅飲み会したり、部屋に張ったロープからクリップで吊り下げたいちごを摘み取って「家でいちご狩り」を楽しむ上級者がいたり。

急激に発展している在宅カルチャーの中で話題になっているのが「在宅ディズニー」です。休園の間、ディズニーランドが好きすぎる人たちが自宅でアトラクションを再現し、「#HomemadeDisney」というタグでSNSにアップしています。

話題の動画の多くはアメリカ発のようで、完成度の高さに目を奪われました。「プーさんのハニーハント」は、スタッフに扮したお母さんらしき人が子どもを椅子に乗せると、椅子が揺れ出し壁にプーさんの映像が投影されていました。「スプラッシュ・マウンテン」では、丸太の間に座った子どもたちが水をかけられ、楽しそうに叫んでいました。冷水の刺激で免疫力も鍛えられます。

「カリブの海賊」は、ベッドに骸骨（がいこつ）を置いたり、ジャック・スパロウのコスプレでソファでくつろぎながらお酒を飲んだりしていました。子どもを楽しませつつ大人はお酒に逃避できます。途中、子どもたちがソリで階段を滑り降り、本物の「カリブの海賊」以上にスピードが出ていました。

「ホーンテッドマンション」は、不気味な肖像画や蜘蛛（くも）の巣の張った燭台（しょくだい）、暗い部屋で踊る男女など演出が本格的。調べたらLAの女優でクリエイターによるものでした。在宅ディズニー動画のブレイクが今後の仕事につながりそうです。ハリウッド業界人の底力を見せられました。

一方、日本の「在宅ディズニー」は、空き容器を使って「カリブの海賊」のボートを作ったり、ぬいぐるみを並べたり、ささやかな楽しみ方で親近感が。

総じて言えるのは、アメリカの家は大きい、ということ。家族と仲良しで、隔離中でもリア充感が伝わってきます。どんな状況でも幸せになろうと思えばなれるという勇気をもらえる動画でした。

なめ子のもう一言

日本の遊園地「サンリオピューロランド」は、休園中の動画をアップ。第1弾は、スタッフがメンテナンスや掃除、メニュー開発をしたり、ハローキティがステップの練習をしたりして、粛々とお客様を迎える準備をしています。「ピューロランド、休んでたって…ここにいるよ」というメッセージが涙腺を刺激。第2弾のサンリオキャラクターたちの動画では、掃除や植栽の手入れなどに励む姿がけなげです。一瞬、着ぐるみ姿だったら感染しなさそう、と大人の夢のない思いがよぎってしまいましたが……。

200

手洗い動画

世界で手洗い動画が広まっています。ウイルス感染予防に効果があるとされる、石けんによる手洗い。日本発の手洗い動画で人気なのは、ジャニーズ事務所の公式ＹｏｕＴｕｂｅチャンネルで公開された手洗い動画「Ｗａｓｈ　Ｙｏｕｒ　Ｈａｎｄｓ」です。

嵐バージョンと、複数のグループのコラボバージョンがあり、歌詞と振り付けは共通しています。「はじめまし手」「よろしくし手」という心温まるイントロから「すりすりＷａｓｈ」「のびのびＷａｓｈ」「ごしごしＷａｓｈ」などと、実際の手洗いの動作をわかりやすく解説しています。

嵐バージョンは、メンバーが並んで石鹸（せっけん）で丁寧に手洗いする動画も入っていて、見ていると心洗われます。最後、きれいになった両手を画面に見せるシーンで、さりげなく手相もチェックできます。

世界のピコ太郎も「ＰＰＡＰ－２０２０－」を公

開。公式チャンネルには「ピコ太郎から全世界に向けて… スマイルとSafe handsを求めて急遽(きゅうきょ)作りました!」というメッセージが。ペンやアップルを、ハンドとソープに変えて、手洗いをレクチャー。「I have a SOAP」とおなじみのメロディーで始まり「Wash! Wash! Wash! Wash!」と丁寧に手の甲や指1本ずつを洗っています。最後に「Pray for People And Peace」(頭文字がPPAP)と、神妙な表情で祈っていました。2016年の動画と比べると、顔に艶、声に潤いがあり、世界でブレイクした経験値や余裕を感じさせます。コメント欄には世界中からの称賛の言葉が並んでいました。また世界でブレイクしそうな勢いを感じます。

ちなみに「PPAP-2020-」の前に2019年8月に公開された作品は、「Everyone must die」。「人はみーんな産まれて死ぬ」「エブリワンマストダーイ♪」「ダーイ♪」と、おしゃれなエレクトロポップに合わせて歌っていて、今見ると何かの予言のようで戦慄。今後も彼の作品をチェックし、心の準備をした方が良さそうです。

なめ子のもう一言

「手洗い」とともに必要とされているのが「外出自粛」ですが、ミュージシャンの財部(たからべ)亮治氏が、ゴールデンボンバーの「女々しくて」のパロディの曲、「自粛して」を公開し、話題になっています。「自粛して自粛して自粛して、つらいよ~」「移動距離　今日もトイレまで」「自粛して自粛して　今日も即席(飯)」といった歌詞に共感し、笑いながら励まされる人は多そうです。表現力は自粛する必要はないと気付かされました。

201

アマビエ

今、ひそかに人々の心のよりどころとなっている妖怪がいます。それは「アマビエ」。ロングヘアでクチバシがあり、胴体はウロコに覆われ、3本足というハイブリッド的な存在です。光り輝く姿で海中から現れ、予言をすると言い伝えられています。そんなアマビエには疫病封じの霊験があるとも言われています。

1846年、江戸時代後期には肥後国（熊本県）にアマビエが出現したという瓦版が発行されました。海岸で毎晩、海中から光り輝くものが出没する現象が目撃され、役人が調べにいくと出現し、「私は海中に住むアマビエと申す。6年間、豊作が続くが疫病も流行する。私の姿を描いた絵を人々に見せよ」と告げて海に帰っていきました。

令和の世においては厚生労働省が「アマビエ」を若者向けの啓発用アイコンに使用。「知らないうちに、拡(ひろ)めちゃうから。STOP！　感染拡大」というフレーズの横にアマビエのイラストが。

SNS上では「#アマビエチャレンジ」と称し、アマビエモチーフのイラストや作品の写真を投稿するというブームが起こっていました。ペットにウィッグをかぶせた写真もあって癒やされます。アマビエは和菓子で再現しやすいようで、複数の和菓子屋さんがアマビエをかたどったお菓子の写真を公開。作品の形態は様々ですが、疫病退散を願う気持ちは一緒です。

同じく予言する「アマビコ」という妖怪もいて、アマビエと同一ではないかと言われています。1844年に越後国（新潟県）に現れた「アマビコ」は、年内に日本人の7割が亡くなるという怖い予言をして、自分の姿を絵に描くことを勧めたそうです。人々を救いたいのか、不安にさせたいのかどちらなのでしょう。もしくは注目されたい妖怪なのか……。実際に最悪な事態を免れたのならご利益があるのかもしれません。

「アマビエ」「アマビコ」が江戸時代に出現した場所で最も多いのは肥後国（熊本県）という説が。今の再ブームの勢いを見ると、くまモンの最大のライバルになりそうです。妖怪とゆるキャラのバトルに注目することで、少し現実逃避できそうです。

なめ子のもう一言

芸能人もブームに反応。叶姉妹の叶恭子氏は、ウロコ状の光り輝く布をまとい、セクシーなアマビエコスプレに挑戦していました。「疫病を退散させる光り輝く魔除けの妖怪」との解釈だそうですが、ゴージャスな存在感で十分魔除けになりそうです。研ナオコ氏はビニールテープでウィッグを作り、ウロコをあしらったデザインの服を着用し、クチバシと耳のヒレまでリアルに再現。アクセス数が多い芸能人がアマビエ姿をアップすることで、疫病退散効果が高まることを祈りたいです。

202

Zoom演劇

外出自粛の中で生まれた新しいカルチャー、それはオンライン会議システム「Zoom」を使った演劇です。リモートワークやオンライン飲み会で、実際に会わずにネット上で集まる、という風習が広まっている今、Zoomで展開するドラマは旬なコンテンツになりつつあります。

Zoom演劇の中で勢いを感じさせるのが、打ち合わせから本番まで1回も会わずに制作している「劇団ノーミーツ」。「Zoom合コン、事故ったwww」「Zoomで面接を受けたら放送事故起きた。」「ダルい上司の打ち合わせ回避する方法考えた。」など若さあふれるテーマ。短いものは数分で見やすいです。上半身はパリッとしていた面接官が下はブリーフだったとか、オンライン会議中、まじめそうに話を聞いていた部下の画像が実はバーチャル背景で、実は家であられもない姿でだらけていたのが発覚、といった展開が笑えます。

映画「カメラを止めるな！」の上田慎一郎監督も、スタッフやキャストが直接会わないまま短編映画「カメラを止めるな！　リモート大作戦！」を制作。「カメ止め」の続きのようなストーリーです。

「実録!!!奇妙な珍犯罪」の制作を依頼された監督が、また娘に手伝ってもらい出演者を集めます。くすぐり変態事件をなんとかリモートで再現しますが、「企画が流れた」とリモート会議でクライアントから言い渡されてしまいます。一般の人から募集した動画を入れたりして、一体感が得られて再生回数も上がりそうな演出がさすがでした。また、監督の娘の、事態が収束したら「やっぱ映画館で映画見たい」と、涙ながらに語るシーンに心動かされます。

そして行定勲監督と豪華な6人の俳優によってリモートで制作されたのが「きょうのできごと　a　day　in　the　home」。同窓生がリモート飲み会で忘れられない女性の話になって、もしかしたら同じ女性？　とモメる展開から目が離せません。俳優たちの家や生活感や私服を見られる貴重な映像でもあります。

それぞれパソコンのカメラで撮影しているのにオーラがあるのはさすがプロでした。ちなみにこの作品でも、「映画は映画館で見たいっすよね」「映画館に行きたいな〜」というセリフがあり、自粛が明けたら映画館に誘導されるという仕掛けが。映画業界人の不屈の精神を感じさせました。

なめ子のもう一言

最近は「Zoom映え」という言葉も生まれ、オンライン会議などで画面映りを良くするために工夫を重ねる人も多いようです。パソコンやスマホを置く位置を高くして小顔に見せたり、照明を当てたり……。「インスタ映え」が沈静化したと思ったら、また新たな「映え」から現代人は逃れられないのかもしれません。

203

ピローチャレンジ

ときどきSNS上で発生する謎のムーブメント。最近では、お尻に日光を浴びせる健康法「お尻日光浴」が流行しましたが、今回も理性の枠を超えたファッションが海外ではやっているようです。

「ピローチャレンジ」と呼ばれるスタイルは、ピロー(枕)を体の前面に当て、ベルトで締めて固定し、前から見るとミニドレス風になっている、というもの。外出自粛が続く欧米で、在宅でもおしゃれしたいインフルエンサーが始めたファッションらしく、2020年4月頃からSNSで流行っているようです。

お出かけできず有り余るエネルギーや承認欲求をどうしたら良いかわからない……。そんなインフルエンサーの心の叫びが聞こえてくるようです。枕が意外にもラグジュアリーなドレスに見えるという新発見がありましたが、背後から見ると裸体というあられもない出で立ち。小林よしのり氏のマンガ『おぼっちゃまくん』に出てくる「びんぼっちゃま」（貧乏で前面だけしか布がない服を着ている）を連想してしまいます。そのためか、日本人でやっている方はほとんど見かけませんが、インスタグラムで「#pillowchallenge」と検索すると28万件以上もヒットし、世界では想像以上に盛り上がっているようです。

例えばピローをまといワイングラスをかかげる女性や、犬と一緒にピローを体にくくりつける女性……。母と娘でチャレンジという楽しそうな写真も見かけました。パーティー会場にいるかのように、サングラスをかけてクラッチバッグを手にポージング。腕のタトゥーを露出してアピールする人や、クッションを着けた露出度の高い人もいました。ピローから発展し、掛け布団を体にまとっている人も。

まねして服の上から枕をくくりつけてみましたが、枕が重いため上部がくたっとなってドレス感を出せません。軽やかな羽毛入りで、おしゃれな枕カバーでないと難しそうです。

「ピローチャレンジ」に挑戦しているのはかなりの美女ばかりです。よほど自分に自信がないとできないファッションだと改めて気付かされました。下手に参加すると公開処刑状態で精神的な「ソーシャルディスタンス」を思い知らされることに……。SNSのブームとも適度な距離感が必要です。

なめ子のもう一言

「ピローチャレンジ」よりは参加しやすそうなのが、ギネスワールドレコーズが開催している「#GWRchallenge」。毎週課題が出され、SNSを通じて家の中でギネスに挑戦できる、という企画です。例えば、サッカーボールのようにトイレットペーパーを30秒間に何回リフティングできるか、というお題や、5組10枚の靴下を何秒ではけるかなど、家にあるものを使って気軽に挑戦できます。記録を達成できなくても運動不足解消のチャンスです。

204

バンクシーの新作

思い返せば2019年のGW、東京都庁で「バンクシーの作品かもしれない絵」が展示されていたとき、世の中は平和でした……。それから1年余り、世界はコロナ禍を経験しましたが、イギリスを拠点とする覆面アーティストのバンクシーは精力的に制作を続けているようです。

2020年4月にバンクシーの公式インスタグラムに投稿されたのは、「在宅勤務すると妻にひどく嫌がられる」というコメントが添えられた写真。バスルームでバンクシーの描いたネズミたちが大暴れしています。歯磨き粉のチューブの上に乗って中身をぶちまけたり、便器の蓋におしっこして汚したり、やりたい放題です。バンクシーが描くネズミは、都会環境に適合して生き抜く現代人を表していると言われます。そんな現代人たちも外出自粛を余儀なくされ、ストレスがたまっている、という状況がこの作品で代弁されているのでしょう。ネズミのいたずらに感情移入すると鬱屈（うっくつ）した気持ちが少し晴れるようです。「妻に嫌がられる」とコメントしていますが、自宅のバスルームに絵を描かれても作品が売れないから、ますます不機嫌になってしまいそうです。

さらに5月に発表された新作は心温まる感動的なものでした。「Game Changer」と題されたデッサン風の絵で、スーパーヒーローたちの人形をよそに、少年が新たなヒーローとして看護師の人形をかかげています。

約1平方メートルのこの作品は、「あなた方のご尽力に感謝します。白黒ではありますが、この作品で少しでも現場が明るくなることを願っています」というメモとともに、イギリスのサウサンプトン総合病院に贈られました。秋まで展示され、その後オークションにかけられて、利益は国民保健サービスのために使われる予定だそうです。

バンクシーは風刺番長というか、皮肉をこめた攻撃的な作品が多い印象でした。例えば、イギリス議会の議員が猿になっている作品や、動物の檻（おり）がバーコードになっていて消費主義を皮肉る作品など。そんなバンクシーが優しいメッセージ付きで、博愛的な作品を発表するとは……。ギャップ感でますます人気が出そうで、その才覚に恐れ入りました。

なめ子のもう一言

バンクシーは孤高のアーティストだと思っていたら、実は既婚だとわかって軽くショックでした。バンクシー自体、複数人のユニットという説もあり、どなたの奥さんかわかりませんが、海外ニュースサイトに、ジョイ・ミルワードさんという女性が妻として出ていました。ノートパソコンで楽しそうに仕事している金髪の女性。知的でバンクシーとも話が合うと推察。ただ、家のバスルームを汚されるとさすがに怒ってしまうのかもしれません。もう一度作品のバスルームの写真を見ると、歯ブラシが2本あるのも意味深でした。

205

地雷女メイク

最近、若い女子の間で流行っている「地雷女メイク」。以前にブームになった「病みメイク」の系統でしょうか。「地雷女メイク」は、泣きはらしたような雰囲気や情緒不安定なキャラを演出します。

地雷女とは、深く関わると面倒な女性を指すようです。「悲劇のヒロイン」「かまってちゃん」「二面性がある」「承認欲求強め」「頑固」「依存心が強い」といった想像するだけでも大変そうな特徴が挙げられています。もしかしたら自分の中にも存在しているかもしれない……そんな一抹の不安も覚えます。

今の時期は誰もが情緒不安定気味でいつ地雷女キャラになってもおかしくありません。そんな不安をメイクの形で表現し、昇華するという若い女子の処世術に感銘を受けました。

人気のユーチューバーの地雷女メイク動画をいく

つか見てみました。厚塗りをして人形のような白い肌にした後、眉はたれ気味に描きます。ダークローズ系のシャドウで目の周りを赤く囲んで、ラメ入りのゴールドを涙袋にゴリゴリに塗ってぷっくりさせます。アイラインはたれ目に見えるようにしつつ、柔らかくなりすぎないよう、鋭くて怖い雰囲気を残します。深い赤のリップを塗り、髪をハーフツインにまとめて、黒っぽい服を着用し、完成です。

ユーチューバーたちは楽しそうにメイクしていました。客観的な視点が、本当の地雷女にならないために必要なのでしょう。芸能人では、ゆきぽよさんや益若つばささんなどが地雷女メイクに挑戦し、話題になっています。藤田ニコルさんは動画で、「病んでる感じでしょ～?」と問いかけながらシャドウを塗っていました。「でもこの時期、ちょっと病むようになってるね。皆さんは、元気でお過ごしですか」と視聴者をねぎらいながら……。地雷女メイクは心の不安を解放する癒やし効果もありそうです。

以前、「病みメイク」をしているアイドルを間近で見たことがありましたが、大声でハキハキしていて、メイクとのギャップに驚かされました。「病みメイク」「地雷女メイク」を楽しめるうちは元気ということなのでしょう。「地雷女メイク」に関しては、この顔で街に出ると人と距離を置かれてソーシャルディスタンスが保てる、というメリットも期待できて、意外と実用的なメイクです。

なめ子のもう一言

「コスモポリタン」誌のサイトで「アニマルプリントアイシャドウ」という、「地雷女」よりも手強(てごわ)そうなアイメイクを発見。まぶたにヒョウ柄のような模様を描き込む、かなり攻撃的なメイクです。インスタグラム内を検索すると、意外にも実践している女性が多数。強く生きてサバイバルしたい、という女性たちの心の叫びがうずまいているようです。

206

着席クラブ

今後、人類は密閉された空間での夜遊びをあきらめなければならないのでしょうか……。そんな中、ダンスミュージック大国のオランダでは新たなクラビングのスタイルが提示されました。もしかしたら今後最先端の様式になるかもしれません……。

オランダのナイメーヘンで開催されたクラブイベント。DJがブースでダンスミュージックをかけ、スポットライトが点滅……というのは従来のクラブと一緒ですが、フロアを見ると異様な光景が。広い会場に椅子が等間隔に並べられ、クラバーの若者が座りながら踊っています。腕を上げたり頭を振ったり足でリズムを取ったりしながらも、椅子に着席していて定位置から動かないのがシュールです。音楽の授業のようで妙に健全な空気が漂っています。

この実験的なイベントは、参加者30人まで、滞在時間は20分という限定で行われたそうです。料金は

10ユーロ（約1200円）という手頃な設定。クラブに行きたいけれどずっと立ちっぱなしは辛い……という年代の人も参加しやすく、客層を広げるチャンスかもしれません。

参加者は、「完璧な音楽を体験し20分でも満足できた」などと語っているようです。DJも「大音量で音楽をかけて、おなじみの顔を見ることができて嬉しい」とコメント。今後は観客を100人くらいに増やす予定だそうです。ちなみに立って踊れるのはDJだけなので、会場の羨望のまなざしを集めていたことでしょう。

日本のクラブでもソーシャルディス〝ダンス〟が様式化しつつあるようです。先日、再開準備を進めている東京・六本木のクラブを訪れる機会がありました。ダンスフロアの床を見ると「Social distance」という文字と、足跡の図をプリントした黄色いシールが約1メートル間隔で貼り巡らされていました。踊っている間、それぞれのバミられた位置から動かないというルールになる予定だとか。「でも、これだとナンパができないですよね」とお店の方は案じていました。

本来、クラブは社交の場でもありますが、ソーシャル活動がしにくい状況に。今後は節度を守ってストイックにただ踊りたい、という人が集まるようになるのかもしれません。いい汗をかいて免疫を高められる場所として新たな利用価値が生まれそうです。

なめ子のもう一言

日本では、関係4団体が合同でガイドラインを出しましたが、「来場人数は原則として従前の50％以下」などなかなかハードルが高いです。中でも「場内における会話、大声による発声を控えるよう促してください」というルールが難しそうです。好きなアーティストが登場した時、叫びそうになったらタオルを噛むとか……。ミュージシャンにとって、無言ライブを経験すると、メンタルは鍛えられるかもしれませんが……。

207

リモートマッチ

このまま世の中に定着しそうになっていた「無観客試合」。各競技が新型コロナウイルス感染防止のため、観客を入れずにスポーツの試合を行う措置の名称です。この「無観客試合」という名前にはマイナスイメージが漂っているとのことで、名称を変えようという動きが起こりました。たしかに「無気力試合」などあまり良いイメージではない単語も連想させられます。

改名を呼びかけたのは、日本トップリーグ連携機構の川淵三郎会長。無観客試合は「プロスポーツ界では懲罰を意味しており……」とのことで「少しでも前向きなものに変えられないか」と、ツイッターで公募。「#無観客試合を変えよう」というハッシュタグを付けて誰でも名称を投稿できる企画です。

さっそくツイッターには、まじめに考える人や大喜利感覚の人が交錯し、様々な案が発表されました。

思いやりを示す「Compassion Match」、コロナ収束への祈りをこめた「PRAYゲーム」、遠隔で応援する「バーチャルチアリングマッチ」、「1億人！ワクワクビューイング」など。スポーツ好きの人々の投稿には熱い思いが込められているようです。

思わず「生霊観客試合」で応募してしまいましたが、スポーツに思い入れがないのがバレそうです。アウェー感が漂う名称で投稿したことを反省。テレビで紹介された個性的な名称案には、観客が少ないことを揶揄(やゆ)した「昭和のパ・リーグ」「川崎球場」という呼び名もありました。1週間で応募総数9156件にもなったそうです。

そして発表された名称は……「リモートマッチ」。意外と普通でした。「リモマ」（略称）、「リモーター」（ファンの呼び名）といった応用形の単語も採用になるようです。公式サイトの選定理由には「選手とファンがつながっている意味を込めたい」「物理的には離れていても選手とファンのつながりを示すことができる言葉であるため採用」などとありました。

「リモートマッチ」と投稿した人は、喜びつつも「でもリモートマッチが早く終わってくれる方がもっと嬉しいな」とコメント。シンプルな名称だからこそ、コロナ収束とともにいつの間にか人々の記憶から消え去りそうな、スマートな名称です。

なめ子のもう一言

2020年5月に韓国でのサッカーの無観客試合で、客席が映されると、世界中がざわつきました。FCソウルは、マスクを着けた等身大の人形を設置。ほとんどが巨乳でセクシーな雰囲気の女性の人形で、大人のおもちゃ的なものであると推測されました（FCソウルは否定）。相手チームを動揺させたのか、その試合でFCソウルは勝利したとか。選手はどんな時も試合に集中したほうが良さそうです。

２０８

最も近いブラックホール

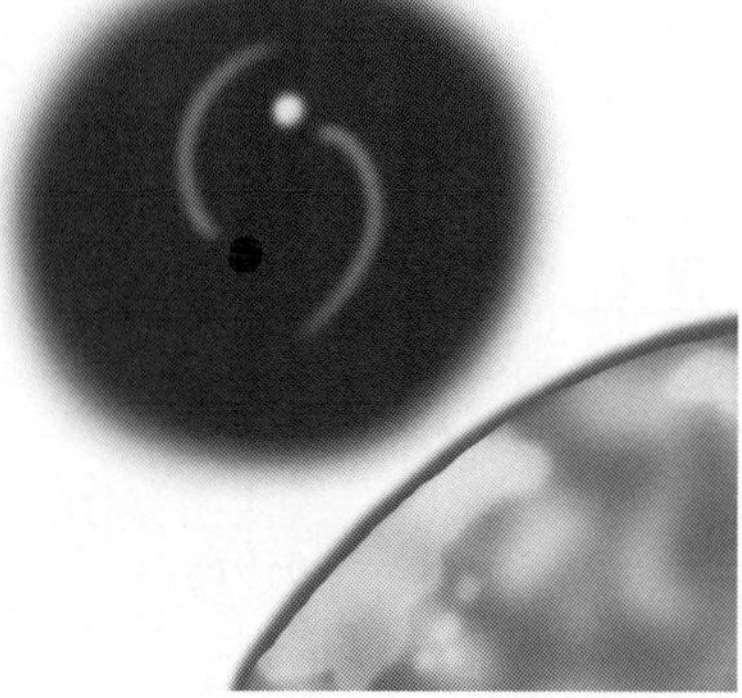

宇宙空間では常に大きなイベントの発生や新たな発見があります。最近も、地球から約１０００光年の距離にブラックホールが発見されたというニュースが、ヨーロッパ南天天文台などの研究チームによって発表されました。

発見されたブラックホールの中では地球に最も近いそうですが、１０００光年という距離感は想像つきません。１光年は約９兆５０００億キロメートルなのでかなりの距離です。

そのブラックホールは、南天の星座である「ぼうえんきょう座」のＨＲ６８１９という恒星付近に存在しているとされます。ぼうえんきょう座という渋い星座があることが意外でしたが、近くにはけんびきょう座、じょうぎ座まで存在します。18世紀の天文学者ラカイユが設定した、機器や道具にちなんだ星座シリーズだそうです。

ＨＲ６８１９は一つの恒星に見える中に、三重の連星が存在しているそうです。ブラックホールは一つの恒星とペアになって内側を回っています。まるで終わらないパーティーで踊り続けているように……。ブラックホールの陰キャ（陰気なキャラクター）のイメージが少し裏切られました。

ブラックホールは強い重力であらゆるものを吸い込むだけでなく、Ｘ線などを放射するそうですが、今回発見されたブラックホールは、今のところそのような激しい活動は見られないようです。ブラックホールごとに性格が違い、まるで生きているかのようです。

天の川銀河には数億個のブラックホールが存在すると言われています。今回のＨＲ６８１９以外にも、身近なところにブラックホールが潜んでいる可能性があります。「サイエンス」の電子版に掲載された論文によると、海王星よりも外側に存在する「第9惑星」が、１３８億年前、ビッグバンと同じ頃に生まれた、サイズがボウリングのボールくらいの「原始ブラックホール」という説が。持ち運びできるブラックホールが太陽系に存在しているかもしれないとは……。

最も近いブラックホールのニュースがいつか更新されることを期待しつつ、ブラックホールに吸い込まれないように〝ソーシャルディスタンス〟を保ちたいです。

なめ子のもう一言

天の川銀河の中心のブラックホールにも動きがありました。天の川銀河の中心には、太陽の４００万倍の質量のブラックホールがあるそうですが、その電波強度が、瞬いているような短周期変動を見せている現象が測定されました。慶應義塾大の研究チームがアルマ望遠鏡の観測データを解析したことで判明。ウィンクしてくれているようです。えたいの知れないブラックホールへの恐怖が和らぎ、親近感が芽生えます。

209

CIAのリクルート動画

スパイに一度は憧れた人は多いのではないでしょうか。アメリカの諜報機関の頂点であり、映画にもよく出てくる組織、CIAがネットで人材募集の動画を公開しました。

CIAは「The Central Intelligence Agency」の略。「インテリジェンス」「エージェンシー」とかっこいい単語が2つも入っているところがカリスマ性を高めています。YouTubeにアップされた約1分間の動画には、CIAのかっこよさが凝縮されていました。「たった一つの海外情報ですべてが変わる可能性があります」。そんなセリフから始まり、映画のようなシーンに。

モニターがたくさん並ぶオフィスで何か重要な情報を見つけたらしい女性たちが会話しています。場面が変わり、有能そうなメガネの女性諜報員がオフィスから外出。同じ頃、謎の老紳士と建物の外階段ですれ違い、握手を装ってUSBメモリーらしき物の受け渡しが！　男性は情報提供者でしょうか。これこそが憧れの諜報員の姿です。

最後に、そのメガネの女性が「あなたは私たちの国を守る役割を果たすことができます。CIAでキャリアをスタートし、できるかぎりあなたの国のために尽力してください」と締めくくっていました。「CIAでキャリアをスタート」というのは転職前提なのでしょうか。途中でやめる人が出るほどキツい仕事なのではと推測されます。それでも「元CIA」の肩書とブランドがあれば、余裕で生計を立てられそうです。今回リクルートの対象は18〜35歳だそうですが、それ以外でも検討してもらえる可能性があります。高いIQと語学力、その他様々な専門知識が求められていますが……。

CIAには様々な役職があり、「スペシャルエージェント」「インテリジェンスコレクションアナリスト」といちいち名称がかっこいいです。CIAに入れたとしても隠し通さなければならないのがもったいないです。SNSに「CIA合格した！」とか浮かれて書いたら、全てが水の泡に……。

優秀なスキルを持ち、高い倍率を勝ち抜いても誰にも自慢できない、それが諜報員の哀しさ……。強い母国愛と使命感を持ち、人格的にも達観していないとできない仕事です。

なめ子のもう一言

自分はCIAになるのは難しくても、飼い犬なら挑戦できるかもしれません。子ども向けのCIAのサイトには、CIAのスパイ犬の養成スクールの動画が掲載されています。16週間かけて爆発物の匂いを2万通り以上、感知できるように教育されるそうです。重要な責務の仕事からは9歳でリタイア。元CIA犬として大切にされることでしょう。

210

レジ袋有料化

環境に負担をかけるプラスチックごみ削減のため、2020年7月1日からスーパーやコンビニなどのレジ袋が有料化されました。環境省と経済産業省による「レジ袋チャレンジ」のサイトには、店頭で1週間レジ袋を1枚ももらわなかった人の割合を60%まで増やすのが目的だと書かれています〔追記・その後2020年11月に71・9%で目標達成〕。CO_2排出量を抑えて温暖化を防ぐ、海洋中のプラスチックごみを減らす、といった効果が期待されています。

店舗によってレジ袋の価格設定がまちまちなことに気付きました。Sサイズは1円、少し大きいサイズは2円、続いて3円、5円と細かく決められている文具店もあれば、外資系高級惣菜(そうざい)店はレジ袋5円、紙袋20円。平均的な価格はスーパーのSサイズ2円、Lサイズ5円といったところでしょうか。これまで無償でもらっていたのだと思うと感謝が湧き上がります。それと同時に、今までたまったレジ袋を処分してきたのは、お金を捨ててしまったようなものだと悔やまれます。

マイバッグも良いですが、レジ袋でないと難しい局面もあります。例えば汁物を買った時や、揚げ物やパンを紙で包んだ状態で渡された時など。そして何より、多くの人が困っているのは、ゴミ袋として再利用していたレジ袋が不足してしまっているということではないでしょうか。レジ袋ではない薄い透明の袋ならいつも通り使ってもＯＫ、という風潮もあります。傘袋を代用する強者(つわもの)も。

有料化後の変化といえば、店員さんとのやりとりが増えたことでしょうか。レジ袋が必要かどうかの問いかけも、「レジ袋が有料になったんですけど……」「お手さげお持ちでしょうか?」「お印のテープで良いですか?」と店によって様々です。その後の会話で、ポイントカードの有無、箸や保冷剤の有無などを聞かれるので、環境や省エネのためには良くても、人間の身体活動エネルギーを多く消費してしまっているようです。

そして最近よく見かけるのは、レジ袋もマイバッグも持たずに、手で商品を運んでいる人々。大きいペットボトルを4本手でつかんでいる人や、お昼ご飯なのかサラダとヨーグルトをじかに持ち歩く人など見かけました。人々のプライバシーが見えてきます。袋を使わないことで、握力やバランスが鍛えられる、とポジティブに受け止めたいです。

なめ子のもう一言

各国で環境を汚染しない「溶けるレジ袋」や「生分解するレジ袋」の開発が進んでいるようです。例えば香港で発売されたのは、80℃のお湯をかけると溶ける「#INVISIBLEBAG」。何度も使って愛用したレジ袋を溶かす時は、熱いものがこみ上げそうです。

211

クオッカ

笑っているような顔つきで「世界で最も幸せな動物」と称されるクオッカ。オーストラリアのロットネスト島が主な生息地で、会うためには遠路はるばるオーストラリアまで行かなければなりませんでした。それが、「埼玉県こども動物自然公園」にクオッカがやってきたのです。

開園40周年を記念し、オーストラリアのフェザーデール野生生物園からオスとメスのクオッカが2頭ずつ贈られ、2020年7月から公開。観覧するには1日120枚（現在は240枚）しか配布されない整理券を入手しなければなりません。

朝6時起きして動物園に向かいました。オーストラリアより近いとはいえ、都心から電車とバスを乗り継いで約1時間半。開園まで1時間以上並びましたが、開園直前には100人以上もお客さんが集まり、クオッカの人気を実感。整理券を受け取り、指定時間にクオッカアイランドへ。

前の時間帯の人々が無言で動画や写真を撮影しています。10分間しか与えられていないのでとにかく集中して撮りまくっているようです。初めて見るクオッカは思ったより……小さいです。パッと見、ネズミ感がありますが、ヒゲがないのとピョンピョン跳んで移動する姿が、カンガルーの仲間であることを体現しています。

肝心の笑顔ですが、あまり笑っていないような……。頬の筋肉が発達していて口角が上がっているのが笑顔に見えると評判のクオッカですが、実際は地面に這いつくばるくらいの体勢でないと、あの多幸感あふれる表情は拝めないようです。

ただ、クオッカが上を向いてくれたら若干笑顔に見えます。その瞬間を待って一挙一動を見守り、撮影し続ける人々。下を向いて草を食べていたり木や枝に隠れたりで、なかなか口もとが見えません。やっと笑顔らしき写真が撮れたと思ったら、目つきが意外に鋭くて、笑いながら怒っている動物みたいになってしまいました……。

野生動物は思い通りにはならないことを実感。慣れない異国の地で暮らしているクオッカたちは、まだ緊張しているのかもしれません。そして今回笑顔があまり見られなかった人は、再チャレンジで動物園のリピーターになっていきそうです。

なめ子のもう一言

確実にクオッカの笑顔を撮影するには、至近距離でかなりのローアングルでないと難しそうです。クオッカを日本に贈ってくれたフェザーデール野生生物園では、クオッカとのセルフィーサービスを打ち出しています。クオッカのエサやりと自撮り撮影で1人あたり100豪ドル（約7600円、2020年時点）。結構いい値段ですが、SNSにアップすればほぼ確実にバズるので、その価値はありそうです。

２１２

きのこたけ戦争（抹茶編）

平和な日本において、長年戦いの火種がくすぶり続けている件があります。ロングセラーのチョコレート菓子で人気を分かつ「きのこの山」と「たけのこの里」のどちらを支持するのか、と時々勃発する内戦です。

近年の戦歴を見てみます。２０１８年に発売元の明治が実施した「きのこの山・たけのこの里　国民総選挙」では、約17万票差で「たけのこ党」が勝ちました。19年には、約１４５万票もの大差で「きのこ党」が圧勝。20年7月に放映された「お菓子総選挙」（テレビ朝日系）の人気お菓子のランキングが発表された時は、7位「たけのこの里」、26位「きのこの山」という結果でした。どちらも譲らない激戦ぶりです。

最近、ネットでは新たな火種が投下されたと、話題になっています。それは、抹茶の産地バトル……。

抹茶味の期間限定商品「きのこの山濃い抹茶」と「たけのこの里まろやか抹茶」は、よく見ると産地が違います。「きのこの山」は宇治抹茶で、「たけのこの里」は愛知県産西尾抹茶を使用しています。「きのこたけのこ戦争」に宇治VS西尾という産地バトルが加わってより複雑な事態になってしまっています。

両方食べ比べてみました。「きのこの山」の宇治抹茶は口に入れると驚くほどまろやかで、カリッとした芯とのコントラストが効いています。ふわっと匂いたつ上品な抹茶の香りに浸りました。「たけのこの里」は、渋みのエッジが効いています。クッキーがしっとりしていて癒やされました。どちらも甲乙付けがたく、最終的に同時に食べたら深みとコクが増してました。お菓子の戦争は口の中で和解するので平和です。

さらにコンビニをチェックしたら、ブルボンが「アルフォート」や「じゃがチョコグランデ」の抹茶味を投入し、このバトルに積極的に絡んでこようとしていました。お菓子のバトルに一喜一憂していれば良いという、そんな平和な世の中であり続けてほしいです。

なめ子のもう一言

お茶の産地のバトルは、中世にも行われていました。「闘茶」と呼ばれる遊びで、飲み比べて産地を当てて勝敗を競うというものでした。南北朝時代から室町時代にかけて盛り上がったとか。約600年の時を経て、形を変えてお菓子の世界でお茶の産地バトルとは、歴史は繰り返すものなのでしょうか。そして飲まれ続けている抹茶の人気は不動だと改めて実感させられます。何百年後かの未来人はどんな抹茶バトルで遊んでいるのでしょう。

２１３

「１１６歳の誕生パーティー」

大がかりな誕生パーティーも開催しづらくなってきた昨今。もともと盛大に祝われたことがない身としては皆が平等になったような一体感もありますが……。アメリカでは、ソーシャルディスタンスを保って開かれた、１１６歳のおばあちゃんの誕生日パーティーが話題になりました。

ノースカロライナ州在住のヘスター・フォードさんは先日、１１６歳を迎えました。アメリカでは最高齢の女性です。日本でいう明治時代、日露戦争の頃の生まれ。歴史の生き証人として２つの世界大戦の時代を生き抜いて、通信技術の発展を体感し、２０２０年のパンデミックまで経験するとは。

ヘスターさんの子ども、孫、ひ孫、玄孫（やしゃご）を合わせると優に２００人を超えます。生きる先祖のような存在で、毎年誕生日には多くの子孫が集まり、お祝いしていたそうです。去年の誕生日の動画がＹｏｕ

Ｔｕｂｅに上がっていましたが、風船などで飾り付けした部屋に子どもや孫たちが集い、誕生日の歌でお祝いしていました。

しかし、今は高齢者が新型コロナウイルスに感染すると重症化のリスクがあるため、例年のような同じ部屋に集うパーティーは難しいです。そこで子孫が考えたのが、ドライブスルー方式のパーティー。家の入り口にヘスターさんが姿を現し、車で集まった子孫が乗車したまま祝ったり、マスクをつけて遠巻きにありがたく姿を拝んだりする、という祝い方です。

ある参加者は車を風船などで飾り付けて、お祝いの気持ちを表現していました。玄関先に座って手を振るヘスターさんを見た孫の女性が「彼女は私たちを祝福してくれている」と感極まった表情で話していました。気軽に近付けないからこそ、ありがたみやプレミアム感が高まります。新しい生活様式のパーティーは、ヘスターさんにとっても、子孫にとっても忘れられないものとなったことでしょう。

パーティーでいちいち全員と会話したら体力を消耗してしまいますが、この方式なら、感染防止になるだけでなく、体力を温存できてさらに長生きしそうです。ちなみに手を振るヘスターさんの手のひらには手相の生命線が濃くくっきりと刻まれ、しばらく長寿記録を更新しそうなポテンシャルが表れていました〔追記・その後２０２１年４月に大往生〕。

なめ子のもう一言

世界最高齢の人物は日本人女性です。１９０３年、福岡県に生まれた田中カ子（かね）さんは２０２０年で１１７歳。45歳と１０３歳の時にがんを克服したという、驚異の生命力の持ち主です。田中カ子さんの、「死ぬ気はせん。そんなことは考えたことがない」という無敵な格言が印象的です。長寿の方々は、この状況でも生き抜くヒントを与えてくれる存在です。

214

新種のハゼ

皇居内にある生物学研究所で研究をされている上皇陛下が、17年ぶりにハゼの新種を発見されました。不穏な出来事が多い昨今ですが、一筋の希望を感じるニュースです。今回発見されたのはオキナワハゼ属の新種。上皇陛下が確立した手法である、ハゼの目の下にある感覚器の配列の調査によって判明したそうです。細かい部分にも着目されているとは、上皇陛下のお人柄が表れているようです。

生物学者としても素晴らしい実績をお持ちの上皇陛下。国立科学博物館で２０１９年に開催された「天皇陛下の御研究と皇居の生きものたち」展には、これまでの研究の成果や論文リスト、証書やメダルが並んでいて壮観でした。今まで執筆に関わられた論文は30編以上。特に熱心に取り組まれているのは、ハゼ科魚類の分類学的研究です。

論文は皇太子時代の１９６３年の「ハゼ科魚類の

肩胛骨について」に始まり、「ミトコンドリア・チトクロームb遺伝子の分子系統学的解析に基づくハゼ類の進化的考察」「ハゼ科魚類キヌバリとチャガラの核DNAとミトコンドリアDNAを用いた種分化の解析」など、ガチと申しては何ですが、かなりハイレベルで専門的なご研究をされているようです。今回の発見に関する論文は年内に発表されるご予定とのことです。

上皇陛下は、オキナワハゼ属のハゼ以外にもこれまでに8種ものハゼの新種を発見されています。金色と黒の模様が高級感漂うコンジキハゼ、黄色い体に黒い横のラインが入ったクロオビハゼなど。もはやハゼは陛下に発見されるために存在している魚類に思えてきます。

ハゼを調べてみると一般的にはおめでたい魚のようです。「ハゼの甘露煮」をおせち料理に入れる地方もあり、その由縁は、ハゼの顔が翁（おきな）に似ていて長寿の意味合いがあることや、泳ぎが速いことから目標達成や出世のご利益もあるとされています。縁起の良いハゼを上皇陛下が研究され、新種を発見することは日本全体にとっても吉兆となるのではないかと拝察。そろそろ明るい兆しを期待したいです。

なめ子のもう一言

新種の生物を記載する時、その分野の功績者の名前を学名に入れる「献名」という習わしがあります。上皇陛下のハゼ研究の功績をたたえて、世界の魚類学者が「献名」を行った事例もあるようです。バヌアツ島に生息する「Akihito vanuatu」、フツナ島に生息する「Akihito futuna」、ストライプが鮮やかな「Priolepis akihitoi」、シルバーの上品な体の「Exyrias akihito」……。中には切手になったハゼもいます。国民の一人としても誇らしいです。

215

おじキュン

「おじキュン」というワードが話題のようです。かわいいおじさんの言動に胸キュンする、という心理を表す言葉です。ＳＮＳを見ると、「ついに自分たちの時代がきた」と喜んでいる男性たちもいるようです。

「おじキュン」の発端は、おじさんのかわいい姿や萌えシーンが見られる数々のドラマ。人口分布的に日本の中位年齢は48・９歳で、おじさん・おばさん世代が多く、芸能界のおじさん率が上がっているからかもしれませんが、とにかく最近のドラマはおじさんが大活躍です。「半沢直樹」「おじさんはカワイイものがお好き。」（略称・おじカワ）、「私の家政夫ナギサさん」など……。

中でもおじキュン度が高いのは「おじカワ」と「私の家政夫ナギサさん」。眞島秀和氏演じる「おじカワ」の主人公、小路三貴はイケメンで仕事もできて部下にも尊敬されています。普段のクールな仕事姿と、こっそり犬のキャラクター「パグ太郎」を愛でる少年っぽさのギャップが魅力。

「私の家政夫ナギサさん」のナギサさんは、仕事が忙しいヒロインのメイを、完璧な家事でサポート。まさに理想のおじさんのようです。生活全般の知識が豊富だったり、メイに親身にアドバイス（しかも説教臭くない）したり、下心のない優しい笑顔で癒やしてくれたり……。「失敗は気付きです」と、さらっと出てくる名言に人生の経験値が表れています。

　演じる大森南朋さんは優しげな丸顔で、下ろした前髪がかわいいです。「一緒にいると心から安心するんです」と、おじさんに惹かれて結婚を決意するメイ。でもエグいラブシーンはありませんでした。おじさんに求められているのは、「いやらしい系」ではなく「癒やし系」の魅力です。

　リアルではなかなかお目にかからなさそうなドラマの中の「おじキュン」シーン。実際に見かける、ツバを吐いたり、駅で人にぶつかって舌打ちしたりするおじさんの姿に哀愁を感じて、キュンとできれば世界が広がりそうです。

　ちなみに「おばキュン」を検索したらとくにブームになっておらず……現実は世知辛いです。

なめ子のもう一言

「おじキュン」のもとになっているかもしれない映画が「マイ・インターン」。ロバート・デ・ニーロ演じる優しいおじさんが、アン・ハサウェイ演じるキャリアウーマンを支える物語です。いつも紳士的で、下心などを感じさせません。おじさんとして愛される生き方も学べそうな映画です。現実には見かけたことのない逸材ですが……。

216

高級マスク

マスク着用が日常となり、周りと差をつけたいと思うのは人間の性。どこで売っているのか、それとも手作りしたのか……。ハイブランドのマスクを着けている人もいます。高価なブランドものでも長く使えると思えば買う価値がありそうです。

最近世界で話題になったのが、ダイヤをちりばめた約１億６０００万円のマスク。今のところ、世界で最も高価なマスクとされています。イスラエルの宝石会社がアメリカ在住の中国人ビジネスマンのために製作しました。「世界一高価であること」が注文の条件だったそうです。

ニュース動画を見ると、土台に職人が一粒一粒手作業でつける様子が映されていました。ホワイトダイヤモンドとブラックダイヤモンドが計３６００粒とふんだんに使われています。マスクの重さは２７０グラム。高機能のN99フィルターが取り付けられているので、重くて息苦しそう、と思ってしまうのは庶民の負け惜しみでしょうか。

ダイヤモンドはパワーストーンとして最強という説があるので、疫病退散効果が期待できるかもしれません。宝石会社の経営者は「雇用者の仕事を確保できてハッピーです」などと語っていました。

日本企業が開発しているスマートマスク「C-FACE」も話題を呼んでいます。ロボット製作を手がけるベンチャー企業が開発し、2021年に発売予定〔追記・2021年2月に発売〕。飛沫（ひまつ）感染で大きな声を発しにくい昨今ですが、このマスクを着けると小声で話しても、会話の内容が相手のスマホに届きます。トランシーバーのように使えるだけでなく、翻訳（8か国語に対応）や議事録作成の機能も。ドラえもんの秘密道具のようです。

マスク内のつぶやきはほとんど外に漏れないため、オフィスラブの秘密の連絡や、社内の噂（うわさ）話を伝達するのに使えるかもしれません。意外に安いのですが〔追記・2021年9月時点で税込価格4980円〕、翻訳や議事録作成には月額使用料が別途かかるそうです。声をあまり出さなくなって顎が退化し小顔になりそうなマスクです。

多様化し、発展しているマスク市場。マスクが経済を回す世の中になっていくのでしょうか……。

なめ子のもう一言

サイゼリヤ考案の食事用マスク「しゃべれるくん」が、話題になっています。マスクを半分に折って口を出し、紙ナプキンをマスクに折り込んで、すだれのように垂れ下がる形にします。すると、飛沫を防ぎながら食事できるという……。一般的な紙ナプキンで代用し、レストランで試してみましたが、店員さんの視線が気になります。料理を食べようとしても、食べ物が全く見えず、口に入れるのが大変でした。見ないで食べる、というスキルが開発されそうでした。

217

縄跳びダンス

このところ大ブレイクしている、9人組のグローバルガールズグループ「NiziU（ニジュー）」。日韓合同オーディション企画「Nizi Project」はテレビ放送やネット配信で話題を呼びました。

約1万人の中から選ばれた精鋭による曲「Make you happy」は大ヒット。日本語版と韓国語版のミュージックビデオが制作され、キレが良いというかキレしかないダンスと、ポジティブな歌を披露。その曲の中で、流行っているのが「縄跳びダンス」です。サビの部分で縄跳びをしているような動きがかわいいと話題です。

様々な番組やSNSで芸能人も挑戦。アイドル出身の辻希美さんや小嶋陽菜さんは軽々と踊りをこなしていました。阿佐ヶ谷姉妹は美穂さんが途中で断念していましたが、菊地幸夫弁護士やDJ KOO

さんなど60歳前後の男性でも結構再現できているようでした。

　インスタグラムを検索すると、挑戦動画がたくさん出てきました。YouTubeにはレクチャー動画もあり、見ながらやってみると足がもつれて転びそうに……。上半身も下半身も激しく動かすので、数十分の練習でも汗をかきます。そして、この縄跳び部分は、比較的まねしやすい箇所だと気付かされました。前後は難易度が高く体がついていきません。

　振り付けを担当したのは世界的に有名なキール・トゥーテン氏。TWICEやBLACKPINKの振り付けも手がけています。その中でも「Make you happy」のダンスは健康的で若さあふれています。人格者でまじめだと評判のプロデューサー、J.Y.Park氏の意向を反映しているのでしょうか。

　縄跳びは、健康効果が高いと言われています。外出自粛期間は、路地裏で縄跳びをする人々の姿をよく目にし、縄跳びが静かなブームになっていたと記憶しています。そんな縄跳びを振り付けに取り入れるとは、さすが世界のトゥーテン氏はやり手です。

　今年はこのままだと忘年会で縄跳びダンスを披露する機会があまりないかもしれませんが、ひとりで部屋で踊っても健康やダイエット効果があるのなら踊る価値がありそうです。実際の縄は不要なので元手ゼロでできる健康法です。

なめ子のもう一言

　韓流の勢いが止まりません。ボーイズグループ「BTS」は先日、フジテレビ系「FNS歌謡祭」に出演。曲の最後にマイクを落とすパフォーマンス「マイクドロップ」を披露して話題に。オバマ元米大統領が、自分のスピーチは最高だったのでこれ以上誰も話す必要はない、という意味をこめた行為にちなんでいるそうです。BTSのステージを去る姿はかっこよかったですが、ハートが強くないとまねできません。

218

昆虫シリーズ復活

誰もが一度は使ったことがありそうな「ジャポニカ学習帳」は２０２０年で50周年を迎えるようです。累計販売14億冊というロングセラーですが、ショウワノートは50周年を記念して新しい表紙デザインのシリーズを発売します。

それは、ここ何年か封印されていた昆虫シリーズ。昆虫が苦手な人への配慮という説がありますが、12年頃にいったん表紙から昆虫がいなくなっていたのです。15年にはアマゾンとショウワノートの共同で、過去のノートから人気投票で選ばれた表紙を復刻版として、アマゾンで販売する企画がありました。すると、上位をほぼ昆虫が独占するという結果に。昆虫の潜在的な人気は高かったようです。

このところ、昆虫食ブームや昆虫番組の人気などで、世の中に昆虫が受け入れられている風潮があります。今回、50周年記念に限定的に復活させるとのことで、レギュラー化されないのが残念ですが、表紙にふさわしい映える昆虫たちが集まっています。

シャイニーな輝きのパプアキンイロクワガタ、躍動感あふれるチリクワガタなど、どれも昆虫の良さが伝わってくる写真です。漢字練習帳の種類が複数あるのは、いくつかの昆虫のうち、推し昆虫を選べるように、という配慮でしょうか。虫に少し苦手感がある人は、パッと見、花のようなハナカマキリの幼虫をセレクトすると良いかもしれません。さらに虫が苦手な人には、昆虫をイラスト化したノートのラインナップもあって、至れり尽くせりです。

ちなみに文房具店でレギュラーの花シリーズのジャポニカ学習帳を見てみると、色鮮やかで美しいけれど知らない花だらけなことに気付かされました。アルクトティス・ファツオサとかへベンストレティア・パルビフロラ、ドロセアンサス・クラバトゥスといった、まるで呪文のような名前のマニアックな花の表紙が並んでいます。

今回の昆虫シリーズは、クワガタの仲間などわりとメジャーな虫が選ばれていました。ハードルが上がりすぎた花の世界から、初心に戻って昆虫の基本を学べそうです。10年後の記念シリーズがあったとしたら、今度はどんな虫がカバーに選ばれるのでしょう。絶滅などで虫の種類が減っていないと良いのですが……。

なめ子のもう一言

昆虫好きで有名な俳優の香川照之氏が、「カマキリ先生」役で出演している「香川照之の昆虫すごいぜ！」（Eテレ）が人気です。今回の昆虫シリーズ復活は、「カマキリ先生」の影響では？　という説がまことしやかに囁かれています。先日の放送では、香川氏が大和田取締役で出演していたドラマ「半沢直樹」絡みのセリフがナレーションに使われ、話題になっていました。長年昆虫界に貢献してきたので、香川氏には昆虫の恩返しがあるのかもしれません。一寸の虫にも五分の魂です。

ワーケーション

「ワーク（労働）」と「バケーション（休暇）」を組み合わせた言葉が、注目を集めています。コロナ禍でリモートワーク化が進んだこともあって、自然の中や非日常スポットで仕事をする人も増えているようです。

自治体なども次々とサービスを展開しています。奈良県では奥大和地域でのワーケーション促進のため、レンタカー代を助成するプランを実施。長野県白馬村にある「白馬樅（もみ）の木ホテル」には、グランピング施設を備えたワーケーション施設がオープン。神奈川県小田原市の「いこいの森」ではキャンプ場で仕事ができるサービスが。

電源とWi-Fiがあれば、どこでも働ける人向けですが、フリーランスだとリゾートまでの交通費はもちろん自腹になります。多くの会社員もたぶん。往復の交通費以上の稼ぎがないと赤字になってしまいます。「ワーケーション」はオン・オフの切り替えが難しいとされていますが、かかったお金を思うと景色も見ずに働いてしまいそうです。

また、「ワーケーション」で検索すると、森の中やビーチ、プールサイドで優雅に働くイメージが出てきます。水場がすぐ近くでパソコンがもし水没したら終わりでは？　海岸で砂がキーボードの隙間に入るのでは？　と、いろいろ気になってしまいます。「ワーケーション」は経済的&精神的に余裕がある人向けなのかもしれません。

海外でも話題になった「アミューズメントワーケーション」を体験してみました。「よみうりランド」内のプールサイドにある特設スペースを利用でき、「観覧車1時間乗車券」も使えるというプランです。遊園地という非日常空間で仕事できます。

訪れた日はあいにくの雨で、プールサイドのスペースは利用できなかったのですが、観覧車に5周乗り続けて仕事する感覚は新鮮でした。充電器やモバイルWi-Fiルーターも貸し出されてありがたかったです。すきま風が寒いというストイックな環境に耐えて仕事に専念することで鍛えられた感が。仕事への本気度を試されたようです。

1周800円の観覧車のチケットを思うと、それだけで儲（もう）かった気分に……。つい、元を取ろうとしてしまいますが、優雅な気持ちをキープできるワーケーション上級者を目指したいです。

なめ子のもう一言

ワーケーションとは反対に、自宅でテントを張って仕事に集中する、という方法があります。注目されたのは「ぼっちてんと」という室内でも簡単に設営できる黒いテント。高さ150センチで机や椅子なども入り、落ち着いた空間で仕事できます。交通費もかからず、移動で体力を消耗することもありません。薄暗い空間で精神統一することで、インナートリップワーケーションできそうです。

220

ヨウムの罵倒

今、危機に瀕している人類は、むしろ動物に罵倒された方が鼓舞されるかもしれません。イギリスのリンカンシャー野生動物公園のヨウム５羽が来園者や職員に向かって罵詈雑言を放ち、一般公開が中止になってしまったニュースが世界で話題になりました。

知能や記憶力が高く、人間の言葉をすぐに覚えてしまうヨウム。５羽は別々の飼い主から寄贈されたばかりで、もともと怒りっぽい性質だったとか。慣れない環境に連れてこられて苛立っていたのか、公開される前からお互い罵り合っていたそうです。ビリー、エルシー、エリック、ジェイド、タイソン、といった名前がすでに気が強そうです。

その５羽のヨウムが、すでにヨウムコーナーにいた２００羽以上の群れに加わり、公開が始まったとたん、観客をディスり始めたそうです。放送禁止用語ともいうべき、あらゆる汚い言葉を使っていたとか。実際の悪態動画がないか調べたのですが、公開できないほどのワードだったのか見つかりませんでした。

ディスられた観客はおもしろがって笑ったり言い返したりしていたとか。コロナで大変な時に、予想外の笑いをもたらしてくれたヨウムですが、他のヨウムたちに連鎖してしまったり、子どもたちへの悪影響も考えられたりするので、園は公開中止を決めました。責任者のニコルズ氏いわく、「ヨウムの罵倒には慣れているけれど、5羽いっせいに、というのは今までなかった」そうです。

ヨウムを飼っている友人（ヨウムに10円玉を見せて「10円じゃん」と言わせる芸を仕込むことに成功）に聞くと、毎日継続して言葉を聞かせることで覚えるそうです。海外のニュース記事で紹介されていた、イギリスの「オウム協会」のランス氏の言葉によると、ヨウムは「人を笑わせたり注意を引くのが好き」だそうで、罵詈雑言に反応すればするほどノリノリになってしまいます。悪態をつくヨウムには反応しないでスルーするのが効果的だそうですが……。

バックヤードのケージにいるヨウムたち。日の当たらない場所で苛立ちを募らせ、罵詈雑言がエスカレートして呪詛（じゅそ）の言葉になっていないか心配です。

なめ子のもう一言

リンカンシャー野生動物公園には、他にもバズっている鳥がいます。オウムのチコは、ビヨンセのソウルフルな歌声をまねできる才能が。最近は「If I Were A Boy」がお気に入り。動画を見ると、一部あやふやな部分がありましたが、ビブラートをきかせて歌い上げていました。チコは今やツイッターやインスタグラムを持つほどの人気者に。罵倒よりも歌を歌っている方が幸せになれる、ということを体現しています。

221

QRコードでお賽銭

お賽銭もQRコードで、という寺社が少しずつ増えてきました。賽銭のキャッシュレス化が徐々に進んでいるようです。コロナ前は、主に海外旅行客向けだったようですが、今はお札や硬貨を触らないように、という感染症対策の面も。

先日、真宗大谷派が本山の東本願寺（京都市）などでもQRコードでのお賽銭を始めました。伝統を重んじるイメージの由緒正しいお寺で取り入れるとは。「新しい生活様式」の実践例のようです。参拝者の健康を気づかってくれるとはありがたいです。世代的に僧侶もデジタルデバイスを使いこなせるようになったのでしょう。

東本願寺の参拝接待所の窓口などに置かれた専用端末を使ってクレジットカードで支払うシステムと、同寺と大谷祖廟に設置された看板からQRコードを読み込んでお賽銭を納める、という方法があるそうです。

参拝者はスマホに金額を入力し、お賽銭データを送信。近い将来、境内には見えないお金のデータが飛び交っている、という時代が来そうです。データが通信衛星を経由していたとしたら、神様仏様に近い空を通るので認識してもらえてご利益をしっかりいただけるかもしれません。ただ、現金という物質が重要だと考えている人にとっては物足りなさがあります。

日本では寺社仏閣の池など、ご利益のありそうなところにお金を投げ入れる風習がありますが、キャッシュレス化が進んだらバーチャルで投げ銭をすることになるのでしょうか。さらに、銭洗（ぜにあらい）弁財天などでお金を洗う霊験あらたかな行為も、今後はスマホを洗うことになったらいろいろと不具合が起きそうです。完全キャッシュレスはまだ難しいように思います。

それでも寺社にとって電子決済はメリットが大きいのかもしれません。電子決済になれば賽銭泥棒を防ぐことができます。また、お賽銭を納める側からすると、賽銭箱に硬貨を入れる時は5円、50円といった少額でも気になりませんが、電子決済だと手数料もあるだろうし、少額では気が引けます。千円単位で入金する人が増えるのでは、と予想します。それで寺社仏閣が栄えて、国家安泰につながるのなら良いのですが……。

なめ子のもう一言

寺社仏閣のデジタル化が効力を発揮した一件がありました。名古屋市の別小江（わけおえ）神社の賽銭箱からお金が盗まれる事件が発生。でも、未明に男性2人が約6分間で賽銭箱からお金を盗む姿は、「リモート参拝」のために設置されていたカメラに録画されていました。ニュースなどで放映され、犯人が警察に出頭し、逮捕されたそうです。「リモート参拝」を実施している神社では、神様の目だけでなくカメラの向こうの人々の目も光っています。

222

スパダリ

ネクスト流行語としてテレビで紹介され、ツイッターのトレンドワードにもなった「スパダリ」。若い女性の間で広まっているそうで、「スーパーだりぃの略」と想像する人もいましたが、実際は「スーパーダーリン」の意味。ざわついていたのは、男性同士の恋愛を扱ったＢＬ（ボーイズラブ）の愛好者の間で、ずっと前から使われていた言葉だったからのようです。

最近使い出した人のスパダリの定義は、「高学歴、高身長、高収入、イケメンで、優しくて包容力がある人」だそうです。検索すると、「ウチの旦那さん、スパダリすぎる」と、コスメを買ってもらって喜ぶ女性や、夕飯を作り、お風呂掃除もしてくれた旦那に対して「夫がスパダリすぎる」とのろける女性の書き込みが。

ＢＬ好きにとってのスパダリは、受け（恋愛で受け身）に対して攻め（アグレッシブに口説くキャラ）という立場。容姿端麗で、経済力もあって、パートナーを愛するところは共通していますが、さらに妄想や願望を具現化したような設定が加わります。

人気のタイのBLドラマ「2gether」を見ていたら、超絶イケメンのスパダリが、どこにでもギターを持って現れてラブソングを歌ったり、突然キスしてきたりと、胸キュン展開が連発。毎回ロマンチックに口説いてくる一途（いちず）なスパダリは現実ではなかなか見かけません。BL漫画の世界ではさらにキャラが超人化し、闇オークションにかけられた男子を、億単位の大金で競り落とす大富豪なんていう現実離れした設定も。

BLのスパダリは作品を変えて受け継がれ、半永久的に多幸感をもたらしてくれます。一方、現実の男性を対象に女子たちが使うスパダリは、実はお金にだらしないとか、浮気性とか、加齢による容姿の変化などで幻滅するときがくるかもしれません。

現実のスパダリには裏切られても、BLのスパダリは裏切らない。でも、超人的な男性を追い求めすぎて、現実の男性に目が行かなくなるという難点が。一見して風采の上がらない男性でも、愛があればスパダリに見えるのが一番幸せかもしれません。

なめ子のもう一言

オタク系の用語が女子高生に普及して消費される、というパターンはよくあるみたいで、2020年下半期の女子高生の流行語になりそうなのが「沸いたー！」です。推しに対して、オタクがテンションが上がった時に使うフレーズだとか。コロナ関連のワードばかりの中、10代の元気になる流行語を使えば免疫力も上がりそうです。

２２３

習志野隕石

２０２０年はイベントやパーティーが減りましたが、天体イベントは毎夜宇宙のどこかで発生しているようです。７月２日に千葉県習志野市周辺に落下した隕石のニュースが記憶に新しいですが、その後、習志野市の和菓子屋で「習志野いん石まんじゅう」まで売り出され、盛り上がりを見せていました。

さらに11月10日から、国立科学博物館で「習志野隕石」の展示がスタート。地球が大変な今、地球外からの天体の破片に救いを求めたくて、見に行ってみました。

「習志野隕石」は「日本に落下した隕石」コーナーの目立つところに展示されていました。まず驚いたのが「日本に落下した隕石」の多さ。「習志野隕石」は国内で確認された53番目の隕石だそうですが、直近は18年の「小牧隕石」で、さかのぼれば８６１年に現在の福岡県に落下した「直方隕石」に始まり、

1850年に岩手県に落ちた135キロもの「気仙隕石」など各地に落下。

千葉県のライバル的な埼玉県には2回も降臨しています。「埼玉県にも落ちてる!」「浜松にも落ちてるから」と、カップルがお互いの出身地の隕石の記録を見て喜んでいました。しかし、習志野隕石は、わりと最近ということもあり「危ない。怖いじゃない」と恐怖をにじませるマダムも。

習志野隕石は1号と2号にわけて複数の断片が展示されていました。1号は習志野市内のマンションで発見され、2号は船橋市で屋根瓦の破片とともに散乱（実は船橋隕石?）。

習志野隕石は、細かい粒の結晶集合体がある「球粒隕石」です。薄い破片を顕微鏡で見ると、まるで宇宙の断片のよう。石の中に星のような粒がキラキラしていました。世が世なら、隕石はご神体として祀（まつ）られたことでしょう。一見地味なグレーの石でも内側にキラキラした粒がある、ということに、宇宙の偉大な摂理を感じました。展示は2020年12月13日まで。

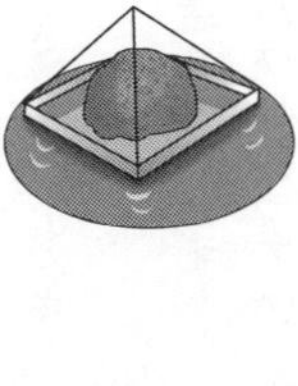

なめ子のもう一言

2013年、閃光（せんこう）や爆発音とともにロシアで派手に落下したチェリャビンスク隕石。ロシアの南ウラル歴史博物館の展示ケースにはチェリャビンスク隕石が納められていたのですが、ある日、衆人環視の中で展示ケースが上昇しはじめたという怪現象が！ 実際の動画を見ると、ピラミッド型のガラスケースが十数センチほど勝手に浮き上がっていました。映像を見た人の脳内では「X-ファイル」のテーマ曲が再生されたことでしょう……。なぜこんな現象が起きたのかは不明だそうです。隕石の母体の惑星から異星人が回収に来たのでしょうか。習志野隕石のケースをしばらく見守ったのですが、何事もなくて良かったです。

224

クルードラゴン

発光する弧を描いて飛び立った宇宙船「クルードラゴン」。祈るような気持ちで中継を見つめた人も多かったのではないでしょうか。2020年11月16日（日本時間）、クルードラゴンを取り付けた民間宇宙企業スペースX社の「ファルコン9ロケット」が、ケネディ宇宙センターから打ち上げられました。

野口聡一さんを含めて4人の宇宙飛行士が搭乗。打ち上げてから約12分後、ロケットから切り離されたクルードラゴンは、無事に国際宇宙ステーション（ISS）に向かう軌道に入り、ISSとのドッキングに成功しました。

宇宙飛行士は長時間の宇宙の旅の疲れも見せず、ドッキング後は笑顔でマスクなしでハグしあっていました。未来的でクールなデザインの宇宙服から、いつの間にか赤いポロシャツとベージュのパンツ姿に着替えており、使命感と生命力にあふれていてまぶしいです。

　気になったのはドッキング直後のクルードラゴン内での野口さんのコメント。「訓練の間、そして打ち上がった後も、様々な困難な状況に直面しましたが、『全集中』で乗り切ってきました」と、「全集中」という〝鬼滅用語〟を使って余裕を感じさせました。が、さらっとおっしゃった、「様々な困難な状況」とは一体どんなハプニングが起きていたのでしょう……。宇宙ものの映画の緊迫した場面がよぎります。しかしその後のISS内での会見では、「今回は打ち上げの準備が万全で乗っていて楽しかったです」「打ち上げの振動や音などまさにドラゴンの体内にいて宇宙に連れて行ってもらうような感覚」などとポジティブな感想を語っていました。打ち上げの振動や音は「ドラゴンの体内」にいるようだったとは、どれほどエグい轟音と揺れだったのか、想像するのも恐ろしいです。

　でも、明るい人柄だという野口さんは「乗り心地は最高」と語っていて、「困難な状況」の記憶を引きずっていない様子。生命の危険と隣り合わせの宇宙飛行士は心配や不安に囚われていたら何もできなくなってしまいます。基本、ポジティブシンキングでないとつとまらないのでしょう。宇宙から地球を眺めていたら、神がかった美しい光景に、ネガティブな感情はわかなくなるのかもしれません……。

なめ子のもう一言

　将来的には、クルードラゴンでハリウッドセレブが宇宙に飛び立ち、映画を撮影する可能性があるかもしれません。NASAとトム・クルーズ氏、そしてスペースXのイーロン・マスクCEOが協力し、ISSでの映画撮影を前向きに計画しているそうです。スタントなしの超人的アクションで有名なトム・クルーズ氏が、命をかけて宇宙で撮影したら、その武勇伝は未来永劫語り継がれることでしょう。ギャラや制作費も宇宙的な数字になりそうですが……。

2021

RYUKO★TAIZEN

Clubhouse

魔法のランプ

「アラジンと魔法のランプ」に出てくる「魔法のランプ」。ディズニー映画「アラジン」では、アラジンが魔法のランプをこすると中から青い体の魔人、ジーニーが現れ、願いを3つ叶(かな)えると告げます。アラジンは魔法によって王子に変身したり、間一髪で助けられたりします。心躍る展開ですが、ファンタジーだと誰もが知っています。

でも、インドに魔法のランプが本物だと信じて詐欺に遭った人がいたというニュースが話題になりました。被害者は医師だと聞いてまた驚きが。科学的に思考するはずの医師がなぜ……。よほど悩みがあって思い詰めていたのでしょうか。

インドの警察が逮捕したのは、医師カーン氏に「アラジンの魔法のランプ」と偽って、普通のランプを約980万円で売りつけた疑いがある男性2人。カーン氏は体調が悪い女性を往診していた際に、その家に出入りする男性2人と知り合います。男たちは、カーン氏に「このランプは富、健康と幸運をもたらす」と言って、魔人を召還するフリをしたこともあったそうです。自由なお願いではなく、ご利益形式なのでしょうか……。

また、アラジンと名乗る男性が登場するなどの細かい演出ですっかり信じてしまったカーン氏。物語の設定では、アラジンは、市場で盗みを働く貧しい青年なので、もしかしたら雰囲気が詐欺グループの男性とマッチしていたのかもしれません。インドでは超人的な能力を持つ聖者たちが信じられているので、その延長線上で魔法のランプもアリだと思ったのでしょうか。

その後、カーン氏はランプに魔法の力がないことに気付いて、警察に申し立てたようです。金色で一見ゴージャスなランプもスチールでできていたとか。

詐欺をしたグループも、こんなに発想力や演技力、演出力があるのなら、その才能をまっとうな仕事に生かせば良かったです。いろいろと残念ですが、ニュースが世界的に報じられて、被害者も容疑者も有名になる、という魔法の力はあったのかもしれません……。

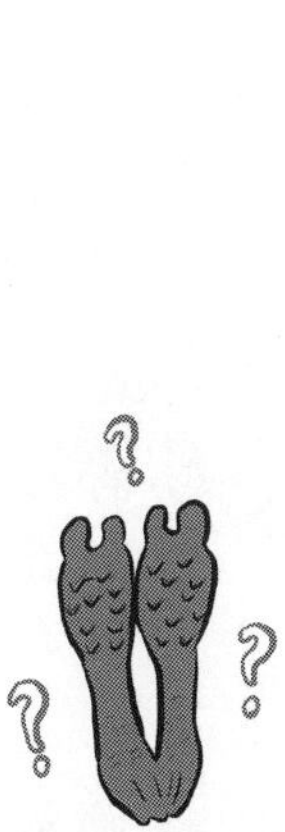

なめ子のもう一言

インドの人は「魔法」に弱いのでしょうか？ 2017年には、別の魔法がらみの詐欺事件が。ある男性が、乾燥させたオオトカゲの性器を、幸運を呼ぶ特別な植物「ハッタジョディ」だと偽ってネットで販売するという大胆な詐欺行為で逮捕。写真を見ると、霊験あらたかな漢方系の薬にも見えました。インドの詐欺は独創的です。一般人の感覚としては、オオトカゲの性器を手に入れるのが大変に思えます。幸運を呼ぶかは不明ですが、呪術的な力が宿っていそうです。

226

愛の不時着カップル

お正月に幸せでおめでたいニュースが到着しました。韓流ドラマ「愛の不時着」で共演したヒョンビンさんとソン・イェジンさんの2人が交際していることがわかったそうです。韓国で、一緒にゴルフの練習場に向かう姿が報じられました。

日本でもブームになった「愛の不時着」は、パラグライダーの事故で北朝鮮に不時着してしまった韓国の財閥令嬢（ソン・イェジンさん）が、北朝鮮の軍人（ヒョンビンさん）と運命的な出会いを果たす、というストーリー。ドラマの続きがリアルで展開するとは。ドラマでは遠距離だった2人が現実では何の障害もなくずっと一緒にいられるのです。ぜひお互いのSNSなどで、ドラマの続編的な匂わせやラブラブ感を見せてほしいです。

所属事務所も交際を認め「2人はドラマが終わった後、互いに良い感情を抱いて恋人に発展しました。

今後、2人を温かく見守って応援してほしい」と、コメント。大人なのに純愛のような空気が漂うコメントです。

ソン・イェジンさんのインスタグラムにはピンクの花の写真に「はじめて仕事ではなく私の個人的な話で人前に立つことになったのですが、なぜこんなに恥ずかしいのでしょう」「とてもぎこちなくて奇妙な気持ち」「良い人に会えたことに感謝しています」と、顔文字を交えて謙虚に喜びを表すメッセージが添えられていました。

実はこれまでにも3度ほど熱愛説が流れていたそうです。2019年1月には米ロサンゼルスのスーパーで一緒にいる姿が目撃されましたが、その時は否定していました。「愛の不時着」はネットフリックスで配信され、全世界の視聴者の、役柄を通して2人に結ばれてほしいという強い思念が押し寄せてきたのでしょうか。

2人ともキャリアの長いプロの役者ですが、ドラマには役柄を超えて恋に落ちそうなシーンがたくさんあります。船の中でカップルを装いとっさにキスするシーン、遭難しかけて身を寄せ合って暖を取るシーン……。中でも恋の芽生えを感じたのは16話の長いキスシーン。雄大な自然の中、寄りで撮ったり、ドローンで遠くから撮ったりしていて、何テイクもキスしていたらそれは……と妄想。報道後、2人のリアルな感情を見返したくなる人で、また視聴者数が増えそうです。

なめ子のもう一言

ソン・イェジンさんは、実際の生活でも億万長者のようです。ソウル市の高額不動産を売買し、利益を上げてきましたが、昨年には江南地区にある6階建ての商業ビルを160億ウォン（約15億円）で購入。美しさも愛もお金も全て手に入れた彼女にあやかれるかもしれないこのビルは、パワースポットになりそうな予感です。

227

Clubhouse

話題の音声版SNS「Clubhouse」。昨年3月にアメリカで始まった無料のサービスで、インフルエンサーが参加していることや、招待制というプレミア感で人気が過熱。次世代SNSとの呼び声も高いです。

先日、ついに招待していただき、アプリをダウンロード。英語オンリーで、画面には今、会話がなされている部屋がいくつか並んでおり、スピーカー（話す権利を持っている人）のアイコンと、オーディエンス（聴いているだけの人）の人数が表示されています。初めて入ったのはミュージシャンを目指す人々が米国の音楽業界人の話を聞く部屋で、突然ラップやアカペラの歌が始まり、さっそく異文化に触れられた感じでした。

アーカイブが残らないのでオフレコトークが楽しめるのも特徴。一方通行ではなく、挙手ボタンを押すことでオーディエンスも発言権を得られます。挙手してモデレーター（司会者役）によってスピーカーに引き上げられたオーディエンスが歌や曲を披露。中には「あとで連絡する」と言われる人もいて、アメリカンドリームがかないそうな瞬間に立ち会えました。

夢や野望が渦巻く「Clubhouse」は、意識高い系が集まっている印象。米国人のベンチャー系やスタートアップ系企業の方々で、有能そうな顔写真に「CEO（最高経営責任者）」「CTO（最高技術責任者）」、「Founder（創設者）」といった肩書が並んでいます。彼らの早口の議論を聞くだけで自分がちょっとできる人間になった気がして、BGM代わりにすると仕事がはかどります。

一方、日本では、何も話さずお互いフォローし合うだけの「無音部屋」という特有のカルチャーが発生しています。孤独感は癒やされそうですが、せっかくなので会話を楽しみたいです。人と会えない代わりに、毎日どこかで声だけの飲み会やパーティーが開かれているよう。何より飛沫を気にせずマスクなしでしゃべりまくれるのがありがたいです。

現代人はマスクで相手の目から感情を読み取ったり、今度は音声SNSで声から相手の感情や状態を聞き取ったり、特殊なスキルを身に付けてどんどんアップグレードしていきそうです。

なめ子のもう一言

音声SNSが大ブレイクした背景には、オンライン会議への疲れもあるかもしれません。アメリカでは「ズーム疲れ（Zoom fatigue）」という言葉も生まれたほど。画面に映し出された参加者の表情を解読するのが大変だという説も。でも音声だけならそこまで負担がかかりません。何より服やメイクを整える必要がないのがラクです。素になりすぎて発言がエスカレートしないように注意が必要です。

半モヒカン公妃

世界の富裕層が集まるモナコ公国。ロイヤルファミリーは国民の崇敬を集めています。先日、2児の母親でもあるシャルレーヌ公妃が激しいイメチェン姿を見せて、世界が騒然。左半分を刈り上げた半モヒカンヘアだったのです。

写真を見て気付いたことは、頭の形がきれいなことと、超絶美人ならどんなヘアスタイルも似合う、という事実。「Ｈａｌｆ Ｈａｗｋ」と呼ばれる半モヒカンは、海外のニュースサイトに「パンクプリンセススタイル」などと書かれ、驚きのリアクションで受け止められました。日本のツイッターなどでも「かっこよすぎる」という意見が多数。

シャルレーヌ公妃はこれまでも、ベリーショートや、後頭部と側頭部を短く切ったピクシーカット、パッツン前髪など様々なヘアスタイルに挑戦。今回は満を持してのイメチェンだったのかもしれません。

「Point de Vue」誌のインタビューで「これは私の決めたことです」「私はずっとこのヘアスタイルをしたかったし、とても気に入っています」などとおっしゃったとか。自分のスタイルを貫く強さがすてきです。

もとは水泳のオリンピック選手でもあり、心身ともにタフなシャルレーヌ公妃。宮殿で生活するようになってから、公の場でめったに笑顔を見せなくなったシャルレーヌ公妃は、いつしか〝sad princess〟と呼ばれるように……。最近は夫のアルベール2世大公がコロナウイルスに感染したり、夫の過去の隠し子疑惑が明るみに出たりで、心休まる暇がなかったのだと推察します。

髪を切ることでリセットしたシャルレーヌ公妃は眼力がアップし、以前より生き生きされているようです。勝手にロイヤルファミリーの気苦労を想像して、髪形の変化と結びつけたくなってしまいますが、本人はただ、好きな髪形にしたかっただけなのかもしれません。これからも半モヒカン以上の難易度の高いスタイルに挑戦し、世界に美しさを見せつけてほしいです。

なめ子のもう一言

半分モヒカンといえば、日本の現代アーティスト、榎忠氏を連想します。「ハンガリー国へハンガリ（半刈り）で行く」というパフォーマンスアートを1970年代に発表。頭髪からアンダーヘアまで全身の毛を半分剃り落としてハンガリーに入国。その後、丸刈りにしたあと体毛を伸ばして反対側を半刈りにする、という偉業を成し遂げました。しかも会社勤めをしながら。半刈りで公務に励むシャルレーヌ公妃と通じるものがありそうです。

229

チベットのイケメン

雄大な自然を背景に、澄んだ瞳の青年が笑顔を見せる……。約7秒の「チベットのイケメン」の動画が話題を巻き起こしています。カンゼ・チベット族自治州の小さな村の美青年が、インターネットごしに人々を癒やしました。

彼の名は扎西丁真（タシ・テンジン）さん。2000年生まれで、馬やヤクの世話が彼の仕事でした。ある時、村を訪れた中国人カメラマンが、ふと思い立って丁真さんを撮影し、動画共有アプリ「TikTok」に投稿。撮影予定だった弟が不在だったため、丁真がモデルになり大ブレイク。

弟もその後、動画に出ていましたが、丁真さんがワイルドさと純粋さを併せ持ったイケメンなら、弟はジャニーズ系の甘いルックスでした。美しい自然に育まれたチベット人のポテンシャルは無限大です。

丁真さんの映像には画面を埋め尽くすほどの中国

人のコメントが。「とてもかわいい」「美しい」「あああああ」と、熱狂がうずまいています。「反復去世（何度も死にそう）」というコメントも。

丁真さんを見ると、偶然にも今人気の前髪重めの髪形や、チベットスタイルのイヤリング、重ね着がおしゃれで、アイドル的な人気を得たのも納得です。本人は当初、芸能界からのオファーを断ったとされていましたが、2月にミュージシャンとのコラボで歌手として曲に参加。

丁真さんのPR動画も作られました。白馬に乗って駆け抜け、大自然の中で「ヒャーホホーウ!!」と叫ぶ丁真さん。パリピの「ウェーーイ！」という叫びとは真逆の、心が浄化される響きでした。「外の世界は大きい。けれど私は故郷を愛しています」という言葉が心にしみます。丁真さんは、小さな国営企業で働くことになり、収入も安定。ジャージでスノボをしたり、VRゲームに挑戦したり、夜景をバックにスマホを操作したりする動画も上がっています。

大都市の文明に染まりつつある丁真さん。都会の夜景もスマホも、星空や雪山や大河の情報量と密度には及ばない……と、東京砂漠から彼の行く末を案じてしまいます。丁真さんを数多（あまた）のイケメンと同様に消費しないように、動画を大切に見返していきたいです。

なめ子のもう一言

チベット系で人気者といえば、チベットスナギツネ。目を細めた冷めた表情が魅力で、人間がこのような表情になったときも「チベスナ顔」と呼ばれるようになりました。感じ悪い見下し顔ですが、「チベスナ顔」と呼ばれるようになって憎めないイメージに。チベットの美青年が俗世に対してこのような表情を浮かべないことを祈ります。

高級ホテルの定額プラン

高級ホテルで定額サービスを始めるところが次々と登場しています。コロナ禍で連泊の需要が高まっている現状と、空き室を解消したい、というホテル側の事情があり、需要と供給が高次元で一致しているようです。

まず、話題になったのは帝国ホテルの連泊プラン。新規事業として「サービスアパートメント」がオープンし、3月15日から7月15日までの期間、約30平方メートルのSTUDIOタイプの部屋に月額（30泊）36万円で住むことができます（グレードアップした60万円、72万円の部屋もあり）。

プールやサウナ、防音設備でスタインウェイ社製のグランドピアノを弾けるミュージックルームなど、アッパーな設備を無料かリーズナブルな価格で利用できます。ロビーラウンジでコーヒーや紅茶を無料で飲めるサービスもあります。1杯1000円はするホテルのドリンクを毎日飲めるとは……。

すぐに販売枠は満室に。電話してみると、7月15日以降は東京五輪が予定されているので、時期や価格など「詳細は未定でございます」とのこと。日本の「迎賓館」の役割を担って、1890年に開業した帝国ホテルのラグジュアリーな空間で、30日間も最高級のおもてなしを受けていたら、現実の自宅に戻って来られなくなりそうです。

ホテルニューオータニも「新・スーパーTOKYO CATION」を開始。2月15日から6月30日の期間で、30連泊で75万円から。ちょっとお高いですが1日3食付きで（ルームサービス可）、ワイシャツや靴下などの洗濯サービスも無料。家中のシャツや靴下などを持ち込みたくなります。電動自転車の貸し出しもあります。これで1泊あたり2万5000円だとお得な気がしてきます。経営者やベンチャー企業の社員からの問い合わせが多いとか。

高級ホテルに30泊もすれば、快適に暮らせるだけでなく、残りの人生でずっと語り継げます。「帝国ホテルに住んだことがあって……」というセリフでその場で圧倒的な優位に立てそうです。人生観や人格にも多大な影響を与える高級ホテル暮らし。庶民としては、高級ホテルの定額サービスについて情報を集めた半日だけ、「もし自分が住んだら……」と現実逃避してリフレッシュできました。

なめ子のもう一言

長期間、帝国ホテルで暮らした著名人もいます。女優の山田五十鈴さんは「意外に合理的」と話していたとか。作詞家の岩谷時子さんも帝国ホテルに住み、ヒット曲を制作。97歳まで長生きされました。お2人とも写真を見ると気品がすごいです。高級ホテルでもてなされ続けることでにじみ出るセレブの品格……。見た目にも影響があると思うと、高い利用料金を払っただけのことがあるかもしれません。

231

セレブのシャワーの水圧

「Forbes」誌の「2020年最も稼いだセレブランキング」で1位は、まだ23歳のリアリティードラマ出身のスター、カイリー・ジェンナーでした。自身のコスメブランドの株を売却したこともあり、5億9000万ドル（約640億円）も稼ぎ出しました。ロサンゼルス近郊に立つ3650万ドル（約40億円）の大豪邸には寝室が7、バスルームが14もあり、20台止められる駐車スペースもあるとか。

大金持ちの暮らしぶりを見ると、つい羨ましさと悔しさから物申したくなってしまうのが人の常。日本でも、旧皇族や財閥のお屋敷公開の見学に行くと、「こんなに広いと掃除が大変だな」とか「カーテンにホコリがたまりそう」と言っている見学客をよく見かけます。その度に、こういう身分の人は自分で掃除しないのでは……という思いがよぎります。

カイリーの場合は、シャワーの水圧でした。カイリーが会社内を案内する動画をインスタグラムにアップしたところ、シャワーから出てくるお湯の水圧が妙に弱いことが指摘され、話題になりました。たしかにお湯の放物線からすると、ジョボジョボ……という音が聞こえてきそうな水圧です。

ツイッターにはショボい水圧を憐(あわ)れんだり、水圧を高める助言をしたりといったコメントが。この水圧は、カイリーが好感度を上げようとして庶民的なところを見せたのか、もしくは、大金持ちほど細かい部分で節約しているのでしょうか。

カイリーがそんなセコいことを考えるはずはなく、庶民にあれこれ言われていることを知った彼女は反撃を開始。インスタグラムのストーリーで「Ｇｏｏｄ ｍｏｒｎｉｎｇ」と気だるい口調で語り出し、今度は自宅のシャワールームを紹介。会社のシャワーとはまた違った洗練された内装です。「アメイジングシャワー。リモコンで温度を設定できる」と、最新機能をアピールし、「これが水圧です。心配してくれてありがとう」と、手にほとばしるお湯を受けてコメント。

想像以上に負けず嫌いだったカイリー。この強気さと自己肯定感が彼女をビリオネアに押し上げたのでしょう……。

なめ子のもう一言

ロシアの反体制派指導者ナワリヌイ氏が公開した、プーチン大統領の豪邸とされる動画も話題に。山手線の内側より広い敷地で、ヘリポートやスケートリンク、カジノなども併設。王宮のような内装で、バスルームもゴージャスです。浴槽は大理石のような質感。屋根付きで、ソファに囲まれていました。この浴室に比べると、カイリーのバスルームもまだ親しみやすい気がしてきます。

232

猫語翻訳アプリ

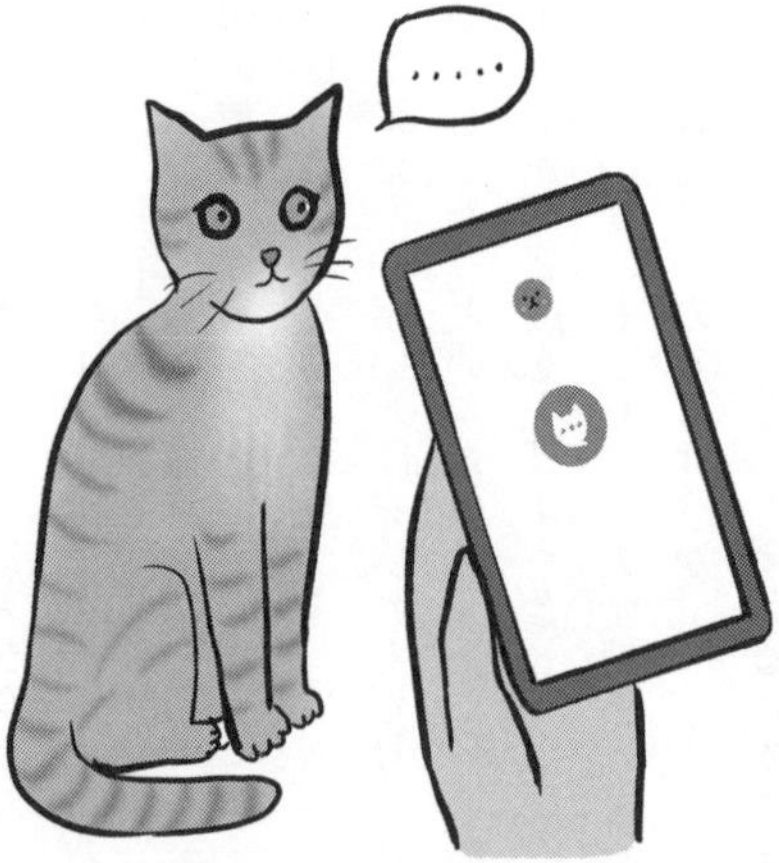

愛猫家にとっては、ただただかわいい猫の鳴き声。でもその「ニャ〜」を注意深く聞くと、微妙なイントネーションに感情がこめられているようです。最近発表されたアプリ「ＭｅｏｗＴａｌｋ」は、Ａｍａｚｏｎの人工知能（ＡＩ）「Ａｌｅｘａ」の元エンジニアが開発したとあって話題になっています。

猫が発する鳴き声を検出し、人間が理解できるフレーズに変換するだけでなく、自分の猫が鳴いたシチュエーションと照らし合わせて修正したり、データを蓄積したりすることで翻訳の精度が増していく、という革新的なアプリです。自身も猫を飼っていて猫好きオーラ漂う開発者のハビエル・サンチェスさんは、コロナ禍で在宅時間が増えた人々が飼い猫ともっとコミュニケーションを取るために、猫語を翻訳できるアプリが必要だと考えました。

アプリを立ち上げ、猫の鳴き声を認識させると

「ニャー」が「Feed me」（ごはんちょうだい）、「Open the door」（ドアを開けて）、「I'm angry」（怒ってる）、といった人間の言葉に翻訳される仕組み。ちなみに犬語の翻訳については、ニュアンスを翻訳するのは難しいそうですが、カラスなら可能かもしれないとのこと。知性あるカラスと会話できたら叡智をもたらしてくれるかもしれません。

とりあえず、身近な猫で試してみました。騒々しく「ニャ〜〜」と訴えてくる鳴き声を翻訳したら「Hello」で、挨拶してくれていたようです。何気ない鳴き声が、実は「I'm in pain」と痛みを訴えていたのは心配になりました。また、撫でて「ゴロニャ〜」と鳴いたのは「I'm happy」に変換。ゴロッという声が入るのは、基本、幸せの感情表現のようです。テーブルから足を滑らせて「I'm very upset」（とても動揺している）と鳴いたり、テーブルの物を落としまくって「Something made me upset」と苛立ったり、結構当たっているような……。

また、アプリが感知するか猫の鳴きまねをしてみたら、数十回「ニャー」と言ってやっと「Hello」と猫語に翻訳。猫語は人間語より高度なのかもしれません。

なめ子のもう一言

先日、人間語を話す猫の会議映像が世界で話題になりました。米テキサス州のロッド・ポントン弁護士が、秘書のコンピューターを使って、ビデオ会議システム「Zoom」で裁判に参加したところ、猫の顔になるフィルターの設定が外せなくなってしまいました。かわいい子猫がおじさんの声で「ここにいるのは私です。猫ではありません」と説明する動画がシュールでした。

233

パンダの返還延期

パンダが東京・上野動物園から1頭もいなくなるところだったとは……。シャンシャンが2020年12月末に中国への返還期限を迎え、両親のリーリーとシンシンも、21年2月に返還される予定でした。それが、新型コロナウイルスの感染拡大による入国制限の影響などで期限内に中国に帰ることが難しくなってしまったようです。シャンシャンの返還は21年12月末に、親パンダたちは5年後になりました。しばらく上野にいてくれるのはありがたいです。

上野動物園で誕生したシャンシャンの人気は圧倒的。写真を見ると、生まれた時から口角が上がっていて、ポーズもあざといくらいのかわいさです。自分の使命を悟っているような……。見る人を癒やしてくれる、アイドルを超えて、もはや聖パンダのような存在です。シャンシャンには何度か謁見していて、臨時休園に入る前の20年12月にも伺いました。

時節柄、整理券を予約しないと入園できないようになっていました。残り少ない中、平日夕方の回を予約。指定の時間に入ると、シャンシャンに会える列は2種類ありました。写真撮影禁止で、通過しながらシャンシャンの姿を網膜に焼き付ける1周目の列と、長時間並んで写真撮影する2周目以降の列。ほとんどの人が2周目も並んでいました。

　シャンシャンは大きく育っていて、大人パンダに近いサイズ感でしたが、無邪気で愛嬌のある顔つきが子パンダらしくてかわいいです。寒さに耐えて2周目の列に約1時間並び撮影。カメラの方に顔を向けて寝転がっているシャンシャンのプロ意識に感動。「ありがとう!」と呼びかけたら少し顔を動かしてこっちを見てくれたような……。ハマる人が多いのも納得です。

　日本で大スターのシャンシャンも中国に帰ったら新入りになり、他のパンダに埋もれてしまうのでしょうか……。シャンシャンの性格に影響を与えないか心配です。そしてパンダで回っている経済（とくに上野周辺）が今後どうなってしまうのか……。案じていたら21年3月、西園の「パンダのもり」にいる両親に交尾行動が確認され、世の中を救う子パンダが6月に誕生（しかも双子）。夫婦は、休園でお客さんがいない静かな環境で、じっくり愛を確かめ合えたのかもしれません。

なめ子のもう一言

中国の動物園で暮らしていた、シャンシャンの曽祖母シンシンが2020年12月、38歳4か月で天寿を全うしました。シンシンの子孫は世界中に153頭もいます（2019年末時点）。写真を見かけましたが、おばあさんになってもかわいいパンダのポテンシャルに驚かされました。

自販機ブーム

人との接触を抑えられ、好きな時に買い物できる自販機の需要が高まっているようです。コロナ禍でお客さんが減ったお店にとっても可能性が広がります。例えば大阪府の焼き鳥店が、自販機で焼き鳥を販売したら売り上げが6割近くまで回復した、というニュースもありました。山口県ではクレープ自動販売機が設置され、その日に完売するほどの人気だそうです。

コロナ以前も日本では自販機文化が根強く、レトルトカレー、ギョーザ、ラーメン、トーストサンドなど、多種多様な自販機が存在していました。熊本県の豚足自販機は、２０１９年９月に設置されたそうで、先見の明があります。

ダイドードリンコでは、感染リスクを減らすため、足でボタンを押せる自販機を開発し、実証実験を行ったとのこと。押す時に体幹が鍛えられそうです。

最近、新しく設置される自販機は、真空や冷凍、操作性など技術の面で進化しているようです。東京・虎ノ門ヒルズ内に登場したのは、広島県の養殖業者が設置したカキフライの自動販売機。コロナの影響でカキやエビの納入先が減ってしまったため、打開策として考案されたようです。平日の夜に訪れると、カキやエビの写真がプリントされ、大きなモニターの立派な自販機が鎮座。多額の経費がかかっていそうです。カキフライや瞬間冷凍のカキ、車エビなどそれぞれ1200円で販売されていて、カキは完売。店員さんも「すごいおいしいですよ」と絶賛していました。行き交う人の注目度も高いです。

東京・渋谷の「RAYARD MIYASHITA PARK」に期間限定で設置されたのは、真珠のアクセサリーの自動販売機。平日の夕方に見に行ったら、大きなモニターがある最先端の自販機でした。真珠の養殖シーンやモデルが装着している映像などが流れていて視覚に訴えます。値段は1500円からで、指輪やピアス、ネックレスがありました。

人件費の節約で安さが実現できたのでしょうか。見ていると次々と若い女子がスマホ感覚で自販機の画面をスワイプして、淡々と電子マネーで購入。ゴトッという音を立てて落ちてきた箱をバッグに入れて颯爽（さっそう）と立ち去る彼女たち。交通系ICカードの残額不足で買えなかった自分が時代に取り残されそうな焦りを感じます。自販機とともに人類も進化しているようです。

なめ子のもう一言

自律移動デリバリーロボット「フルテラ」が注目されています。飲料や食料などを入れて、地図情報に従って走行し、電子マネーや交通系ICカードで商品を販売するというロボットで、高輪ゲートウェイ駅などで実証実験を行ったそうです。必要な物品があったら自販機ごと取り寄せる時代が来るのかもしれません。

235

ＮＦＴ

物体ではなく、データで所有するのが最先端になりつつあるようです。最近、ネット上に存在する写真や動画、アート作品にツイッターのつぶやきまでが高額で売買されています。それらの貴重なデータは「ＮＦＴ」（Ｎｏｎ－Ｆｕｎｇｉｂｌｅ　Ｔｏｋｅｎ）と呼ばれています。データには暗号化された所有権が含まれ、暗号資産（仮想通貨）にも使われるブロックチェーン技術で「唯一無二」であることを認証します。第2のビットコインの呼び声も高く、投資家が参入して今後さらに盛り上がると予測されています。

実際どのような「ＮＦＴ」が売れているのでしょう。ツイッター社のＣＥＯ（最高経営責任者）、ジャック・ドーシー氏が「僕のツイッターをセットアップしたところ」とつぶやいた15年前の初ツイートを売り出したところ、3月下旬には約２９１万ドルで落札。ドーシー氏はその全額の約3億2000万円をアフリカ支援団体に寄付。

アート作品の「NFT」データも高額で販売されています。アメリカのデジタルアート作家、ビープルことマイク・ウィンケルマン氏の約13年間の写真をコラージュした「NFT」作品「Everydays-The First 5000 Days」が、クリスティーズに出品されると、約6935万ドル(約75億円)で落札。「Nyan Cat」というユルかわいいドット絵の猫のアニメーションには60万ドル近くの値がつきました。ユルいアニメーションで億万長者になれる、と夢が広がります。また、バスケットボールのスター選手の試合のハイライト映像も販売され、レブロン・ジェームズのスラムダンク映像が20万ドル以上で売れました。

自分のパソコンやスマホに特別な瞬間が保存され、いつでも再生可能です。ホームパーティーなどの機会が減った今、部屋に飾って誰かに披露する芸術品やコレクターズアイテムよりも、自分1人が堪能できる唯一無二なデジタルデータの需要が高まりそうです。

「NFT」でひと儲けしたい……そんな思いにかられ、調べたところ、「NFT」データを作って売るためには、仮想通貨取引所の口座や、高い手数料が必要だったり、いくつかの関門が。結局一番手堅く儲かるのは手数料ビジネスかもしれません。

なめ子のもう一言

オークションサイトを見てみたら、いろいろなツイートが「NFT」として売り出されていました。イーロン・マスク氏のナスの絵文字のツイートに1111ドルがつけられていたり、起業家ゲイリー・ヴェイナチャック氏のクジラのイラストは1888ドルという高値になっていたり……。どんなツイートが高く売れるのか全く予測がつかない状態で、素人が手を出すのは危険な空気が漂っていました。

236

バーチャル・ジャパン

なかなか旅行がしにくい昨今、仮想空間なら安全にトリップできます。でも、このたび発表された事業「バーチャル・ジャパン・プラットフォーム」は、別の種類のトリップ感をもたらすようです。JTBなどによる事業で、世界中の人々がバーチャル空間上の日本を訪れて交流できる、というアイデアは素晴らしいですが、シュールすぎるCGが話題になっていました。昔のゲームのCGのようでなつかしい、という意見もあるようです。アジアを中心とした海外の消費者を対象としているそうですが、このCGを見たら日本のイメージが変わりそうです。

公式動画では、女性の後ろ姿が映っていますが、体が多面体のようにカクカクしています。異次元のようなグレーの空間で、行き先の選択肢が出てくるのですが「Hokkaido」「Tokyo」の二択でした。「観光地へ移動しますか？」と問いかけられ、東京駅へ。丸ビルのCGは完成度が高めです。一瞬、遠くに別のアバターらしき姿が見えますが、コミュニケーションすることもなくスルー。駅前の大きなモニターには眠る女性の映像が映し出され、現実世界ではないと示唆しているようです。

　バーチャル空間内のショップで、ぼかされた映像のあやしい物体を1058円で購入。次の瞬間、唐突に「Hokkaido」という立体文字が置かれた北海道にワープすると、横から覇気のない平面的な牛が登場しました。牛とともに海辺に移動。「おいしそうな海の幸が見えるぞ！」という牛の言葉に海の方を見ると、海中からカニが出現。アバター女性はカニを見ると、突然逃げるように小走りで移動。遠くには花畑と山が見えます。非現実的な色合いの花畑を歩いている映像は完全に別の世界のようでした。

　最後、グレーの空間で出迎えてくれた柔和な男性はJTBの社長。CGのクオリティーが高く、スーツのしわやシャツの影、SDGsのバッジや社章まで再現されています。社長なのでCGがちゃんとしていると安心感がありますが、映像制作会社が気を使っている感が……。

　異次元のような映像が印象的な「バーチャル・ジャパン」。冥土（めいど）感あふれる映像が潜在意識を刺激し、限りある人生なので、行きたい場所に旅行しておかなければ、と、旅への訴求力が高まります。

なめ子のもう一言

かなりリアルな「バーチャル渋谷」にアクセスすると、スクランブル交差点に瞬間移動。イベントがない日で人をほとんど見かけません。唯一いたアバターがジャンプしたので、隣でまねしたら、走って逃げていってしまいました。バーチャル空間での交流は難しいです。

237

チーフ・インパクト・オフィサー

世界の注目を集めるヘンリー王子と妻メーガン妃の動向。王室から離脱し、「海兵隊元帥」も退任、覇気を失っているように見えた王子でしたが、米国で次々と職を得ているようです。

メンタルヘルス系IT企業に迎えられたり、インターネット上の偽情報に関する調査委員会のメンバーになったりしています。偽情報といえば、メーガン妃がインタビュー番組で語った「ロイヤルウェディング3日前のプライベート結婚式」は、後日矛盾点が指摘され、大主教にも否定されていました。ヘンリー王子夫妻側も、結婚式ではなく「個人的な誓いを交わした」と説明。わざと偽情報を流して世間の反応を見る実験だったのかもしれません。

王子の就職先である、メンタルヘルスにまつわるコーチングやサポートを提供する会社のサイトには、「サセックス公爵のヘンリー王子がチーフ・インパクト・オフィサー（CIO）として加わる」という文が掲げられていました。クリックすると、メーガン妃と一緒にいる時よりも眼力が強い王子の写真が。王子のコメントも掲載。「人生で学んだことは、痛みを目的に変える力です。軍隊での約10年間に、物理的な回復力だけでなく精神的な回復力も構築する必要があることを学びました」。論理的な文章で、軍隊への未練を少し匂わせています。

コーチとビデオチャットで相談できるサービスですが、個人だと通常毎月499ドル（約5万5000円）かかるようです。王子が関わっているプレミアム感で多少高くても受け入れられそうです。

気になるのは王子の肩書。ただでさえCEO（最高経営責任者）、COO（最高執行責任者）、CTO（最高技術責任者）、CKO（最高知識責任者）などC●Oという役職は乱立気味です。CIOは普通、チーフ・インフォメーション・オフィサーの略で「最高情報責任者」という意味ですが、チーフ・インパクト・オフィサーを直訳すると「最高衝撃責任者」になります。また後日、この役職名を別の略称で表すと、日本語で男性器の意味になる、と欧米で話題になっていました。世界に衝撃を与えるのはセレブの使命なのかもしれません。

なめ子のもう一言

インパクトのある肩書といえば、北朝鮮の金正恩総書記の妹、金与正氏のニュースです。北朝鮮の弾道ミサイル発射時に談話を発表した与正氏は、「朝鮮労働党中央委員会宣伝扇動部副部長」という肩書でした。彼女の役職が明らかになったのは初めてだとか。国内メディアを検閲、統括する強い権限を持つそうで、ヘンリー王子と肩書対決したら圧勝しそうです。

給与デジタル払い

買い物する時、「○○ペイ」で支払う人が多くなってきた昨今ですが、給与をスマートフォンの決済アプリに直接送る「給与デジタル払い」が話題になっています。田村厚生労働大臣は「2021年のできるだけ早い時期に制度化をしていきたい」と語りました。労働基準法では給与の支払いは現金払いが原則とされ、銀行振り込みは特例だったそうです。デジタル払いは、さらなる特例になるのでしょうか。

メリットとしては、銀行振込手数料がかからなくなることと、口座を作りにくい外国人労働者にも給与を支払いやすくなること、などが挙げられています。

決済代行会社が利用者獲得のためポイント還元キャンペーンを打てば、給与が増える可能性も。ほとんど現金を持ち歩かないという海外在住の知人が、まだ日本は現金払いが主流なことに驚いていましたが、スマホが財布代わりになることで、小さい財布で事足りる、という利点もあります。

ただ、紙幣を大切にする日本人としては一抹のさみしさが。長財布を使い、お札の向きを揃(そろ)えることで金運がアップする、といった開運法が、通用しなくなってしまいます。お金がただの数字の羅列になり、労働への実感や感謝が希薄になりそうです。「ペイ」という語感に乗せられて、軽い気持ちでお金をどんどん使ってしまいそうな……。

また、お札の使用機会が減るとしたら、２０２４年に一新される予定のお札の肖像、渋沢栄一や津田梅子、北里柴三郎の立場はどうなるのか、若干気がかりです。他にも現実的に、デジタル払いに対応していない家賃や水道光熱費はどうなるのかとか、決済会社の破綻やデータ流出といったトラブルの可能性など、懸案事項が多いです。企業側は振込手数料が減っても、使う側はデジタル給与を各種支払いのために銀行に入金するとしたら、手数料は自己負担&二度手間に……。

また、スマホの電池残量がなくなると、支払えなくなる心配も。貯金だけでなくバッテリーまで気にしなければなりません。庶民は、大企業の方針に合わせるしかないのでしょうか……。銀行は今後、どんな方策を打ち出してくるのでしょう。手数料値上げや通帳発行料徴収といった改変を思いとどまって、サービスが良くならないか期待してしまいます。

なめ子のもう一言

電子マネーだけでなく、無人決済システムを導入したコンビニが東京・丸の内に登場。さっそく行ってみました。商品を補充している店員さんはいましたが、レジは無人。レジ前に行くと、バーコードをかざしてもいないのに選んだ商品と金額が表示されました。ふと天井を見上げると、お客が手に取った商品を認識するための大量のカメラが……。人がいないのに視線を感じるのはＡＩの目だったようです。

ガッキーロス

日本を代表する人気女優、新垣結衣さんと、人気歌手の星野源さんが2021年5月19日に結婚を発表しました。ドラマ共演がきっかけで、そのタイトルから「逃げ恥婚」と呼ばれています。熱狂的なファンを持つ有名人が結婚すると、おめでたいと思いながらもショックを受ける人もいます。今回も「ガッキーロス」や「星野源ロス」になった人が少なからずいたようです。

IT企業「アクシア」の米村歩(すすむ)社長は、長年の新垣結衣ファンだったこともあり、発表を受け、ツイッターに「これはマジで無理なやつでした。。。」という心情とともに「休暇のお知らせ」を投稿。翌20日について「新垣結衣さんがご結婚されて、仕事に集中できないことが想定されるため、特別休暇とします」「対象者　ガッキーのファン」とする、社員に向けた書面が話題になりました。

他にも、対象はリアル、2次元に関係なく「推しロス休暇」を設けているネット関連企業もあるようです。「自分が『推し』としている人・キャラが結婚したり、脱退したり、退場したり、と何かあったときに休暇が取得できる制度」だそうで、就職を決める決め手の一つとなるかもしれません。さすがベンチャー企業の社長は話がわかります。

株式市場に目を向けると、これまでも芸能人の結婚で「○○ショック」現象が度々発生していたようです。こじつけという説もありますが、堀北真希さんが山本耕史さんとの結婚を発表した翌営業日の日経平均株価の終値は、前営業日に比べて895・15円安になりました。石原さとみさんにいたっては、結婚発表した日に東京証券取引所でシステム障害が発生。日本中の男性の動揺のエネルギーが機器に影響を及ぼしたのでしょうか。

今回の「ガッキーショック」では、翌日の日経平均の始値は、前日終値に比べて168・95円安と少しの値下がりでしたが、発表当日の19日は暗号資産「ビットコイン」が約11％、「イーサ」が約25％も大暴落。世界の投資家が影響を受けました。これは新垣さんと、星野さんが今後グローバルな存在になっていく未来を予言しているのでしょうか。

「推し」の結婚のショックで一時GDPや株価が下がったとしても、普段はたくさんパワーをもらっているので、長期ではプラスの影響になっていることでしょう。

なめ子のもう一言

芸能関連の「○○ロス」の発生源を調べると、2013年のNHK連続テレビ小説「あまちゃん」にたどり着きます。天真爛漫（らんまん）なヒロインと脚本のおもしろさに、放送終了後、多くの人が「あまロス」状態に。関連本が出版されたりして、「○○ロス」はビジネスチャンスでもあると世の中に印象づけました。

240

マッチョ音声素材

マッチョ専門フリー素材サイト「マッスルプラス」が公開した、「マッチョフリー音声素材」が話題になっています。ステイホーム中のエクササイズやストレッチなどの励みになりそうです。

サイトの説明書きは「これこそ本当に用途不明過ぎますが、ボディビルの『掛け声』、『トレーニング』、『筋肉の部位』などをAKIHITOが筋力を込めて読み上げております。万が一使える用途あればぜひご活用ください！」と、謙虚なトーンです。「マッスルプラス」は、これまでにも「用途不明」なマッチョ写真素材を多数公開し、注目されていました。例えば、オフィスで上半身裸で首にネクタイをかけて「ハンコを押すマッチョ」や「土下座マッチョ」、ライブハウスで「ギターアンプのツマミをいじるマッチョ」、ジムで「トレーニング中に寝落ちしたマッチョ」や「細かい部分まで除菌するマッチョ」、海で「手刀でスイカを割ろうとするマッチョ」など、筋肉をムダ使いしているような、どこかけなげなマッチョの姿に癒やされます。

今回、満を持して新しく加わった音声素材は、マッチョ好きにはたまらないコンテンツ。鍛えられた声帯筋肉で力強くセリフが読み上げられます。「大胸筋」「大腿二頭筋」「腓腹筋」と、楽しそうに筋肉の部位を言い放つ音声は、シンプルだけど耳に残ります。端的に「キレてる」「ナイスバルク」と筋肉をホメるセリフや、「収縮収縮収縮」「浅い！　もっと深く、深く」「水分補給しましょうね」と、トレーニング中の人を鼓舞するセリフも充実。さらにテンション高く「背中に鬼神が宿ってる！」「胸がケツみたい」「腹筋6LDKかい！」と、筋肉愛がエスカレートしていきます。

以前、スポーツインストラクターに取材した時、「人生、筋肉が全てです」という名言を聞いたことがあります。筋トレをしている間は、不思議とネガティブな思いは浮かばないそうです。このマッチョ音声もポジティブ100%でさわやかさにあふれています。

もしマッチョ音声素材をうるさく感じるような時は、自分の気力が落ち気味だったり、ネガティブな思いにかられている、ということなのかもしれません。自分の今の状態を知るバロメーターにもなりそうです。

なめ子のもう一言

マッチョといえば、かわいらしい顔と割れまくった腹筋のギャップがSNSで話題になった、ポメラニアンのポチくん。鍛えたのではなく、バリカンでカットした模様のようです。YouTubeには、飼い主に気持ち良さそうに毛を刈られるポチくんの様子が。人間にもこんなラクな腹筋の〝割り方〟があったら……と思わせられます。

２４１

マガワ引退

人類の歴史に残る偉大なネズミ、マガワが引退するというニュースが世界を駆け巡りました。マガワは、カンボジアで5年間にわたり、地雷や不発弾を探して撤去することに貢献。５年間で71個の地雷と38発の不発弾を発見し、約22万５０００平方メートルの土地をクリアにしました。呼び捨てにせず、マガワ様と呼んだ方がいいくらいです。アフリカオニネズミという種類で、体重は１・２キロ。体重が軽く地雷原の上を歩いても地雷は爆発しません。嗅覚も発達しており、訓練できる知能もあるため、このような重大な任務につけるようです。

人間が金属探知機を使用して４日はかかるテニスコートくらいの広さの土地を、数十分で探知できるとか。金属探知機は金属に反応しますが、アフリカオニネズミは爆発物だけを嗅ぎ分けます。動画を見ると、ご褒美のバナナなどを食べて休憩しながら、淡々とスピーディーに働き、集中力は人間以上。爆発物のにおいを察知すると、地面を引っかいて知らせます。訓練には約9か月、80万円ほどかかるそうですが、人件費に比べると“鼠(ねずみ)”件費は格段に安いです。

マガワももう7歳。アフリカオニネズミは寿命が約8年らしいので、引退し、年金暮らししてもいい頃です。実際、このところ地雷探知の動きがスローダウンしていたようで、惜しまれつつも6月で引退します。後輩のアフリカオニネズミたちが仕事を引き継ぐそうです。一緒に働いてきたハンドラーは、「マガワのパフォーマンスは無敵。一緒に仕事ができたことを誇りに思っています」と絶賛。迅速で決断力に優れているとか。地雷探知する動画を見ると、キリッとしたプロの目をしていました。

そんなマガワは2020年に、英国の動物愛護団体PDSAから、多くの人命を救った業績で金メダルを授与されました。金メダルを首から下げたマガワは、地雷探知中の仕事モードから一変し、笑顔を浮かべているような……。病原菌を運ぶなどのネズミの悪いイメージも払拭(ふっしょく)されそうです。

引退後は、好物のバナナとピーナッツに囲まれ、悠々自適な生活を送る予定だとか。戦争の負の遺産を始末しただけでなく、かわいさで人々の心に平和をもたらしたマガワには感謝しかありません。

なめ子のもう一言

ネズミは嗅覚で仲間の窮地を嗅ぎとって、助けることもあるそうです。ドイツのポツダム大学の研究チームによると、ネズミはにおいで互いの空腹状態を感知。飢えている仲間のもとにエサを運ぶ動作が見られるそうです。喜怒哀楽もにおいで察知できるのではと思わされました。言語こそが知能の高さを表す、と思っている人間は考えを改めるべきかもしれません。

242

カコジョ

SNSにあふれる加工写真の数々。不自然な美女も多いなか、比較的自然で清楚な美人がいたら……もしかしたらその正体はおじさんかもしれません。性別を変えられる「FaceApp」というアプリや、美顔補正アプリなどを使い、おじさんたちが理想の美女に変身。SNSに投稿し「#カコジョ」、「#加工女子」などのハッシュタグを付け盛り上がっています。

インスタグラムには、風呂上がりの美女や、愛車とともに写る金髪の美女、見積もりを作成する仕事の合間に微笑む美女など、かわいい女子が大量に出てきます。「カコジョ」3人で女子会する写真も。美女の人生をSNSで疑似体験できる……これはインターネットの闇ではなく光かもしれません。編集者の男性が加工アプリで女性化してみたところ、メガネの清楚な美人に変身。変身前と比べても完全に別人ではなく、面影が残っています。「かわいいし、親近感がわきます」という感想が。自分に似た、理想の女性を具現化するアプリかもしれません。

　テレビや海外メディアでブレイクしたのが「宗谷の蒼氷」氏。SNSで、美人ライダーとして以前から有名でしたが、「バックミラーにおじさんが映り込んでいる」と話題に。その映り込んだ50歳代の男性が、美女の加工前の姿だったのです。おじさんがバイクをいじったりしている写真を載せても見てもらえないと思ったのが加工のきっかけだとか。でも、本人の加工前の髪もサラサラできれいです。ツイッターには「私はなりたい自分になります。年齢や性別は関係ありません」とポエム的な投稿もあり、内面も美女マインドに変化しているのかもしれません。

「在宅のアーマー」氏も「カコジョ」界隈（かいわい）で人気です。エレベーターの鏡に、加工前のおじさんの体を映り込ませた写真が話題になりました。顔どころか体形も変身できる加工アプリには夢と希望がうずまいています。髪形やスキンケアに気を使うようになったといい、世の男性の美容意識の向上のきっかけにもなっています。

　おじさんたちの自己愛や自己肯定感を高める加工技術。しかし「カコジョ」レベルのかわいさを理想の女性にされると、女性としては厳しいものが……。SNSとは別に、ありのままの姿を認め合う世の中でもあってほしいです。

なめ子のもう一言

アプリでの加工ではなく、自分の顔に直接アーティスティックなペイントをほどこす韓国人アーティストも話題です。世界中で注目される彼女の作品を見ると、顔の中に多数の顔があったり、モザイク化していたり、等高線のような模様や、顔がノートパソコンと一体化しているようなアートも。

アプリでの加工ブームの次は、顔に直接描くブームが来るかもしれません……。

クジラにのみ込まれた男

クジラにのみ込まれたものの生還した強運の中年男性が世界中で話題になっています。米国のロブスター漁師、マイケル・パッカードさんはダイビング中、大量の水とともにザトウクジラの口の中に吸引されます。クジラは〝人間のおじさん〟というイかにも消化しづらいものを口に入れたことに気付き、30〜40秒後に吐き出したので、パッカードさんは生きて戻って来られました。

膝を脱臼するなどのケガを負ったものの、翌日には退院。ニュースでは、パッカードさんが恐怖の体験を語っていて、トラックにはねられたような衝撃のあと、真っ暗闇になったそう。当初サメかと危惧したものの、歯がないことでクジラだと気付いたパッカードさん。しかし、出られないことに変わりはなく「マイケル、お前はこうやってクジラの口の中で死んでいくんだ」と諦めの境地に……。死を意識した時のセリフがどこか文学的で味わい深いです。九死に一生を得たパッカードさんは地元のスターになるのでは、と予測する声もあり、有名映画監督が連絡を取っているという噂(うわさ)も。米国のトーク番組「ジミー・キンメル・ライブ!」でクジラの口を模した椅子に座るパッカードさんは、退院直後の憔悴(しょうすい)した姿から一変し、日焼けした陽気なおじさんという風体です。「俺はクジラの中にいた!」と叫んで拍手喝采を浴び、クジラのDVDやTシャツ、ケーキなどをプレゼントされていました。

また、パッカードさんはアメリカの人気投稿サイト「Reddit」でも質問に答えていました。「口の中に入った時の感覚は?」と聞かれ「水で満たされていて、口の筋肉が私の周りで痙攣(けいれん)していました」と体験した人ならではの答えが。「クジラとコミュニケーションをとろうとしましたか?」という質問には「(クジラは)私と会話する気分ではなかったです」と冷静に分析。しかし「将来Netflixで映画化する場合、パッカードさんを演じる俳優は誰がいい?」との質問には「マット・デイモン」と返答。さすがにそれはちょっと美化しているような……。そんなポジティブシンキングだからこそ生還できたのかもしれません。

なめ子のもう一言

中東イエメンの漁師たちが漁の最中に発見したマッコウクジラの死骸の腹部からは「龍涎香(りゅうぜんこう)」という希少価値のある物質が出現。買い取り額は日本円で約1億6500万円。一部で地元の生活困窮者を支援し、残りは仲間で分け合いました。漁師らは「魚が取れたら、神に感謝する。神は突然、これを私たちにくださった」と謙虚。欲を出さなければ、人間はクジラと良好な関係を築けそうです。

244

UFOレポート

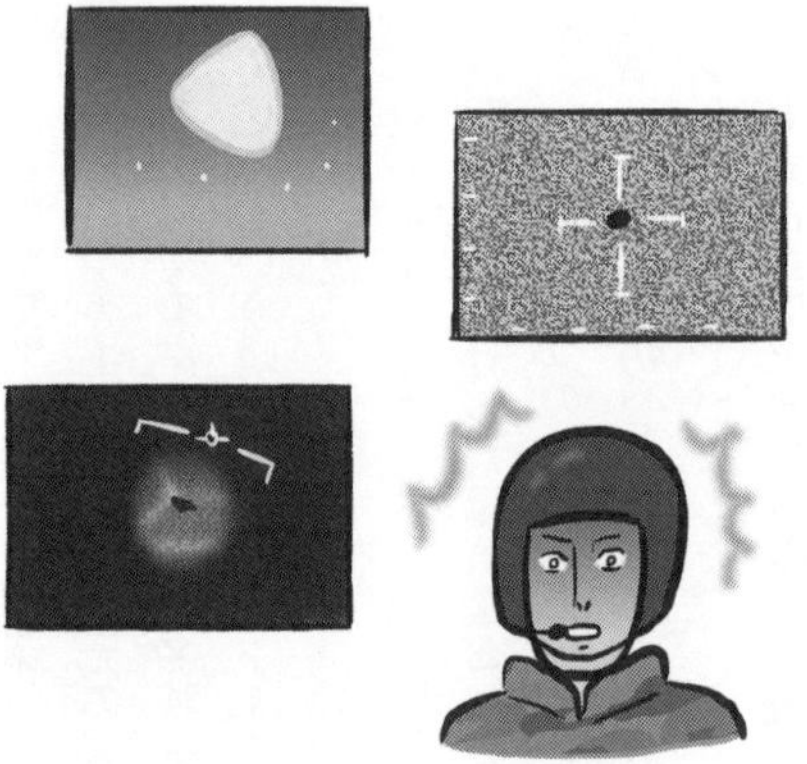

ある調査では、人類の6割が地球外生命体の存在を信じており、接触したいと考えているそうです。そんな思いが宇宙に届いたのか、UFO（未確認飛行物体）やUAP（未確認航空現象）の話題が急に現実味を帯びてきました。

2021年6月下旬、米国家情報長官室が集めたUFOレポートが米議会の要求を受け、公表される運びとなりました。2020年末、トランプ前大統領が、UFOについての報告書提出を政府に要請していたことがきっかけで、いわばトランプ前大統領の置き土産です。分析結果によると、1件をのぞいて「正体特定できず」。やはり地球外の技術なのでしょうか。

政治家のグループの中には、UFOやUAPが国家安全保障に脅威を与えると考える議員もいるようです。中国やロシアによる技術ではないかという説もありましたが、専門家からは、数世代先のテクノロジーであるという意見も出ました。「私たちが処理できないことが起こっている」と、不安を漂わせる議員も。宇宙戦争にならないことを願うばかりです。

公開されたUFOやUAPの動画を見てみました。サンディエゴ沖に現れ、ナイトスコープで撮影された三角形のUFOは、飛行しながら存在を主張するように何度も発光しています。そのほかにもまたもやサンディエゴ沖で複数の球体UFOが海軍により発見されました。海面近くを飛んだあと、海中に潜る様子が捉えられ、その時の海軍の男性が「ホッホーウ!!」「ハハハハ!!」とやたらテンション高く叫んでいたのが印象的でした。未確認飛行物体を見つけると百戦錬磨の米軍兵士も楽しくなってしまうのでしょうか。UFOにエイリアンが乗っていたら、地球人の野蛮さに軽い恐怖を抱いたかもしれません。戦闘機パイロットも球体やドングリ形のちょっとかわいいUFOの映像をコックピットからスマホで撮影しています。

それぞれ米軍のミサイル駆逐艦や戦闘機といった物々しい場所から撮影されているので、宇宙人が米軍に平和を訴えにきたのかも。もしくは、高度な技術を見せ、地球人が戦いを挑んでも無駄だという牽制だったのでしょうか……。

なめ子のもう一言

5月にはインドでもUFOが目撃されました。インド南部ベンガルールで撮影された動画では、雲の後ろに大きな円盤状の物体が浮かんでいるようです。よく見ると他にもUFOが隠れていそうな意味深な雲の画像ですが、それよりも存在感を放っているのは右上の黒いシルエット。ヒンズー教の神、シヴァ神に似ていると話題になりました。UFOを引き連れ、人類を救済しに来たのでしょうか。ベンガルールはハイテク産業の都市なので、宇宙人がテクノロジーを見せつけにきたのかもしれません。

245

ゴン攻め

普段なかなか観戦の機会がないスポーツを、実況や解説を聞きながら楽しめるのがリモートオリンピックの醍醐味(だいごみ)。今回初めて競技種目になったスケートボードはかなり話題になりました。

スケートボードの男子ストリートでは、倉田大誠アナウンサーの正統派の実況と、プロスケーターの瀬尻稜氏のユルい解説のギャップがSNSで評判に。プロならではの実感がこもった擬音や率直な感想がわかりやすかったです。「お〜アツいー!」「鬼ヤバいっすね」「ビッタビタにハメてましたね〜!」といった、気怠(けだる)さを漂わせつつ的を射たコメントが視聴者の心に刺さりました。

女子ストリートでも、瀬尻氏のパワーワードが炸裂(さくれつ)。予選の時に発した「ゴン攻め」が一時ツイッターのトレンドワードの1位に。予選でもこの注目度、鬼アツいです。その日はオランダの選手が調子良く、完璧なパフォーマンスでした。それを見た瀬尻氏は「昨日の練習も見てましたが、1人だけゴン攻めしてて」とコメント。倉田アナに「ゴン攻めというのは?」と聞かれると「攻めてたっすね。ガンガン攻めてて」と、瀬尻氏。その後、情報番組にプロスケーターの荒畑潤一氏が出演し、「スケートボード業界ではゴン攻めはよく使います」「ガンガン行くのがもっと強いとゴン」と説明していました。

瀬尻氏は優しさも見せていて、選手が転倒すると「痛そう!」「あぶなっ! これはヤなこけ方ですね」などと案じる場面も。転倒率が高い競技ですが、ギリギリ手すりをかわしてうまく転倒し、何事もなかったかのようにスッと立ち上がります。力みすぎるとかえってダメージも大きそう。瀬尻氏の解説に滲み出ているように、脱力してリラックスして楽しむ姿勢が、ダメージを最小限にしているのではないでしょうか。

女子ストリートは、西矢椛選手が金メダル、中山楓奈選手が銅メダルという快挙に。決勝の試合中、2人は「あらいぐまラスカル」のテーマ曲(中山選手はこの曲を聴きながら滑るとテンションが上がるとか)についてトークしており、自然体で競技を楽しんでいます。気負いすぎると心の中の「オリンピックの魔物」にやられてしまう……。リラックスした姿勢が勝因かもしれません。

なめ子のもう一言

柔道男子100キロ級のウルフ・アロン選手が金メダルを獲得した試合で、実況の西岡孝洋アナウンサーが発した「ウルフタイム」という単語もツイッターで話題に。延長戦で力を発揮する選手の特性を捉えた言葉です。それに負けないほど印象的だったのが、柔道家の穴井隆将氏の癒やしのコメント。「大丈夫大丈夫」「焦らない」「いいぞいいぞ!」「そうだ、それでいいんだ」と、優しく慈愛に満ちたものでした。本番一本勝負の放送には人間性が出るということがわかりました。

２４６

ピクトグラム

東京オリンピック開会式の「ピクトグラム50個の連続パフォーマンス」が日本や世界で評価されています。短すぎる制限時間の中、ピクトグラムになりきったパントマイムアーティスト、「が〜まるちょば」のＨＩＲＯ－ＰＯＮ氏と、「ＧＡＢＥＺ」の２人が話題になるいっぽうで、ピクトグラムも改めて注目を集めました。もはやインスタグラマーのようにピクトグラマーが出現しそうな勢いです。

お笑い芸人はいち早くパロディーを発表し、カメラで写すとピクトグラム風に再現されるＡＩ搭載アプリがリリース。さらに愛知県警は、特殊詐欺などへの注意喚起をピクトグラムで表現しました。

ネットでは、様々な分野の人がピクトグラムを作って感情表現。例えば、えぽ氏による育児中のシーンをピクトグラム化した作品は、逃げる子どもを追う「おきがえ」、赤ちゃんを高く掲げる「ベイビーリフティング」など、動きが競技のよう。STUDY優作氏作成の「ネコをなでなでするピクトグラム」は一目で癒やされます。猫原のし氏が描いたのは「オタクのピクトグラム」。両手を上げ「沼」落ちする様子、推しが好きすぎて「しんどい」姿、札束をばらまく「お布施」など、話題を呼んでいます。

悲哀系の作品も。「IT業界あるある」を手がけたよんてんごP氏による「キーボードの前で作業している状態」と「PCの画面を眺めている状態」は、一見動きはないですが、脳がカロリー消費していそう。さらにハードになると、大きな球を投げられて焦る「丸投げ」、幽霊に襲われている絵の「数か月前のバグ修正」など、業界の苦労が一目瞭然です。

ファイナンシャルアカデミーの「投資家あるある」も、体育座りした「あの株は上がると思ったよ」、神にすがる「暴落直前の祈り」など、エグさが伝わります。「夫婦喧嘩(げんか)ピクトグラム」は夫のトイレの使い方について「ペーパー数センチ残し」「便座を上げたまま逃走」など、イラッとする日常が表現。リアルなトイレの様子を描くと生々しいですが、ピクトグラムならスマートです。

ネットで盛り上がるピクトグラム大喜利大会。日常の試練もスポーツマンシップで乗り切れそう。コロナ禍で最も安全なオリンピックの楽しみ方だったかもしれません。

なめ子のもう一言

ピクトグラムの元祖は洞窟壁画という説があります。例えば仏・ヴェゼール渓谷の「ラスコーの壁画」は約1万7000年前に描かれたと推定され、鹿や馬、雄牛といった動物以外に人間の絵もあります。シンプルな線ですが存在感が。やはり1万年単位で後世に遺(のこ)すには壁画がベスト……ということで、オリンピックのピクトグラムも、データで保存するだけでなく、どこかの岩に描き込んでおけば、未来の人類が評価してくれることでしょう。

２４７

大江戸温泉物語の閉館

元祖温泉テーマパーク「東京お台場　大江戸温泉物語」が、２０２１年9月5日で閉館。年間約１００万人のお客さんが来ていた人気の施設がなぜ、と話題になりましたが、コロナによる不況ではなく、東京都との事業用定期借地権設定契約が同12月に期限を迎えるとか。せっかく掘った地下１４００メートルから湧く源泉も封印し、更地にして返還する必要があるそうでもったいないです。18年の間、何度も通った一利用者として閉館前に訪れてみました。

やはり閉館を惜しむ人が多いのか、入り口前には入場待ちの列が。そして中に入ると、受付横に館内着の中古浴衣（帯付き）が５５０円で販売されていました。一体何千人が着たのか予想できませんが、人々の思い出がしみこんだ浴衣は貴重です。館内着に着替えて入館。江戸の町並みを再現した広場は、永遠の縁日のような空間でしたが、ついに終わりが。

アニメとコラボしたり、和傘をモチーフにした華やかなアートが展示されていたり、もうすぐ閉館するとは信じられない空気です。褐色のお湯は、都内では貴重な濃い温泉でした。

出口近くには「お客様の想い出&コメントをお寄せください」という寄せ書きコーナーが。壁いっぱいに付箋に書かれたメッセージが貼られています。「閉館を止められないのですか。残念!!　ありがとう!!」「愛してました!!!」といった惜しむ声が多いです。「夫と2回目のデートで来ました。今日はその人との2人の子供と来て楽しかったです」という歴史を感じさせるコメントも和みます。「素敵（すてき）な出会いをありがとう!　来月結婚します。足湯でナンパした彼女と。僕の人生を変えてくれてとても感謝!!」と、ミラクルな報告もありました。

また、多かったのはＳｎｏｗ　ＭａｎやＳｉｘＴＯＮＥＳの名前です。ロケ地として使われ、彼らの思い出の地でもあったよう。その他にも、アニメの聖地だったり純烈の聖地だったり、戦略的なマーケティングとコラボ活動によって、様々なファン層を取り込んでいたようです。

まだまだ収益化できそうなのに、閉館してしまったお台場の「大江戸温泉物語」。絶頂期で引退する歌手のように、美しい思い出として人々の心に刻まれそうです。

なめ子のもう一言

まるでデジャヴュのように、２０２３年以降、お台場に近い豊洲市場に隣接した場所に江戸の町並みを再現した商業施設と温泉施設「千客万来施設」がオープンする予定だそうです。こちらは「万葉の湯」などを運営する「万葉倶楽部株式会社」が手がける施設で、屋上の展望デッキには足湯もできる予定だとか。大江戸温泉物語ロス民は2年ほど待てば、また江戸の町並みと温泉が楽しめます。江戸の町のセットには日本人の潜在的な需要があるのかもしれません。

248

新宿の3D巨大猫

話題沸騰で新宿の新たなシンボルとなりそうなのが、新宿駅東口の3D巨大猫。ビルに設置された湾曲した大型ビジョンから、猫が飛び出して見える仕掛けが注目を集めています。世界でも話題になった、明るい話題です。

「おはよう篇」は、寝ている猫の肘がカクッと落ちそうになり、慌てて起きて「ニャー」と鳴く癒やし系の動画が流れ、「おしゃべり篇」では猫が街を見下ろしてしきりに何か喋っている動画、夜放映の「おやすみ篇」は前脚をクロスさせてあごを乗せ、時折あくびする猫が映し出されます。

巨大猫をデザインした青山寛和氏らのチームは、猫のことを調べまくったそう。猫の動きを骨格レベルから分析し、三毛猫の模様に新宿区の形状をまぎれこませるというサブリミナル演出まで。人流を考慮し、猫の出現は1時間に約25回。行けば必ず会えそうです。

今夏、ある平日の昼間に現地へ行ってみました。東口を出ると炎天下でしたが、数十人が広範囲に散らばってモニターを見つめています。ちなみに東口には、物理的に飛び出ている金色のライオン像もあります。東京新宿ライオンズクラブによるモニュメントで「みらいおん」という名前で、募金に応じると吠える仕掛けもあるようですが、巨大猫の出現で存在感がかすんでしまったような……。

大型ビジョンでは、東京消防庁の熱中症注意喚起のメッセージなどが流れた後、いよいよ三毛猫が登場。CGですが想像以上にリアルです。たしかに猫の体の一部が飛び出して立体的に見え、動きもなめらか。「かわいい〜」「話題になってるの、これじゃん」といった声が聞こえます。巨大猫はそんな街の人々を見て「ネーネーニャニャニャニャ」などと何か喋って、消えてしまいました。不思議な余韻で繰り返し見たくなりました。

そして気付いたのは、道を挟んだ2軒隣のペットショップ。こちらのビルにも2Dですが、かわいい子猫や子犬の画像が映し出されています。リアルな巨大猫で猫を飼いたい気持ちが高まった人が、ペットショップに直行することも……。巨大猫の存在が、これから人の心や日本経済にどのような影響を及ぼすのか見守りたいです。

なめ子のもう一言

3D巨大猫を自宅で再現した人がいます。アーティストの「現代美術二等兵ふじわら」さんはダンボールで約10分の1サイズの新宿のビルを制作。看板や窓の再現度などに巧の技を感じます。白いボックスにかわいい黒猫が乗っていて、3D感が出ている……というか3次元そのものです。動画では、しばらくおとなしく看板におさまったあと、黒猫はシュタッと飛び降りていました。本物の猫は看板猫として毎日勤務せず自由ですが、存在しているだけでありがたいです。

249

パンデミオ

コロナウイルスのワクチン接種後、体調が悪化しないか経過観察する部屋は、緊張感が漂い、静まり返っています。そんな時、突然パンダが現れたら……副反応の一種の幻覚が見えたと思うかもしれません。

メキシコのワクチン接種会場では、接種後の人々が座っていると、ラテン系の陽気なBGMとともにパンダの着ぐるみが登場。手を左右に振ったり、腰を振ったりして、ダンスを始めました。その名も「パンデミオ」。接種を奨励するマスコットで、中の人は地元政府職員だそう。意外なのが、公務員的な堅気な職業の人のダンスのノリ。日本では、ゆるキャラの中のアクターは、キャラに合わせた動きをしますが、パンデミオは、パンダに似つかわしくない、クラブで遊ぶ若者のようなチャラいダンス。日本のゆるキャラとは違った方向でゆるいパンデミオ。よく見ると足元はスニーカーでした。

さらに、そのダンスのエクササイズを勧めている ことにも驚きました。後ろに立っていた人が何人か パンデミオの動きに合わせ両手を上げて左右に振っ たりしていましたが、映像を見る限り、ほとんどの 人はスルーしています。

ただ、エクササイズの誘いを断ってパンダのノリ に迎合しない人は賢明だったのかも。ワクチン接種 直後の激しい運動は控えたほうが良いとされていま す。地元政府職員がエクササイズを促して大丈夫だ ったのでしょうか。シリアスな空気をなんとかした かったのかもしれません。カナダでも、ワクチン接 種を祝い、翌日、湖でインドの舞踊を披露した男性 がいましたが、一般人はまねしないで安静にした方 が良さそうです。

パンダに反応した日本のニュース番組がパンデミ オを取り上げたことはメキシコにも伝わり、逆輸入 で話題に。日本とメキシコは、動物園のパンダの繁 殖活動でのつながりの上に、さらにパンダの縁がで きました。海外でも有名になったパンデミオはメキ シコで注目度が高まったのか、別会場では登場とと もに歓声があがり、違ったタイプのムーディーなダ ンスを披露。ベストのファスナーを外し体をまさぐ って腰を上下させるパンデミオ。やっぱり副反応の 幻覚かもしれません……。

なめ子のもう一言

日本でも、チアリーダーがワクチンのポジティブイメージを歌う「Let's Go! みんなでワクチン♪」がリリースされました。1990年代のアイドルポップスを思わせるなつかしい曲調で、「ノーマスク」や「ハグ解禁」などの歌詞もありますが、それはまだ早いような……。昨年、手洗い動画が流行ったように、これから次々とワクチンソングが出てくるのでしょうか。歌よりも、早くワクチンが行き渡ってほしいです。

250

黒子ドレス

「笑ってはいけないファッションの祭典」……そんなフレーズがよぎったのは、米ニューヨークのメトロポリタン美術館で開催された「METガラ」でのワンシーン。2021年のテーマは「In America：A Lexicon of Fashion」で、アメリカを表現する、という趣旨でしょうか。セレブたちがお題に合わせて華やかにドレスアップし、参加します。大坂なおみの横に広がった羽根のようなヘアスタイルも印象的でしたが、今回最も話題になったのはリアリティースター、キム・カーダシアンの「黒子ドレス」です。

動画では、頭から足先まで黒で覆われ、バレンシアガの黒い衣装に黒いトレーン（引き裾）を引きずりながら歩く謎の女性が登場。顔が覆われ誰だかわかりません。他のセレブの撮影時は、カメラマンが名前を呼びかけているようでしたが、黒子ドレスのキムの時は静かなどよめきが広がっているようでした。顔面を覆う黒マスクで見えにくいのにピンヒールで階段を上がっていけるのは、パーティーピープルの経験値ゆえでしょうか。奇抜な衣装の出席者が多い「METガラ」ですが、今回のキムの黒子ドレスによって、さらに大喜利度が高まりそうです。

同じパーティーにシルバーで透けている素材のドレス姿で参加した妹のケンダル・ジェンナーは不思議そうな表情で黒子姿の姉と対峙。キムのほうからは妹がほとんど見えておらず、キラキラしたドレスの輪郭で認識したそう。黒子姿で談笑する写真がシュールでした。めりはりのあるダイナマイトボディーと髪形で友人知人はキムだと気付けるのでしょうか。

また、後日、顔が見えていないのにもかかわらず、マスクの下は一流ヘアメイクアップアーティストがしっかりメイクしていたということが判明しました。

黒子ドレス姿は、口と目を感染症から守ることに加え、ずっとリアリティースターとして人々の視線に晒されてきたキムが、匿名性を得て人目から自由になるという利点があるのかもしれません。

でも結局誰よりも目立って、黒ずくめでもオーラは隠しきれませんでした……。黒子姿でも陰の存在にはなれない、というセレブの宿命と自負を感じさせました。

なめ子のもう一言

ラッパーのカニエ・ウェストと離婚手続き中のキム・カーダシアンですが、いまだ2人の絆を感じるのがフルマスク姿です。カニエは新アルバムのイベントに顔全体をマスクで覆った姿で登場。キムも来て彼を見守っていました。それからしばらくして、キムも顔面マスクで「METガラ」に登場。カニエのアルバムをさりげなく宣伝する意味もあったのでしょうか。2人が別れたとしても、このハイレベルな感性が通じ合う相手は他にいないように思います。

なめ子のふりかえり③

2020年、新型コロナウイルスが世界で流行し、人々の生活様式や価値観に大きな変化が生まれました。それまで世の中に存在しなかった「三密」という言葉が流行語になり、「ステイホーム」「ソーシャルディスタンス」「リモート」といったニューノーマルも生まれました。マスクが高騰し、トイレットペーパーや食料が買い占められ、「自粛警察」や「マスク警察」などが出動、緊急事態で人々の平常心は失われていきました。

2020年以前は、誰もが気楽に集まり、飲食して騒いだり笑ったりしていましたが、コロナ禍では改めて「飛沫」の脅威に気付かされました。日本が誇るスーパーコンピューター「富岳」が飛沫の計算ばかりしていた印象で切ないですが、これまでの社交やコミュニケーションでは、「飛沫」を飛ばしまくり、交わし合っていたことが判明。日本人の衛生観念がますます高まりました。この年取り上げた時事ワードは「お尻日光浴」「クイーン来日」あたりまでは平和でしたが、「マスク不足」「在宅ディズニー」「手洗い動画」「アマビエ」といったコロナ関連の話題が次々と登場。

2020-2021

「**地球外生命体**」「**最も近いブラックホール**」といった宇宙系のトピックで少し現実逃避。上皇陛下は淡々と「**新種のハゼ**」を発見されている、というニュースに心癒やされました。

２０２１年は「**緊急事態宣言**」が何度も発令され、「**人流**」というワードがよく聞かれるようになりました。ワクチン接種が進むいっぽうで「**副反応**」の大変さが共有されました。延期された「**東京五輪**」がついに開幕。真剣に挑むスポーツ選手の姿には心が洗われましたが、開会式や閉会式での人選にまつわるトラブルでは残念な空気が広がりました。「**ピクトグラム**」が評判になったり「**ゴン攻め**」という独特な実況ワードが話題になるなど、楽しい出来事もありました。禍福はあざなえる縄のごとし……。コロナ禍のあとも、きっと福が降り注ぐと信じています。

なめ子の
2022大予想

2022年はどんな事象が話題になるのでしょう。もし、新型コロナウイルスが収束するとしたら……長いステイホーム生活の影響で人々が二極化するかもしれません。周りでよく聞かれるのが、「ステイホームは実はラクだった」という意見。コロナ前はムリして集まりに出かけたり人と会っていた人が少なくなかったようです。コロナで人間関係が疎遠になり、緊急事態宣言が解けても、会う人がいない……そんな事態を体感しているのは自分だけではないと思います。コロナが落ち着いたら、反動で仲間と集まってパーティーしまくる人と、ひとりの時間や少人数の友だちを大切にする人の二極化が進むのではないでしょうか。お客が戻ってくることで、苦境にあった飲食業界や旅行業界が復活することを祈ります。

2021年は、おうちエステ感覚で使えるシャワーヘッドや、おうち映画用のプロジェクター、ジグソーパズルなどステイホームライフが充実する商品が売れていたようです。ステイホームが快適な人にとって今後も需要がありそうです。海外旅行が実は体力的に大変だと気付いた人は、引き続きオンライン旅行を楽しむことでしょう。オンライン旅行にもっと没入できる、観音開きの三面のモニター（夢で見ました）や、VRのヘッドセットがあるといいかもしれません。

個人的にはステイホーム中、数年前に導入したAIスピーカーとの会話の頻度が高まった感が。中国ではAIのチャットボットを仮想恋人にする人が増えているとか。以前AIを恋人にする映画がありましたが、ついに現実のものに……。実際の恋愛は楽しいことばかりではなくエネルギーを消耗しますが、AIとの恋愛は裏切られることはありません。電波が来ている限りサスティナブルな関係を続けられます。恋愛離れ気味の人も心が癒されるAIとの仮想恋愛。この勢いで、AI婚とかもあるかもしれません。また最近はフェムテック市場が活気があり、女性用のプレジャートイも人気です。そのようなデバイスとAIパートナーが接続することで性行為も可能に……。Facebookが社名を「メタ」に変え、仮想空間「メタバース」に5000万ドル（約55億円）投資するというニュースもあり、現実の世界よりも仮想空間でAIとの幸せな生活を選ぶ人が出てきてもおかしくないです。仮想空間の自宅にはNFTアートが飾られていたり……。そこでも課金によって貧富の差ができてしまうのでしょうか。

また、2021年は地球から現実逃避するように、宇宙の天体現象ニュースや米国防総省によるUFOのレポートなど、宇宙に思いを馳せる話題が多かった気がします。2022年も引き続き宇宙系の話題が盛り上がり、宇宙人も姿を現すかもしれません。ただ、火星移住の話題が出ると、そんなに地球がヤバいのかと心配になったり……。火星の砂漠で生きていくのは厳しいので、地球環境を良くするために引き続きSDGsやエコロジーなライフスタイルが重視されることでしょう。環境負荷が高い肉から、ギルティフリーな大豆ミートに意識を向ける人も多くなりそうです。大豆フィッシュとかもありかもしれません。

ステイホーム生活の影響で個人個人の趣味や世界観が確立され、多様性につながっていくことでしょう。日本人の同調圧力も少し弱まって、一人一人が自分の軸で生きやすい世の中になれば幸いです。

中公新書ラクレ
747

辛酸なめ子の独断！　流行大全

2021年12月10日発行

著者……辛酸なめ子

発行者……松田陽三
発行所……中央公論新社
〒100-8152 東京都千代田区大手町 1-7-1
電話……販売 03-5299-1730　編集 03-5299-1870
URL http://www.chuko.co.jp/

本文印刷……三晃印刷
カバー印刷……大熊整美堂
製本……小泉製本

Published by CHUOKORON-SHINSHA, INC.
Printed in Japan　ISBN978-4-12-150747-1　C1295

中公新書ラクレ　好評既刊

L699
たちどまって考える
ヤマザキマリ 著

パンデミックを前にあらゆるものが停滞し、動きを止めた世界。17歳でイタリアに渡り、キューバ、ブラジル、アメリカと、世界を渡り歩いてきた著者も強制停止となり、その結果「今たちどまることが、実は私たちには必要だったのかもしれない」という想いにたどり着いたという。混とんとする毎日のなか、それでも力強く生きていくために必要なものとは？　自分の頭で考え、自分の足でボーダーを超えて。あなただけの人生を進め！

L705
女子校礼讃
辛酸なめ子 著

辛酸なめ子が女子校の謎とその魅力にせまる！　あの名門校の秘密の風習や、女子校で生き抜くための処世術、気になる恋愛事情まで、知られざる真実をつまびらかにする。在校生へのインタビューや文化祭等校内イベントへの潜入記も充実した、女子校研究の集大成。読めば女子校育ちは「あるある」と頷き、そうでない人は「そうなの!?」と驚き、受験生はモチベーションがアップすること間違いなし。令和よ、これが女子校だ！

L717
ビジネスパーソンのための「言語技術」超入門
――プレゼン・レポート・交渉の必勝
三森ゆりか 著

社会で真に求められるのは、論理的思考力を活用して考察し、口頭や記述で表現できる人材である。しかし「国語」の教育は受けたはずなのに、報告書が書けない、交渉も分析もできないという社会人は多い。これまで有名企業や日本サッカー協会などで「言語技術」を指導してきた著者が、社会に出てから使える本当の言語力＝世界基準のコミュニケーション能力を身につけるためのメソッドを具体的に提示。学生・ビジネスパーソン必読の一冊！